Ralph HEMPELMANN

„Gottschiff" und „Zikkurratbau"
auf vorderasiatischen Rollsiegeln
des 3. Jahrtausends v. Chr.

Alter Orient und Altes Testament

Veröffentlichungen zur Kultur und Geschichte des Alten Orients
und des Alten Testaments

Band 312

Herausgeber

Manfried Dietrich • Oswald Loretz

2004
Ugarit-Verlag
Münster

„Gottschiff" und „Zikkurratbau"
auf vorderasiatischen Rollsiegeln
des 3. Jahrtausends v. Chr.

Ralph HEMPELMANN

2004
Ugarit-Verlag
Münster

Hempelmann, Ralph:
„Gottschiff" und „Zikkurratbau" auf vorderasiatischen Rollsiegeln
des 3. Jahrtausends v. Chr.
    Alter Orient und Altes Testament Bd. 312

Herstellung: Hanf Buch und Mediendruck GmbH, Pfungstadt

Printed in Germany
ISBN 3-934628-49-4

Printed on acid-free paper

Vorwort

Die vorliegende Arbeit wurde 1994 als Magisterarbeit an der Universität des Saarlandes angenommen und anläßlich der Druckvorbereitungen in den Jahren 2003 und 2004 aktualisiert. Die Gutachter der Arbeit waren Herr Prof. Dr. W. Orthmann und Herr Prof. Dr. J.-W. Meyer. Herrn Dr. J. Boese ist die Anregung zum Thema zu verdanken. Die Durchsicht und Korrektur des Manuskriptes erfolgte dankenswerterweise von Herrn Prof. Dr. O. Loretz, Herrn Dr. K. Metzler und Herrn U. Petzschmann M.A.. Natürlich ist niemand der Genannten für den Inhalt verantwortlich zu machen.

Schließlich möchte ich auch meinen Eltern Maria und Karl-Heinz („Charly") Hempelmann danken, ohne deren moralische und finanzielle Unterstützung die vorliegende Untersuchung nicht zustande gekommen wäre.

Inhalt

1. Einleitung

1.1 Der Gegenstand der Untersuchung

Die vorliegende Arbeit untersucht zwei Bildthemen, die sich ausschließlich auf vorderasiatischen Rollsiegeln des dritten Jahrtausends befinden.

Das Rollsiegel ist eine durchbohrte Walze, auf deren Außenseite, in der Regel im Negativ, Bilder eingearbeitet sind. Erste Rollsiegel sind in chalkolithischen Schichten in Mesopotamien nachweisbar. Die Durchbohrung erlaubte es dem Träger des Rollsiegels, dieses an einer Schnur aufgehängt mit sich zu führen.[1] Das Rollsiegel diente zum einen zur Kontrolle wirtschaftlicher und verwaltungstechnischer Vorgänge, zum anderen hatte es wohl auch eine, dem Amulett vergleichbare Funktion.[2]

Von allen Bildthemen auf frühdynastischen Rollsiegeln ist das des „Tierkampfes" das zahlreichste und in der Literatur am häufigsten behandelte. Die Chronologie der frühdynastischen Glyptik basiert hauptsächlich auf diesem Thema. Weniger zahlreich ist die „Bankettszene", die jedoch noch das zweithäufigste Thema darstellt. Dieses Thema war ebenfalls Gegenstand einer ausführlichen Untersuchung.[3]

Die Themen des „Gottschiffes" und des „Zikkurratbaus"[4] wurden hingegen nicht systematisch untersucht.

Das Thema des Gottschiffes weist als zentrales Motiv ein Boot auf, dessen Bug aus einem anthropomorphen Oberkörper gebildet ist. Das zentrale Motiv des Zikkurratbau-Themas ist ein architektonisches Objekt.

Die vorhandene Literatur beschäftigt sich in erster Linie mit der Deutung dieser Themen.

Die vorliegende Untersuchung soll daher die Merkmale, die die Rollsiegel mit der Darstellung dieser beiden Themen enthalten, umfassend und übersichtlich präsentieren.

Bei publizierten Rollsiegeln läßt sich hierbei Folgendes unterscheiden:[5]

1. Die Ikonographie
1.a Die *Komposition des Siegelbildes*. Hierbei ist zwischen einzeiligen und mehrzeiligen Siegeln zu unterscheiden.
1.b Die *Kombination der Motive*. Ein einheitliches *Thema* liegt vor, wenn das zentrale Motiv oder mehrere sich wiederholende Motive die gleichen sind.[6] Die Variationen, die sich durch unterschiedliche Motive oder deren Anordnung innerhalb eines Themas ergeben, werden in der vorliegenden Arbeit als *inhaltliche Gruppen* bezeichnet.

---

[1] Auf Einlegearbeiten aus Mâri ist gut zu erkennen, wie Rollsiegel getragen wurden: Orthmann 1985: Taf. 93b.
[2] Moortgat-Correns 1971; Nissen 1977.
[3] Selz 1983.
[4] Die Bezeichnung „Zikkurratbau" wird im Folgenden beibehalten, da sie die am häufigsten in der Literatur verwendet ist. Zu gegenwärtigen ist hierbei jedoch, daß diese Bezeichnung eine Deutung impliziert, die höchst umstritten ist. Dazu: Kapitel 3.5.
[5] Zu den naturwissenschaftlichen Methoden der Analyse eines Rollsiegels: Asher Greve 1986
[6] Zur Definition des Begriffs „Thema" in der Kunstgeschichte: „Die Dinge, die wir sehen, in eine Beziehung zueinander gebracht." Van Straten 1989: 16.

1.c   Das *Motiv*. Unter Motiv soll die Abbildung eines Körpers, sei es Ding oder
      Lebewesen verstanden werden. Im Unterschied zu einem Merkmal des Motivs,
      stellt das Motiv eine selbständige ikonographische Einheit dar.
1.d   Das Motiv weist verschiedene *Merkmale* auf. Unterschiedliche Merkmale an
      gemeinsamen Motiven unterschiedlicher Rollsiegel können chronologische, re-
      gionale aber auch ikonographische Ursachen haben.
2.   Der *Stil*. Zum Begriff des Stils existiert keine allgemein verbindliche Definiti-
      on. In der Kunstgeschichte scheint der Konsens zu bestehen den Begriff „Stil"
      als „Einheit in der Vielfalt" zu verstehen.[7] In diesem Fachbereich unterscheidet
      man zwischen einem „ästhetisch normativen" und einem „historisch deskripti-
      ven" sowie zwischen einem „individuellem" und „generellem" Stilbegriff.[8] In
      der Archäologie steht hierbei naturgemäß der historisch deskriptive Aspekt ge-
      genüber dem ästhetisch normativem im Vordergrund, auch wenn gelegentlich
      die Frage nach dem Anlaß und dem Urheber eines Kunstwerkes gestellt wird.
      Im Gegensatzpaar „individueller" und „genereller" Stil spielt erster in der Ar-
      chäologie, zu mindest, wenn sie sich mit den für die vorliegende Arbeit zu be-
      trachtenden Zeitraum beschäftigt, keine Rolle. Es kann davon ausgegangen
      werden, daß „individueller Stil" eine Erscheinung der Neuzeit ist. Vor allem in
      der Frühgeschichte ist der Künstler eingebunden in einen generellen Stil, es las-
      sen sich lediglich qualitativ höhere von qualitativ minderen Kunstwerken unter-
      scheiden. Das entstehen eines oder mehrerer Stile in einer räumlichen oder völ-
      kischen Einheit erklärt E. Panofskij durch einen „ ... einer ganzen Epoche ge-
      wissermaßen immanenten Gestaltungs-Willen, der in einer grundsätzlich glei-
      chen Verhaltungsweise der Seele ... begründet ist".[9] Für die Archäologie ist das
      Erkennen eines Stiles also von Bedeutung für die chronologische Einordnung
      eines Kunstwerkes.
      Zu der „Einheit in der Vielfalt" gehören die Rollsiegelbilder betreffend zum ei-
      nen übereinstimmende Merkmale der Motive. Zum anderen beinhaltet der Be-
      griff Stil aber auch, im Gegensatz zu der Ikonographie, die untersucht *was* dar-
      gestellt wurde, *wie* ein Siegelbild gestaltet ist.
      Dies ist teilweise abhängig von der Herstellungstechnik, d.h. mit welchen In-
      strumenten ein Siegelbild geschaffen wurde.[10] Diese Instrumente sind der Sti-
      chel, das Schleifrad und der Kugelbohrer. Ebenfalls prägend für einen Stil sind
      die Unterscheidung zwischen abstrahierender und naturalistischer Darstel-
      lungsweise sowie verschiedene Proportionen.
      Im Folgendem wird des öfteren von *Siegeln in frühdynastischen und akkadi-
      schen Stilen* die Rede sein. Diese Bezeichnungen beruhen auf dem gewaltigen
      und die gesamte bildende Kunst Mesopotamiens umfassenden Stilwandel, der
      sich am Scheidepunkt der namensgebenden Epochen vollzog. Gleichzeitig be-

---

[7] Dittmann 1967: 15
[8] H. G. Gadamer zitiert bei Dittmann 1967: 13ff.
[9] Panofskij zitiert bei Dittmann 1967: 111.
[10] So schreibt Nissen die Rollsiegel der Frühgeschichte betreffend: „At least for the earlier
phase of cylinder seal manufacture there seems to be a complete correlation between tool and
style with the well cut seals alwas made, or at least finished, with engravers, whereas the
schematic seals are always made exclusiveley with mechanical tools as the drill"; Nissen 1977:
16.

rücksichtigen die Bezeichnungen den Umstand, daß die Glyptik dieser Epochen durchaus nicht völlig einheitlich ist.
3.   Das Material des Rollsiegels.
4.   Das Verhältnis zwischen Durchmesser und Höhe des Rollsiegels.[11]

Erst nach der Analyse dieser Informationen ist eine Datierung und Deutung der Bildthemen möglich.

1.2   Der zeitliche Rahmen

Die zu untersuchenden Themen „Gottschiff" und „Zikkurratbau" finden sich ausschließlich auf Rollsiegeln des dritten Jahrtausends v.Chr.. Sie tauchen das erste Mal in der zweiten Hälfte der „früdynastischen" Periode auf und finden sich noch auf Siegeln der anschließenden „Akkad-Zeit". Nach dieser sind sie aus der Ikonographie des alten Orients verschwunden.

„Frühdynastisch" wird diejenige Periode genannt, die sich vom Ende der Frühsumerischen Zeit, welche sich in die Uruk-Zeit und die Ğemdet-Naṣr-Zeit aufteilen läßt, bis zur „Dynastie von Akkad" erstreckte. Ihren Namen erhielt sie aufgrund der sich in den Königslisten widerspiegelnden regionalen Dynastien. Sie wird von H. J. Nissen daher auch „Zeit der rivalisierenden Stadtstaaten" genannt.[12] Obwohl eine politische Einheit fehlte, stellt Mesopotamien in dieser Periode dennoch eine kulturelle Einheit, wenn auch mit regionalen Besonderheiten, dar.

Archäologisch wird der Beginn der frühdynastischen Zeit in Mesopotamien durch das Auftauchen der plankonvexen Ziegel markiert, die die bis dahin üblichen „Riemchen" als Baumaterial verdrängten. Die Schriftfunde weisen einen gegenüber der Ğemdet- Naṣr-Zeit abstrahierten Duktus auf. Die Schriftsprache war sumerisch.

Obwohl es auch schon in der frühdynastischen Zeit Bestrebungen einzelner Herrscher gab, ein überregionales Reich zu erobern, gelang dieses erst dem Ursupator Sargon I. Sein Regierungsantritt stellt den Beginn der „Akkad-Zeit" dar, deren Dauer mit der von ihm begründeten Dynastie zusammenfällt. Die Begriffe „Akkad-Zeit" oder „Dynastie von Akkad" leiten sich vom Namen der durch Sargon gegründeten Residenzstadt ab, die bis heute nicht lokalisiert werden konnte. Die Könige trugen semitische Namen, die Schriftsprache der Akkad-Zeit wurde das „akkadische."

Der Stil in der bildenden Kunst ändert sich stark gegenüber der frühdynastischen Zeit, was durch die unterschiedliche Mentalität der nun herrschenden Volksgruppe oder durch das veränderte sozio-politische Umfeld erklärt wird.[13] Durch die Ausdehnung des Reiches unter der Herrschaft einer Zentralgewalt erfährt die Kunst Mesopotamiens eine noch größere stilistische Einheitlichkeit. Dies gilt besonders für die Glyptik. Begünstigt wurde diese Entwicklung wohl auch dadurch, daß „Söhne von Akkad" als Beamte in die eroberten Städte eingesetzt wurden.

Nach dem Ende des akkadischen Reiches, bei dem der Überlieferung zufolge das Bergvolk der Guti entscheidenden Anteil gehabt haben soll, zerfällt Mesopotamien wieder in kleinere politische Gebilde, das Sumerisch wird abermals Schriftsprache

---

[11] Dieser Punkt wird nicht behandelt, da er sich zu sehr vom Thema der Arbeit entfernt.
[12] Nissen 1983. Hierunter versteht er jedoch nur die Zeitspanne von FDII-FDIII, während er FDI noch der „Zeit der Frühen Hochkulturen" zuordnet.
[13] Ersteres unter anderem vertreten durch Moortgat, letzteres durch Nissen 1986. Einen forschungsgeschichtlichen Überblick bietet Becker 1985.

und in der bildenden Kunst geht der Stil der Akkad-Zeit zur neusumerischen Kunst über.

Die absolute Chronologie des dritten Jahrtausends v. Chr. betreffend können Jahresdaten nicht mit letzter Gewißheit angeboten werden. Die assyrischen Königslisten erlauben eine Rekonstruktion der mesopotamischen Geschichte bis zur Mitte des zweiten Jahrtausends. Andererseits ist die Abfolge von den späten frühdynastischen Herrschern bis zu den Zeitgenossen Hammurabi von Babylon und Šamši-Adad von Assur relativ sicher. Der Anschluß dieser Zeitspanne an die assyrische Königsliste ist jedoch problematisch. Daher resultieren unterschiedliche absolute Chronologien. Da bislang keine dieser Chronologien gegenüber den anderen als bewiesen gelten kann, hat sich bei den meisten Historikern die „mittlere Chronologie", die einen Kompromiß zwischen der „langen" und „kurzen" Chronologie darstellt, durchgesetzt. Demnach dauert die frühdynastische Zeit von ca 2800-2350 v. Chr. Die ersten historisch faßbaren Herrscher der frühdynastischen Zeit sind Urnanše von Lagaš und Meskalamdug von Ur, die beide um 2500 v.Chr. regiert haben.

Der Regierungsantritt Sargons erfolgte der mittleren Chronologie zufolge um das Jahr 2350. Durch die Königsliste sind wir über die Dauer der akkadischen Dynastie von 150 Jahren unterrichtet, die demnach um 2200 v.Chr. zu Ende ging.

1.3   Der räumliche Rahmen

Bereits A. Moortgat und U. Moortgat-Correns hatten auf den Umstand hingewiesen, daß die Bildthemen des „Zikkurratbaus" und des „Gottschiffes" am häufigsten in Fundorten auftauchen, die im Gebiet des „Mitteleuphrates" liegen.[14] Gemeint sind Mâri in Nordost-Syrien, die Fundorte des Dijala-Gebietes und Kiš. Aus diesen Fundorten stammen die meisten Siegel und Siegelabrollungen, sie stellen somit die „Zentren" des Verbreitungsgebietes der zu behandelnden Themen dar.

Beide Themen fanden sich aber auch sehr häufig in Susa, ganz im Osten des mesopotamischen Flachlandes im heutigen Iran.

Nur das Thema des Gottschiffes, dies aber auffallend zahlreich, ist aus dem am Ḫābūr gelegenen Tell Brak belegt. Angeblich ist es auch in den nordsyrischen Fundorten Tell Beydar[15] und Tell Ḫuēra bekannt gewesen.[16]

In Südmesopotamien, dem antiken „Sumer", sind beide Themen seltener vertreten. An vielen wichtigen Fundorten fehlen sie ganz.

---

[14] Moortgat/Moortgat-Correns 1974: 160.
[15] Mayer-Opificius 2002: Anm. 11.
[16] Eine Siegelabrollung, die vieleicht das Gottschiff darstellt, wird erwähnt aber nicht abgebildet. Moortgat/Moortgat-Correns 1978: 21.

Die im Katalog aufgenommenen Stücke verteilen sich folgendermaßen auf die Fundorte:

Fundort	„Gottschiff"	„Zikkuratbau"
Nordsyrien		
Tell Brak	5	-
Tell Hariri (Mâri)	4	4
Dijala-Gebiet		
Tell Asmar (Ešnunna)	7	2
Tell Agrab	1	1
Ištšali (Neribtum)	-	1
Ḫafaǧi	10	2
Tell Harmal (Šaduppum)	-	-
Tell Suliemeh	1	3
Babylonien		
Bismiya (Adab)	-	1
Tell el ´Ohemir (Kiš)	8	4
Nuffar (Nippur)	-	3
Umm el Jerab	-	1
Südmesopotamien		
Fara (Šuruppak)	2 (5?)	-
Tello (Girsu)	1	-
El Muqqajar (Ur)	1	-
Elam		
Bani Surmaḫ	1	-
Šuš (Susa)	3	3

2 Das Bildthema „Gottschiff"

2.1 Die Untersuchung der Motive und ihrer Merkmale

2.1.1 Motiv l: Das Gottschiff

Allen zu untersuchenden Gottschiffen ist gemeinsam, daß ihr Bug in einen anthropomorphen Oberkörper übergeht.
Ansonsten unterscheiden sich die Gottschiffe in einer Vielzahl von Merkmalen.
Um alle diese Merkmale angemessen zu berücksichtigen, ist es von Vorteil, die verschiedenen Teile des Gottschiffes getrennt zu untersuchen. Es sind dies:

IA Der Kopf
IB Der Oberkörper
IC Der Schiffsrumpf
ID Das Heck

IA Der Kopf
Am Kopf des Gottschiffes lassen sich folgende Elemente unterscheiden:

IA1 Die Hörnerkrone
IA2 Die Haartracht
IA3 Das Gesicht

IA1 Die Hörnerkrone
Die Hörnerkrone taucht das erste Mal innerhalb der frühdynastischen Kunst auf und galt als Zeichen der Göttlichkeit ihres Trägers.[17] Die allermeisten Gottschiffe tragen eine Hörnerkrone und sind damit göttliche Wesen. Nur in zehn Fällen tragen sie keine Hörnerkrone.[18]. Auf drei dieser Siegel, den Siegeln 9, 46 und 62, trägt auch der Insasse keine Hörnerkrone und auf dem Siegel 59 befindet sich überhaupt keine anthropomorphe Gestalt im Schiff. In den anderen Fällen ist der Kopf des Insassen zu beschädigt, bzw. die Fotografien zu schlecht, um zu erkennen, ob der Insasse eine Hörnerkrone trug oder nicht.
Vermutlich galt also die Regel, daß wenn der Insasse nicht ausdrücklich als Gott gekennzeichnet wurde, dies auch nicht am Gotttschiff geschah.
Die Hörnerkronen lassen sich in folgende Merkmale einteilen:

IA1a
(Siegel: 1-3, 5-7, 11, 32-33, 38, 43-45, 108)
Eine einfache Hörnerkrone. Diese Standardform der Hörnerkrone auf der Glyptik der frühdynastischen Zeit besteht aus zwei nach innen gebogenen Hörnern, die unmittelbar am Kopf ansetzen.

---

[17] Boehmer 1971: 466.
[18] Siegel 9, 26, 27, 42, 46, 47, 58, 61, 68, 108.

IA1b
(Siegel: 4, 14-15, 28, 61, 107)
Eine Hörnerkrone wie 1a, mit einer Spitze zwischen den Hörnern. Wahrscheinlich
handelt es sich hierbei um ein vegetatives Symbol.

IA1c
(Siegel: 10, 12-13, 18, 22-23, 34, 49?)
Eine Hörnerkrone, die zwischen den Hörnern ein Pflanzenmotiv aufweist. Die Form
dieses Motivs variiert zwischen Y- und halbmondförmig. Auf den Siegeln 12 und 13
sind zwei dieser Formen übereinander angebracht. Am Kopf des Gottschiffes auf der
unvollständigen Siegelabrollung 49 scheint sich das Pflanzenmotiv am Hinterkopf zu
befinden. Die gleiche Hörnerkrone wird auf einigen Siegeln auch vom Bootsinsassen
getragen.

IA1d
(Siegel: 25, 51, 67, 69, 107)
Eine Hörnerkrone, bei der die Hörner nicht unmittelbar aus dem Kopf ragen, sondern
sich am Ende einer vom Kopf abgesetzten Linie befinden.
Bei einer Variante dieser Form befindet sich zwischen den Hörnern eine kleine Py-
ramide.[19]
Die Hörnerkrone 1d findet sich sowohl auf Siegeln der frühdynastischen als auch auf
des akkadischen Stils.

IA1e
(Siegel: 71-73)
Zwei Formen von Hörnerkronen, die nur in der Glyptik des akkadischen Stils erscheinen sind vertreten.
Zum einen eine Form, die eine Weiterentwicklung des Typs 1d darstellt. Zwischen
den Hörnern befindet sich auf einem „Kissen" eine kleine Pyramide.[20]
Zum anderen eine Variante, bei der die Hörner über dem Kopf zusammenlaufen, so
daß eine Zwiebelform entsteht.[21] Diese Hörnerkrone ist nach R. M. Boehmer innerhalb der akkadischen Glyptik als spät anzusetzen, da sie sich auch auf neusumerischen Siegeln findet.[22]

IA1f
(Siegel: 65)
Eine Federkrone. Diese Kopfbedeckung wird ansonsten von einem Helden auf akka-
dischen Siegeln getragen, die den Tierkampf zeigen.[23]

IA2   Die Haartracht
Folgende Frisuren kommen am Kopf des Gottschiffes vor:

---

[19] Siegel 25, 59, 69.
[20] Siegel 59, 71, 73.
[21] Siegel 72.
[22] Boehmer 1965: 81.
[23] Boehmer 1965: Abb. 25, 50, 54, 57, 73, 75 etc.

IA2a
(Siegel: 1-2)
Zwei seitlich vom Kopf abstehende Haarsträhnen(?).

IA2b
(Siegel: 5, 10-15, 23, 27, 32, 43)
Ein kurzer Zopf am Hinterkopf. Meistens fällt dieser nicht senkrecht herab, sondern verläuft schräg, wie vom Fahrtwind hochgeweht.

IA2c
(Siegel: 7-8, 18, 22, 33, 34)
Ein langer gerade herabfallender Zopf.

IA2d
(Siegel: 26, 38, 45, 73, 107)
Ein langer, senkrecht herabfallender Zopf, der in einer Locke ausläuft.
Er findet sich auch an einem akkadischen Siegel.

IA2e
(Siegel: 59, 65, 67-68, 70-72)
Der Haarknoten. Diese Frisur des Gottschiffes taucht nur auf den Siegeln des akkadischen Stils auf. Beim Gottschiff lassen sich folgende Varianten unterscheiden:
- Der Haarknoten wird als ein sich am Hinterkopf befindendes Rechteck widergegeben.[24] Wahrscheinlich ist eine Haartracht dargestellt, die bereits in frühdynastischer Zeit an der Statue des Lamgi-Mâri[25], am „Helm des Meskalamdug"[26] und auf der „Geierstele"[27] auftaucht. Da diese Form des Haarknotens in allen Fällen von Angehörigen der Herrscherfamilie des jeweiligen Herkunftortes getragen wird, vermutete J. Boese, die Frisur sei auf diesen Personenkreis beschränkt.[28] Terrakotten aus Nordsyrien, die den gleichen Haarknoten darstellen, sind wohl als Gottheiten oder Dämonen zu interpretieren.[29]
- Um eine andere Wiedergabe der gleichen Frisur handelt es sich wahrscheinlich auf den Siegeln 65 und 68. Der Haarknoten wird hierbei durch zwei sich am Hinterkopf befindende und übereinander angeordnete Kugeln wiedergegeben. Diese Kugeln geben wohl den oberen und unteren Teil des in der Mitte zusammengeschnürten Haarknotens wieder.
- Bei Siegel 71 sind die Schnüre, die den Haarknoten halten, wiedergegeben. Sie verlaufen jedoch nicht waagerecht, wie es der Fall wäre, wenn die oben vorgestellten Haarknoten dargestellt wären, sondern senkrecht. Außerdem ist hinter den Schnüren ein schräg abstehender Zopf zu sehen. Es handelt sich hierbei um eine vergleichbare Frisur, wie sie auch an dem Bronzekopf aus Ninive dargestellt ist.[30]

---

[24] Siegel 58, 67.
[25] Strommenger 1962: Taf. 100.
[26] Strommenger 1962: Taf. XV.
[27] Strommenger 1962: Taf. 66.
[28] Boese 1978: 23.
[29] Orthmann 1990: Abb.26.5. Zur Interpretation: Meyer/ Pruß 1994: 42ff.
[30] Strommenger 1962: Taf. XXII.

IA2f
(Siegel: 21, 62)
Eine Frisur aus kurzen, struppig abstehenden Haaren. Diese Haartracht kann natürlich nur bei Gottschiffen ohne Hörnerkrone auftauchen.

IA2g
(Siegel: 10, 12-15, 18, 27, 38, 43, 57?, 59-60, 61?, 62-64, 67-73)
Ein Vollbart. Gottschiffe auf Siegeln der frühdynastischen Stile können mit und ohne Bart dargestellt sein. Die Gottschiffe der akkadischen Stile tragen jedoch alle, bis auf die Sonderform des Siegels 66 einen Bart.

IA2h   Sonderformen
Auf den zwei Siegelabrollungen 46 und 47 aus Tell Brak ist der Kopf des Gottschiffes „glatzköpfig" dargestellt. Es fehlen sowohl Frisur als auch Hörnerkrone. Es scheint sich hierbei um eine regionale Besonderheit zu handeln.
Ebenfalls aus Tell Brak stammt das Stück 48, auf dem vom Hinterkopf des Gottschiffes zwei Zöpfe abstehen, die in Locken enden. Auf Siegel 39 stehen ebenfalls zwei Zöpfe vom Hinterkopf ab.

IA3   Das Gesicht
Auf vielen frühdynastischen Siegeln wird der Kopf des Gottschiffes nur schematisch in seinem Umriß wiedergegeben.
Auf Siegeln der akkadischen Stile hingegen ist das Gesicht des Kopfes mit vielen Details, wie Nase, Backen, Tränensäcken oder Augenbrauen gestaltet. Es gibt jedoch auch frühdynastische Siegel, die einige Merkmale einer Gesichtswiedergabe aufweisen.
Es sind dies:

IA3a
Die Angabe des Augapfels
IA3b
Die Widergabe des Mundes

Die aufgezählten Merkmale der Köpfe des Gottschiffes treten in einer Vielzahl von Kombinationen auf. Um diese übersichtlich zu präsentieren, empfiehlt sich die Darstellung einer Matrix.

	2a	1a	1b	2b	2c	2g	1c	3a	3b	2d	1d	3c	3d	2e	1e	
1	X	X														Merkmalgruppe 1
2	X	X														
3		X														
5		X		X												
6		X		X												
11		X		X												
15			X	X												
4				X												
7		X			X											
33		X			X											
8					X											
37					X											
24					X											
44		X				X										Merkmalgruppe 2
43		X		X		X										
106			X			X										
14			X			X										
27				X		X										
12				X		X	X									
13				X		X	X									
10				X		X	X									
34					X		X									
32		X		X				X								
23				X			X	X								
105				X				X								
18					X	X	X	X								
22							X		X	X						
38		X				X		X	X	X						
45		X						X	X	X						
9										X						
26										X						
28					X			X			X					
61								X	X		X					
107								X	X		X					
25											X					
64						X		X				X				Merkmalgruppe 3
62						X						X	X			
65								X						X		
67						X						X		X		
68						X		X						X		
59						X		X	X					X		
69						X		X					X	X		
73						X			X	X					X	
60						X		X	X						X	
70						X		X						X	X	
72						X		X	X					X	X	
71						X		X					X	X	X	

Abb. 1: Die Merkmale des Kopfes des Gottschiffes (IA) und die Bildung von drei Merkmalgruppen (Unvollständig erhaltene oder extrem flüchtige Darstellungen wurden nicht berücksichtigt)

IB   Der Oberkörper des Gottschiffes
IB1
Das Gottschiff bewegt sich aus eigener Kraft vorwärts. Es benutzt hierfür in den meisten Fällen eine Stakstange. Das Paddel bildet die Ausnahme. Man kann daher die Stangen, die das Gottschiff auf vielen Siegeln in den Händen hält und deren unteres Ende nicht dargestellt oder erhalten ist, ebenfalls als Stakstangen deuten.

IB1a
(Siegel: 3, 6, 12, 15, 22-23, 26-27, 33, 35, 38, 47, 55, 65-66, 69-70, 72-73, 105-107, 110, 112-113)
Das Gottschiff mit Stakstange. Das Gottschiff hält eine Stakstange vor sich, deren unteres Ende gesplißt ist. Bei den realen Vorbildern verhindert dies das zu tiefe Eindringen der Stange in den Schlamm. Für die Gestaltung des Oberkörpers gilt die Regel, daß wenn das Gottschiff nach links fährt, die Hand des rechten Armes das obere Ende der Stakstange packt, während der linke Arm, angewinkelt, zu ihrer Mitte führt. Fährt das Gottschiff nach rechts, ist es umgekehrt: Dann greift die linke Hand das obere Ende und die rechte die Mitte der Stange.
Da sich im Schiff weder ein Segel noch Ruderer befinden, der oder die Passagiere scheinen lediglich zu steuern, bewegt sich das Gottschiff also aus eigener Kraft vorwärts.
Nach M. C. de Graeve lassen sich nur kleine Fahrzeuge wie Flöße oder Kanus durch Staken fortbewegen.[31] Außerdem ist es nur in flachen Gewässern möglich. Auf den von de Graeve untersuchten Bildwerken, die den Zeitraum nach 2000 v. Chr. umfassen, ist das Staken daher auf die Sumpflandschaften Südmesopotamiens beschränkt,[32] wo es sich bis in die Neuzeit erhalten hat.[33] Da das Bildthema des Gottschiffes jedoch im nördlichen Teil Mesopotamiens beheimatet war, haben dort vielleicht im 3. Jahrtausend ebenfalls Sumpflandschaften existiert.

IB1b
(Siegel: 1, 45, 50?)
Das Gottschiff mit Paddel. In lediglich zwei Fällen läuft die Stange, die das Gottschiff vor sich hält in eine runde Form aus.
Das Paddeln ist de Graeve folgend, neben dem Staken die zweite Möglichkeit ein kleines Boot vorwärts zu bewegen. Ist das Staken nur im flachen Gewässer möglich, ermöglicht das Paddeln auch die Fortbewegung in tieferem Gewässer.

IB2
Das Gottschiff mit einer Pflanze.
IB2a
(Siegel: 4, 9, 39, 44)
Die Gottschiffe der Siegel 4 und 39 halten jeweils eine Pflanze in der Hand, von deren Stiel zu beiden Seiten Zweige oder Blätter ausgehen. Auf Siegel 44 findet sich bereits eine Form, die zum Merkmal IB2b überleitet. Hier gehen am Ende des Stieles drei Blätter in der gleichen dreizackförmigen Anordnung aus, wie es auch für die

---

[31] De Graeve 1981: 154.
[32] De Graeve 1981: 154.
[33] De Graeve 1981: Taf. L.122.

zweite Gruppe charakteristisch ist. Im Unterschied zu dieser ist jedoch ein weiteres Blatt rechts unterhalb der Dreiergruppe angebracht.

Die Pflanze auf Siegel 9 ist wegen einer Beschädigung nicht vollständig erhalten, der Vergleich mit den anderen Stücken erlaubt aber, einen zweiten Trieb rechts vom Stiel zu rekonstruieren.

IB2b
(Siegel: 28, 43, 57-64)
Die zweite Gruppe wird gebildet durch eine Pflanze, die in einer standardisierten Form stilisiert ist. Von einem Stiel, an dessen Ende eine Knospe oder eine Frucht sitzt, zweigen zu beiden Seiten symmetrisch zwei Triebe ab, an deren Enden sich auf gleicher Höhe wie die des Stieles ebenfalls Knospen befinden. Die Zweige können dabei rechtwinklig oder in einer Kurve vom Stiel abgehen. Bei Siegel 43 ist die strenge Symmetrie der Dreizackform nicht eingehalten. Auch auf Siegel 61 unterscheidet sich die linke Knospe von den anderen beiden.

IB2c
(Siegel: 71)
Auf dem Siegel 71 hält das Gottschiff einen Gegenstand in der Hand, der die Form einer Stimmgabel hat. Dieses Unikat läßt sich wohl nur als eine reduzierte Variante der Pflanzen der zweiten Gruppe verstehen. Anscheinend war der Symbolgehalt dieser Form dem Siegelschneider bereits entfremdet.

IB3
(Siegel: 68)
Auf Siegel 68 hält das Gottschiff eine Keule in der Hand.

IC Der Schiffsrumpf
Drei Arten der Gestaltung des Schiffsrumpfes lassen sich unterscheiden.

IC1
(1-2, 4, 6-7, 9, 11, 16-17, 22-27, 29-30, 34, 36-39, 42-43, 45-47, 55, 57-66, 69, 73, 105-109, 111, 113)
Der Schiffsrumpf wird durch nebeneinandergesetzte Kerben gestaltet. Über oder unter diesen Kerben können eine oder mehrere Linien verlaufen.

Diese Gestaltung des Rumpfes wurde innerhalb der frühdynastischen Glyptik auch an „naturalistischen" Booten, die keinen anthropomorphen Oberkörper besitzen, vorgenommen.[34] Eine Interpretation des Schiffsrumpfes als „Schlangenleib" ist daher nicht sinnvoll.[35] Es kann vielmehr davon ausgegangen werden, daß diese Darstellung reale Schiffsrümpfe zum Vorbild hatte. Bei diesen handelte es sich wohl um Boote aus Schilfrohr. Die vertikalen Striche entsprechen hierbei den Stricken, die die Schilfrohre zusammenschnüren.[36]

---

[34] Boehmer 1965: Abb. 67; Frankfort 1955: Abb. 283, 324, 430, 545; Porada 1948: Abb. 195E. Auf die gleiche Weise sind auch die Schiffsrümpfe auf Gefäßbemalungen der ägyptischen Nagada-Kultur stilisiert. Mellink/Filip 1974: Taf. 202, 203.
[35] So Amiet 1961: 177.
[36] De Graeve 1981: Taf. XLVIII.114; zur Darstellung in der Kunst ab dem 2. Jahrtausend: De Graeve 1981: 89ff.

IC2
(Siegel: 3, 5, 8, 10, 12-15, 21, 32-33, 35, 44, 48, 67-68, 70-72, 107, 110, 112)
Bei einer zweiten Art der Gestaltung des Schiffsrumpfes fehlen die vertikalen Kerben
oder Striche. Unklar ist, ob sie aus Nachlässigkeit nicht dargestellt wurden oder ob es
sich im Gegensatz zum Schiffsrumpf IC1 um Holzboote handelt.
Auf Siegel 33 sind vielleicht waagerecht verlaufende Planken dargestellt.
Daß Holz als Baustoff für Schiffe bereits in frühdynastischer Zeit verwendet wurde,
beweisen Verwaltungstexte aus der Zeit von Urukagina. Aus diesen geht hervor, daß
spezielle für den Schiffsbau benötigte Bäume in Gärten und Wäldern herangezogen
wurden.[37]

IC3
(Siegel: 65)
Falls die Umzeichnung die Siegelabrollung 65 richtig wiedergibt, ist der Schiffs-
rumpf dort schuppenartig gegliedert.

IC4
(Siegel: 66, 70, 72-73)
Nur auf Siegeln in akkadischem Stil sind weitere anthropomorphe Teile am Gottschiff angebracht.
Auf Siegel 66 ist vorne an den Schiffsrumpf eine anthropomorphe Gestalt angefügt.
Sicherlich bildeten die Darstellungen der Gottschiffe für dieses Siegelbild das Vorbild. Durch die Abbildung des Faltenrockes unterhalb des anthropomorphen Oberkörpers unterscheidet sich das Siegel jedoch von allen anderen. Die Erklärung hierfür
ist wohl darin zu sehen, daß es aus Tello stammt, wo das Motiv des Gottschiffes
anscheinend nicht beheimatet war.
Auf drei Siegeln des akkadischen Stils finden sich Gottschiffe, bei denen unterhalb
des Oberkörpers ein anthropomorphes Bein sichtbar ist, während der Oberschenkel
des anderen in den Schiffsrumpf übergeht.
Im Falle von 72 ist das männliche Geschlechtsteil angegeben.
Auf dem sehr qualitätvollen Stück 73 hat der Siegelschneider auf geschickte Weise
die Bekleidung des Gottes, ein Falbelkleid, in den Schiffsrumpf übergehen lassen.
Beides wird nämlich durch vertikale Einkerbungen gebildet.
Sowohl das Falten- als auch das Falbelgewand ist kennzeichnende Tracht der Götter
in der akkadischen Kunst. R. M. Boehmer sah das Faltengewand häufiger von niedri-
gen Göttern, das Falbelgewand hingegen von höheren Göttern getragen.[38]
Das Falbelkleid wird in der altorientalischen Ikonographie auch von Angehörigen
des Herrscherhauses getragen.

ID   Das Heck des Gottschiffes
ID1
(Siegel: 3, 5-8, 10-11, 13-16, 32, 22, 27, 35-36, 39, 42, 46, 57-58, 62-64, 70, 105-
110, 112-113)
Bei den Siegeln dieser Gruppe läuft der Schiffsrumpf spitz aus.

---

[37] Deimel 1931: 91.
[38] Boehmer 1971: 467f.

ID2
(Siegel: 4, 12, 26, 29, 32, 43-44, 69)
Das Heck endet in einem Haken.

ID3
(Siegel: 33, 59?, 60-61)
Das Heck läuft in einer sich ins Schiffsinnere drehenden Spirale aus.

ID4
(Siegel: 1-2, 25?, 28, 34, 38, 45, 67-68, 71-73, 111)
Das Heck endet in einem Tierkopf.
Auf den Siegeln 1, 2 und 34 ist dieser Kopf sehr schematisch wiedergegeben. Ohne die Kenntnis der anderen Siegel verstünde man diese Köpfe womöglich gar nicht als solche.
Die meisten der detaillierter gearbeiteten Köpfe am Heck ähneln mit ihren spitz zulaufenden Schnauzen am ehesten denen von Schlangen.[39] Sehr stark ist die Assoziation mit einer Schlange beim Kopf des Stückes 73, dem eine Zunge aus dem Maul ragt. Der Kopf am Heck des Gottschiffes auf Siegel 38 weist eine stumpfe Schnauze auf, und ihm ist ein Ohr angefügt. Obwohl diese Darstellung an einen Löwenkopf erinnert, findet sich auf zwei weiteren frühdynastischen Siegeln ein ähnlicher Kopf an Schlangenleibern.[40]
Die Köpfe am Heck des Gottschiffes auf den Siegeln 72 und 111 bilden nicht die von Tieren der Natur, sondern von mythischen Ungeheuern ab. Auf dem Siegel 72 findet sich ein Kopf am Heck, dessen vorderer Teil - wie bei einem Schnabel - vom Kopf getrennt ist. Aus dem aufgerissenem Maul führen drei parallele waagerechte Linien, wie Strahlen oder Flammen.
Der Kopf am Heck des Gottschiffes auf Siegel 111 ist wie der einer Schlange gestaltet, weist aber zwei Hörner auf.

ID5
Eine Sonderform stellt das Siegel 21 dar. Das Heck dieses Gottschiffes endet in fünf Kreisen. Anscheinend sollte der Schwanz eines Skorpiones dargestellt werden, auch wenn der Stachel nicht angegeben ist.

Vor- und Ausläufer des Motivs
H. Kantor glaubte, daß sich das Motiv des Gottschiffes das erste Mal auf einer frühsumerischen Siegelabrollung nachweisen lasse (Abb. 2).[41]
Auf dieser sind zwei U-förmige Gebilde dargestellt, in denen sich jeweils zwei Gefäße befinden und von denen jeweils ein Ende in eine anthopomorphe Figur mit Kopf, Armen und Beinen übergeht. Diese stehen sich gegenüber und trinken mit Hilfe von Saugrohren aus einem zwischen ihnen stehendem Behälter.

---

[39] Siegel 45, 67-68, 71, 73.
[40] Amiet 1961: 1380, 1389. Beide Siegel sind in einem mit Siegel 38 verwandtem Stil geschnitten.
[41] Kantor 1984. In Choga Misch fehlt ein großer Teil der späturukzeitlichen Keramik. Die Besiedelung dieses Fundortes scheint nicht bis zur Ğemdet-Naṣr-Zeit angedauert zu haben. Delougaz/Kantor 1968.

Auch wenn die Gefäße an das Motiv IV erinnern, sind doch die Verdoppelung des „Gottschiffes", sowie seine Tätigkeit des Trinkens für die spätere Glyptik nicht belegt.

Nach der Akkad-Zeit verschwindet das Motiv des Gottschiffes zusammen mit vielen anderen Motiven und Themen aus der Glyptik Mesopotamiens. In der folgenden neusumerischen Zeit ist die Ikonologie weitgehend auf die „Einführungsszene" beschränkt.

Abb. 2: Frühgeschichtliche Siegelabrollung aus Choga Misch [42]

Erst auf zwei altbabylonischen Siegeln scheint sich eine Erinnerung an das Motiv des Gottschiffes widerzuspiegeln.

Abb. 3: Siegel des Arad-Nabium [43]

---

[42] Kantor 1984: Abb. 1-2.
[43] Amiet 1960: Abb. 2b.

Abb. 4: Siegel des syro-kappadokischen Stils [44]

Auf dem Siegelbild der Abb. 3 thront ein Gott, Ring und Stab haltend, auf dem Rücken zweier menschengesichtiger Stiere. Er befindet sich eindeutig in einem Boot, da unter diesem Wasserwellen zu erkennen sind. Der Schiffsrumpf endet auf beiden Seiten in jeweils einem menschlichen Oberkörper. Das Wasser unter dem Schiff wird ebenfalls „personifiziert" dargestellt. Seine Wellen gehen in anthropomorphe Oberkörper über.

Aufgrund dieses Siegelbildes ist es möglich, auch das Gebilde auf Abb. 4, in dem ein ebenfalls mit Ring und Stab ausgerüsteter Gott oder König steht, als Boot zu deuten. Auch hier gehen die beiden Enden des Schiffsrumpfes in anthropomorphe Oberkörper über. Das Siegel weist aufgrund des Stieres mit dem Höcker auf dem Rücken auf einen anatolischen Einfluß oder Ursprung hin.

Die altbabylonischen Darstellungen des „Gottschiffes" weisen einen heraldischen Charakter auf und unterscheiden sich erheblich von denen des dritten Jahrtausends, die nur einen anthropomorphen Oberkörper aufweisen und als sich selbst vorwärtsbewegend dargestellt sind.

In der Literatur wurde das Gottschiff mehrfach mit dem Gott Sirsir, dessen Name von B. Landsberger mit „Ruderer" übersetzt wurde, in Zusammenhang gebracht.[45] Sein Name erscheint bereits auf Texten des dritten Jahrtausends, die in Abu Ṣalābīḫ gefunden wurden.[46]

Aus späterer Zeit stammt das *enuma eliš*, in dem es über Sirsir heißt:

„... der in seiner Wut immer wieder das weite Meer überschritt... Tiamat war sein Schiff, er war ihr Schiffer."[47]

2.1.2   Motiv II: Der/Die Insasse(n) des Gottschiffes

Der/Die Insassen(n) des Gottschiffes teilen sich zunächst folgendermaßen auf:

II A   Eine sitzende anthropomorphe Figur
II B   Zwei sitzende anthropomorphe Figuren
II C   Eine stehende anthropomorphe Figur
II D   Eine liegende anthropomorphe Figur
II E   Tiere

---

[44] Porada 1948: Abb. 895; Umzeichnung: Verfasser.
[45] Kantor 1984: 279, Anm. 8; Lambert 1997: 7; Landsberger 1950: 364.
[46] Lambert 1997: 7.
[47] *Enuma eliš*, Tafel VII 70-73. Übersetzung bei Lambert 1994.

II F	Skorpione?
II G	Pflanzen
II H	Symbole
II I	Sonderformen, die nur einmal vertreten sind

IIA   Eine sitzende anthropomorphe Figur
(Siegel: 1-7, 9-15, 17-18, 21-23, 25-28, 30, 32, 34-35, 38-39, 44-46, 55, 60, 65, 67-69, 71-73, 105-107, 110-112)
Die Figur ist in den meisten Fällen durch die Hörnerkrone als Gott gekennzeichnet. Folgende Teile lassen sich getrennt untersuchen:

IIA1   Der Kopf
IIA2   Der Rumpf
IIA3   Der Sitz

IIA1   Der Kopf
Am Kopf lassen sich folgende Elemente unterscheiden:

IIA1a   Die Hörnerkrone
IIA1b   Die Haartracht
IIA1c   Das Gesicht

IIA1a   Die Hörnerkrone
Die sitzende anthropomorphe Figur ist in den meisten Fällen durch eine Hörnerkrone als Gott gekennzeichnet. Auf einigen Siegeln fehlt sie jedoch.[48] Beim Gottschiff galt die Regel, daß ihm nur dann die Hörnerkrone fehlt, wenn sie auch nicht am Insassen dargestellt ist. Der Insasse ist jedoch auf einigen Siegeln auch dann ohne Hörnerkrone abgebildet, wenn das Gottschiff eine trägt.[49]
Die folgenden Hörnerkronen lassen sich unterscheiden:

IIA1aα
(Siegel: 1-3, 5, 11, 43-45)
Die einfache Hörnerkrone. Sie entspricht der Hörnerkrone IA1a des Gottschiffes.

IIA1aβ
(Siegel: 4, 10, 14-15)
Die Hörnerkrone mit einer Spitze zwischen den Hörnern. Sie entspricht der Hörnerkrone IA1b des Gottschiffes.

IIA1aγ
(Siegel: 12-13, 25)
Die Hörnerkrone mit einem Pflanzenmotiv zwischen den Hörnern. Neben den Formen, die denen des Types IA1c des Gottschiffes entsprechen, findet sich auf dem Kopf des Gottes des Siegels 25 ein einzelnes Dreieck, das mit der Spitze nach unten zeigt. Nur das rechte Horn der Krone ist bei diesem Beispiel angegeben, das linke fehlt. Statt dessen gehen vier kurze Linien von dieser Seite des Kopfes ab.

---

[48] Siegel 6, 7?, 9, 22?, 26, 28?, 32, 34, 42?, 46, 59, 68, 106, 110.
[49] Siegel 6, 7?, 9?, 22?, 28, 32, 34, 59, 106.

Aus der gesamten frühdynastischen Glyptik ist mir lediglich ein weiteres Beispiel für die Hörnerkrone des Typs 1c des Gottschiffes bzw. 1aγ des Insassen bekannt. Sie taucht an dem aus dem Saugrohr trinkendem Gott auf dem „Zikkurratbausiegel" 94 auf. Auf anderen Bildträgern erscheint diese Form der Hörnerkrone nicht.

Sowohl auf dem Fragment einer Weihplatte, als auch eines Gefäßes ist jeweils eine weibliche Gottheit dargestellt, die die „Idolkrone" trägt.[50] Diese weist links und rechts eines Gebildes, das vermutlich einen Löwenkopf darstellt, jeweils eine Pflanze auf. Obwohl in beiden Fällen mit der gleichen Kopfbedeckung versehen, handelt es sich wahrscheinlich um verschiedene Gottheiten, worauf die unterschiedlichen Attribute hinweisen, die von ihnen in den Händen gehalten werden.[51]

Auf einem ungefähr zeitgleichen frühdynastischen Rollsiegel wird die vermutlich gleiche Kopfbedeckung sowohl von einer männlichen als auch von einer weiblichen Gottheit getragen.

Eine andere Form der Hörnerkrone tragen männliche Gottheiten auf zwei Weihplatten aus Nippur.[52] Hier entwachsen die Pflanzen einem zentralen sanduhrförmigen Stumpf.

Gleiche oder ähnliche Kopfbedeckungen sind also kein zwingender Hinweis auf die Identität einer Gottheit.[53]

Die Darstellung eines Pflanzensymbols auf dem Kopf des Gottschiffes und seines Insassen findet eine Entsprechung in Textfunden, die allerdings aus späterer Zeit stammen. So heißt es im *enuma eliš* über den Schiffergott Sirsir:
„Sirsir... dessen Haar Pflanzenwuchs, dessen Tiara eine Saatfurche ist."[54]

IIA1aδ
(Siegel: 67, 107)
Zwei Hörner an den Enden einer geraden Linie. Sie entspricht der Hörnerkrone IA1c des Gottschiffes.

IIA1aε
(Siegel: 69, 71, 72, 73)
Die akkadischen Hörnerkronen. Sie entsprechen denen des Gottschiffes. Der Krone des Gottes 71 fehlt die sonst übliche kleine Pyramide auf dem Kissen zwischen den Hörnern, vielleicht ist sie lediglich nicht erhalten.

Die vorkommenden Typen der Hörnerkrone sind bei den Gottschiffen und den in ihnen fahrenden Göttern identisch. Ein hierarchisches Verhältnis zwischen beiden kommt nicht zum Ausdruck.

IIA1b   Die Haartracht
IIA1bα

---

[50] Orthmann 1985: Taf. 87a, 95b. Beschreibung: Hansen 1985: 188f.; 192.

[51] Auf zwei Fragmenten der „Geierstele" sind Köpfe von Göttern erhalten, die ebenfalls die „Idolkrone" tragen. Einer dieser Gottheiten scheinen Keulen aus der Schulter zu wachsen. Weitere Merkmale sind jedoch nicht erhalten. Orthmann 1985: Taf. 90.

[52] Boese 1971: Taf. XVIII. N8, N9.

[53] B. Landsberger wies darauf hin, daß es im Alten Orient kaum eine Gottheit ohne Bezug zum Vegetativen gab. Landsberger 1950: 366f. Anm.31/3.

[54] *Enuma eliš*, Tafel VII 70-73. Übersetzung bei Lambert 1994.

(Siegel: 2-7, 9, 10-15, 23, 32, 107)
Ein kurzer schräg oder waagerecht vom Hinterkopf abstehender Zopf. Er entspricht
der Haartracht IA2b des Gottschiffes.

IIA1bβ
(Siegel: 38, 43, 51)
Ein senkrecht über die Schulter fallender Zopf. Der in einer Locke endende Zopf
wird vom Insassen nicht getragen.

IIA1bγ
(Siegel: 69, 71-73)
Der Haarknoten. Die bereits an einigen Gottschiffen festgestellte Art, einen Haarknoten durch zwei Kugeln zu stilisieren, findet sich auch am Gott des Siegels 69. Die
Götter der Siegel 72 und 73 tragen einen Haarknoten, der sich in zwei Segmente
aufteilt und wohl dem des Gottschiffes 72 entspricht. Eine weitere Variante war wohl
ursprünglich am Gott 71 angebracht, ist jedoch nur unvollständig erhalten.
Auf den Rollsiegeln sind mehr Varianten, das Haar hochzustecken überliefert als
durch die Rundplastik, jedoch ließen sich aufgrund der geringen Größe der Bildträger
keine Details angeben, die es dem heutigen Betrachter ermöglichen würden, weiter-
gehende Unterscheidungen zu treffen.

IIA1bδ
(Siegel: 10, 12-15, 17, 27, 38, 67?, 68-69, 71-73)
Der Bart. Es kommen nur Bärte in der Art wie sie auch die Gottschiffe tragen vor.

Beim Vergleich der Frisuren der Gottschiffe mit denen des Gottes zeigt sich weitge-
hende Übereinstimmung.
Die Haartrachten IA2a, d und f der Gottschiffe finden bei der Darstellung des Gottes
keine Entsprechung. Das Gottschiff weist also eine größere Variation an Frisuren auf
als die in ihnen befindlichen Götter, die lediglich die Haartracht IIA1aß alleine aufweisen.

IIA1c   Das Gesicht
IIA1cα
(Siegel: 23, 28, 32, 38, 45, 60, 68, 70, 71-73)
Die Angabe des Augapfels

IIIAcβ
(Siegel: 38, 71-73)
Die Angabe des Mundes

IIA2 Der Rumpf
Am Rumpf lassen sich folgende Elemente unterscheiden:

IIA2a   Der gehaltene Gegenstand
IIA2b   Vom Körper ausgehende Linien
IIA2c   Die Kleidung
IIA2d   Die Angabe der Beine

IIA2a
Der vom Gott gehaltene Gegenstand

IIA2aα
(Siegel: 2-4, 12-13, 17, 28, 69, 110-111)
Der Gott hält eine Stange, die schräg nach hinten, meistens bis unter den Schiffs-
rumpf führt.

IIA2aβ
(Siegel: 1-6, 8, 10-11, 14-15, 21-23, 26, 32, 35, 38, 68, 71, 73, 105-107, 112)
Der Gott hält eine Stange auf die gleiche Weise wie beim Merkmal IIA2aα. Das
untere Ende dieser Stange verbreitert sich. M. C. de Graeve deutete dieses Gerät als
ein Paddel mit dessen Hilfe der Insasse das Boot durch Rudern vorwärtsbewegt.[55] C.
Qualls hingegen sieht ein Steuerruder dargestellt.[56] Für die erste Interpretation spricht
der Umstand, daß wenn zwei Insassen im Boot sitzen, anscheinend beide eine solche
Stange bedienen, was im Falle des Steuerns keinen Sinn macht. Es ist jedoch fraglich, ob solche Überlegungen bei den Siegelschneidern eine Rolle spielten. Eher ist
es wohl so, daß ein bekanntes ikonographisches Motiv verdoppelt wurde. Ebenfalls
fraglich ist es, ob sich die Tätigkeiten des Stakens und des Ruderns arbeitstechnisch
überhaupt ergänzen. Der Interpretation eines Steuerruders soll daher der Vorzug
gegeben werden.[57]

IIA2aγ
(Siegel: 34, 67)
In zwei Fällen ist das untere Ende der vom Insassen gehaltenen Stange gesplißt. Es
handelt sich also um die Darstellung einer Stakstange, wie sie auch das Gottschiff
verwendet.

IIA2aδ
(Siegel: 25, 39, 43?)
Auf diesen Stücken hält der Gott eine Pflanze vor sich. Sie ist von unregelmäßiger
Form und entsprechen daher dem Merkmal IIB1 des Gottschiffes.

IIA2aε
Auf den Siegeln 44 und 45 hält der Gott eine Keule in der Hand.

IIA2aζ
Auf Siegel 45 hebt er außerdem einen gebogenen Gegenstand in die Höhe, der von
H. Franfort und R. M. Boehmer als die „Säge des Šamaš" gedeutet wurde.[58]

---

[55] De Graeve 1981: 156f. Anm. 34, 35.
[56] „Steering oar" in Qualls 1981: 127ff.
[57] De Graeve interpretiert die Tätigkeiten auf ihren Abbildungen Taf. I.2 und II.4 als
„paddling" und diejenigen auf Taf. IX.34, XVIII.49, XXI.53 und XXXII.67 als „Steering". In
allen Fällen handelt es sich um Insassen im Heck des Bootes, die ein Paddel bedienen, das
nach schräg hinten ins Wasser führt. Es spricht also nichts dagegen, die Tätigkeiten auf diesen
Beispielen einheitlich als Steuern zu interpretieren.
[58] Boehmer 1965: 80; Frankfort 1939: 68: „... the saw in his hand with which he ‚cuts'
decisions ...".

IIA2aη
Auf Siegel 72 hält er einen Pflug in der Hand.

IIA2aθ
Der Insasse auf Siegelabrollung 50 hält einen runden Gegenstand in der Hand, der als Trinkgefäß gedeutet werden kann.

IIA2b
(Siegel: 10, 11, 25, 45, 69, 71-73)
Vom Körper des Gottes ausgehende Linien. Dieses Merkmal wird in der späteren Diskussion zur Deutung der Identität des Insassen und des gesamten Themas eine wichtige Rolle spielen.
Auf den drei Siegeln des akkadischen Stils 71, 72 und 73 gehen wellenförmige Linien, wie Flammen vom Oberkörper der Götter aus. Auf die gleiche Weise ist der zwischen den Bergen stehende Gott, ein auf Siegeln des akkadischen Stils sehr häufig auftretendes Motiv, gekennzeichnet. Es wird allgemein als der zwischen den Bergen aufsteigende Sonnengott Šamaš interpretiert.
Auf den vier Siegeln 10, 11, 25 und 45 die in frühdynastischen Stilen gearbeitet sind, gehen keine gewellten, sondern gerade Linien vom Oberkörper des Gottes aus.
Auf dem Siegel 45 führen sie auf der linken Seite des Gottes nicht unmittelbar an seinen Körper heran und enden in Punkten. Auf der rechten Seite fehlen die Linien, hier sind lediglich die Punkte erhalten. Diese Linien wurden von H. Frankfort und R. M. Boehmer als dieselben Strahlen gedeutet, die dem Insassen des Gottschiffes auf akkadischen Siegeln entströmen können und der als Šamaš gedeutet wird.[59] P. Amiet zog hingegen diese Deutung in Zweifel und wies auf die Darstellungen von aus dem Körper vegetativer Gottheiten entwachsender Pflanzentriebe hin.[60] Aus frühdynastischer Zeit sind Darstellungen von weiblichen Gottheiten bekannt, denen Gegenstände aus den Schultern wachsen, die am Ende eines glatten Stiels eine Verdickung aufweisen. Sie werden als Pflanzen oder Keulen gedeutet.[61] Diese Darstellungen finden sich auf Bildträgern mit einem größeren Format, deren Übertragung auf die kleineren Rollsiegel der Darstellungsweise auf Siegel 45 entsprechen könnte. Die Punkte am Ende der Strahlen sprechen jedoch nicht zwangsläufig gegen eine Interpretation als „Sonnenstrahlen". Auf einem frühen akkadischen Siegel, das den zwischen den Bergen aufsteigenden Sonnengott abbildet, enden diese nämlich in Sternen.[62] Diesen Sternen könnten die Punkte auf Siegel 45 entsprechen, zumal auf Siegeln mit der Darstellung des Gottschiffes häufig Sterne abgebildet sind.[63]

IIA2c
Die Kleidung des Gottes
IIA2cα
(Siegel: 1-4, 6-8, 10-15, 17, 21, 25, 26-28, 32, 34, 38-39, 42-44, 50, 60, 105-107, 111)

---

[59] Frankfort 1939: 68; Boehmer 1965: 80.
[60] Amiet 1961: 178. Diese Darstellungen finden sich auf Rollsiegeln jedoch erst ab der akkadischen Zeit. Das gleiche gilt für die Darstellung der „kriegerischen Ištar".
[61] Hansen 1985: 188f, 192.
[62] Boehmer 1965: Abb. 393.
[63] Motiv VIII.

Der Zottenrock. Auf Siegeln der frühdynastischen Stile wird der Oberkörper in seinem Umriß angegeben, er weist keine Innenzeichnung auf. Ab der Kniehöhe schließt die Darstellung des sitzenden Gottes mit mehreren vertikalen Strichen ab. Dargestellt sind Zotten, die verschiedene Arten von Röcken in der frühdynastischen Zeit abschließen.

Zum einen treten sowohl in FDII- als auch auf FDIII-zeitlichen Bildträgern Personen auf, die einen glatten Rock tragen, der nach unten mit einer Reihe von Zotten abschließt.[64] Auf Weihplatten tragen sowohl die sitzenden Figuren als auch die sie bedienenden ein solches Kleidungsstück. Es scheint also nicht das Privileg einer sozialen Klasse gewesen zu sein, diesen Rock zu tragen. Auf den Einlegefriesen aus Mâri tragen auch Frauen diese Art des Zottenrockes.[65] Während bei Männern der Oberkörper in der Regel frei bleibt, haben diese Frauen ein Tuch über die Schultern gelegt, das vor der Brust mit einer Nadel zusammengehalten wird. In einer zweiten Variante des Zottenrockes setzen die Zotten bereits am Gürtel an.[66] Der Rock besteht also nur aus ihnen, der glatte Teil fehlt. Diese Art des Zottenrockes findet sich noch zu Anfang der Akkad-Zeit auf der „Stele des Sargon".[67] Sie wird nicht von Göttern oder Herrschern getragen.

Bei einer dritten Variante sind kurze Zotten in parallelen horizontalen Reihen angeordnet. Das Tragen dieser Kleidung scheint, wie der spätere Falbelrock bzw. das Falbelgewand, auf Angehörige der königlichen Familie und Götter beschränkt zu sein.[68]

IIA2cβ
(Siegel 9, 22, 35, 45-46, 65, 67-68)
Ein glatter Rock oder ein glattes Gewand. Auf diesen Siegeln sind lediglich die Umrißlinien des Oberkörpers und des unteren Teils des Kleidungsstückes angegeben. Ob hier ein glatter Rock oder ein glattes Gewand dargestellt werden sollte, oder es sich lediglich um einen stilistischen Unterschied zu IIA2cα handelt, ist nicht zu entscheiden. In der frühdynastischen Kunst tragen in der Regel weibliche Figuren ein glattes Gewand[69], das nur auf einigen späten Weihplatten auch an männlichen Göttern erscheint.[70]

IIA2cγ
(Siegel: 72, 73)
Der Falbelrock. Auf den akkadischen Siegeln 72 und 73 tragen die Götter Röcke, in denen Reihen von senkrechten Kerben durch horizontale Linien voneinander getrennt sind. Der Oberkörper ist frei. Sie entsprechen damit der Gestaltung des „Falbelrockes". Dieser hat sich wohl aus der zuletzt vorgestellten Variante des Zottenrockes entwickelt

---

[64] Auf Weihplatten: Boese 1971 Taf. I.2; II.2; III.3; V.1,2: VII.1; IX.1; XIII.3; XIV.2; XVII.1; XXIV.1; auf Einlegearbeiten: Dolce 1978: Taf. X K52; XVII T20-21; XIX N57; XXI; XXII U178-179; XXIX; XLIII; in der Rundplastik: Orthmann 1985: Taf. 17-18.

[65] Dolce 1978: Taf. XXXIX M300-302; XL M295-297; XLI M299, M307.

[66] Auf Weihplatten: Boese 1971: Taf. XII.2, 3; XXV.2; XXIX.1, 2; XXX.1, XXXI.2, 3; auf Einlegearbeiten: Dolce 1978: Taf. VI Es2-3; XVII N51; XXXV M53; M153; XXXIX M437; in der Rundplastik: Strommenger 1962: Taf. 47.

[67] Orthmann 1985: Taf. 99b.

[68] Auf Weihplatten: Boese 1971: Taf. XII.2, 3; XXV.2; XXIX.1, 2; XXX.1; XXXI.2, 3; auf Einlegearbeiten: Dolce 1978: Taf. XVIII U176, U177; XXI; XXX M80; XXXII; XXXIV M292, M59; in der Rundplastik: Orthmann 1985: Taf. 26-27, 29-31.

[69] Auf Weihplatten: Boese 1971: Taf. III.3, IV.1; V.2; IX.1; IX.2; XVII.1; auf Einlegearbeiten: Dolce 1978: Taf. VI ES1, 5; in der Rundplastik: Orthmann 1985: Taf. 19-22.

[70] Boese 1971: Taf. XVIII.1, 2; XXI.4.

und unterscheidet sich von diesem dadurch, daß die Zottenreihen unten waagerecht abgeschnitten sind. Der Falbelrock ist damit genauso gestaltet wie das Falbelgewand, welches jedoch auch den Oberkörper bedeckt. Auf der Glyptik des akkadischen Stils sind sowohl Falbelrock als auch Falbelgewand, auf einem Siegel sogar gemeinsam, abgebildet.[71] Auf anderen Bildträgern erscheint lediglich das Falbelgewand.[72] Denkbar ist, daß es sich bei Falbelrock und -gewand lediglich um zwei verschiedene Arten das gleiche Kleidungsstück zu tragen handelt. In akkadischer Zeit scheint nur Göttern oder Angehörigen der königlichen Familie diese Kleidung zugestanden zu haben.

IIA2cδ
(Siegel: 71)
Ein glattes Gewand mit Troddeln oder Fransen am Saum. Dieses Gewand wird sowohl in der Rundplastik als auch in der Glyptik erst ab der Akkadzeit dargestellt.[73]

IIA2cε
(Siegel: 23, 69)
Die Götter dieser Siegel scheinen unbekleidet zu sein. Der Gott des Siegels 69 trägt jedoch einen Gürtel, von dem aus ein Zipfel hinter dem Rücken nach unten fällt. Denkbar ist, daß es sich hierbei um den Wulst des kurzen Wickelrockes handelt. Dieser wird stets als sehr eng anliegend dargestellt.[74] Die Angaben des sich den Beinen des Gottes anschmiegenden Rockes könnten sich nicht erhalten haben, bzw. auf dem Foto nicht erkennbar sein.

IIA2d
(Siegel: 9, 14, 23, 38, 42, 50, 65, 69, 72, 73)
Die Angabe der Beine. Hierbei handelt es sich um ein Merkmal, das von chronologischer Bedeutung ist, da auf vier der sieben Siegel des akkadischen Stils die unter dem Gewand des Gottes hervorschauenden Unterschenkel und Füße sichtbar sind. Das gleiche Merkmal findet sich auf einigen Siegelbildern, die in frühdynastischen Stilen gestaltet sind.

IIA2e
(Siegel 7)
Um eine Sonderform handelt es sich bei der Gestaltung des Rumpfes des Schiffsinsassen auf Siegel 7. Lediglich der Oberkörper ist dargestellt. Auf ihm sind mehrere vertikale Linien eingezeichnet. Die Person hält keinen Gegenstand in den Händen.
In einer weiteren Sonderform ist die sitzende Figur im Gottschiff auf Siegel 60 dargestellt. Sie ist nur ab der Hüfthöhe dargestellt und scheint sich mit dem linken Arm abgestützt in einer halb liegenden Position zu befinden. Der rechte Arm ist wie zum Gruß erhoben. Weder Steuerruder noch Pflanze werden von dieser Gestalt gehalten.

IIA3   Der Sitz des Gottes
IIA3a

---

[71] Boehmer 1965: Abb. 377.
[72] Boese 1971: Taf. XXXIII.3; Orthmann 1985 Taf. 101, 105.
[73] Strommenger 1960: Taf. 9-12.
[74] Boehmer 1965: Abb. 35, 47, 50, 53, 61 etc.

(Siegel 50)
Der Sitz ist in der Form eines X gestaltet. Nach G. Selz findet sich diese Art der Darstellung auf Siegeln, die die Bankettszene darstellen ab FDII/III.[75]

IIA3b
(Siegel: 2, 10, 12-13, 38, 46, 69)
Die einfachste Art, einen Sitz des Bootsinsassen darzustellen, ist eine Linie, die sich unterhalb seines Gesäßes mit dem Steuerruder kreuzt. Auf diese Weise wird die Innenverstrebung als pars pro toto des Sitzes dargestellt.

IIA3c
(Siegel: 1, 8, 25, 43)
Der Sitz wird durch zwei vertikale Linien gestaltet, zwischen denen horizontale Linien verlaufen.
Diese Gestaltung des Sitzes ist nach G. Selz bereits in FDI belegt und hauptsächlich in Mittelmesopotamien verbreitet.[76]

IIA3d
(Siegel: 17, 43, 105?)
Die Götter der Siegelabrollung 17 und des Siegels 105 scheinen auf einem Kissen zu sitzen. Ein Kissen liegt vielleicht auch auf dem Sitz des Siegels 43.

IIA3e
(Siegel: 65, 72, 73)
Nur auf akkadischen Siegeln finden sich quadratische und rechteckige Sitze von geschlossener Form.[77] Der Sitz auf Siegel 73 weist eine kreuzförmige Verstrebung auf.

IIA3f
(Siegel: 71)
Ebenfalls nur auf einem akkadischen Siegel findet sich die Darstellung eines Sitzes, bei dem nur eines der beiden Standbeine angegeben ist, zwischen denen die Sitzfläche verläuft.

IIB   Zwei sitzende anthropomorphe Figuren
IIB1
(Siegel: 24, 33)
Auf den Siegeln 24 und 33 sind je zwei Figuren im Boot zu sehen, die beide hintereinander in Fahrtrichtung sitzend jeweils ein Steuerruder bedienen. Sie sind sämtlich ohne Hörnerkrone dargestellt, obwohl das Gottschiff des Siegels 33 eine solche aufweist. In der gleichen Anordnung wie auf 33 und 24 sind auf 16 zwei Insassen dargestellt. Genauere Details sind leider aufgrund des schlechten Erhaltungszustandes nicht zu erkennen.

---

[75] Selz 1983: Abb. 7.
[76] Selz 1983: Abb. 1.
[77] So auch auf Darstellungen der Bankettszene. Selz 1983: Abb. 16.

IIB2
(Siegel: 37)
Im Gottschiff auf Siegel 37 sitzen sich zwei Personen gegenüber, die ein Gefäß zwischen sich stehen haben. Dargestellt ist offensichtlich ein Symposion im Boot. Nähere Einzelheiten lassen sich auch hier nicht gewinnen.
Ein „Symposion" findet gewöhnlich in „natürlichen" Booten statt.[78]

IIC   Eine stehende anthropomorphe Figur
(Siegel: 61, 62, 108)
Auf diesen drei Siegeln steht jeweils eine Figur im Boot. Allen fehlt die Hörnerkrone. Vom Rücken des Bootsinsassen auf Siegel 108 gehen zwei horizontale Striche aus. Dies erinnert an die Schwanzfedern des Vogelmenschen.[79]
Der Kopf der Gestalt auf Siegel 61 ist im Profil, der Rumpf jedoch en face dargestellt. Sie trägt einen Zottenrock.
Die Figur auf Siegel 62 ist sehr schwer zu erkennen. Wahrscheinlich handelt es sich um eine anthropomorphe Gestalt mit langem Zopf und einem Pflanzenmotiv in der Hand. Sollte diese Deutung zutreffen, stünde die Figur mit dem Rücken zur Fahrtrichtung.

IID   Eine liegende anthropomorphe Figur
(Siegel: 54?, 109)
Deutlich ist eine auf dem Bauch liegende Figur im Gottschiff des Siegels 109 zu erkennen. Die publizierte Umzeichnung der Siegelabrollung 54 hingegen gibt das Gottschiff und seinen Inhalt nur teilweise wieder. Bei den erhaltenen Resten im Boot handelt es sich vielleicht um die Umrißlinie des Rückens und den abgewinkelten Arm einer auf dem Bauch liegenden Figur. Für diese Deutung spricht, daß eine weitere auf dem Bauch liegende Figur in der gleichen Bildzone abgebildet ist.

IIE   Tiere
(Siegel: 47, 66)
Im Gottschiff auf Siegel 66 ist ein Capride dargestellt, der von hinten von einem Löwen angefallen wird. Der Capride hat den Kopf zum Boden geneigt, als ob er graste. Ein sehr ähnliches Motiv findet sich auf „Tierkampf-Rollsiegel", die von R. M. Boehmer in die Periode Akkadisch I datiert werden.[80] Offensichtlich wurde auf Siegel 66 ein Motiv, das aus einem anderen Themenzusammenhang stammt, mit dem Gottschiff kombiniert.
Auf der unvollständigen Siegelabrollung 47 ist ein Rind im Gottschiff dargestellt. Vor dem Rind befindet sich außerdem eine Pflanze.
Bezeichnenderweise stammen beide Stücke aus Fundorten, die an der Peripherie des Verbreitungsgebietes des Gottschiff-Themas liegen.

IIF   Skorpione?
(Siegel: 57-59)
R. M. Boehmer deutete die undeutlichen Objekte, die sich in den Gottschiffen der Siegel 57 und 59 befinden, als Skorpione.[81] Er begründet dies mit der gut zu erkennenden Dar-

---

[78] Amiet 1961: Abb. 1204-1206, 1360; Karg 1984: 68f.
[79] Motiv VI.
[80] Boehmer 1965: Abb. 29, 76. Letzteres Beispiel entspricht auch stilistisch Siegel 65.
[81] Boehmer 1965: 80.

stellung eines Skorpions in einem „natürlichen Boot" auf einem Siegel, das zur gleichen Stilgruppe wie 57 und 59 gehört.[82] Da der Skorpion des öfteren zusammen mit dem Gottschiff in einer Bildzone erscheint[83], ist diese Interpretation wahrscheinlich. Für den Gegenstand im Gottschiff des Siegels 59 bietet sich allerdings im Vergleich mit Siegel 29 auch die Deutung als Pflanze an.

Das Siegelbild 58 ist nur als Umzeichnung veröffentlicht. Amiet bezeichnet das Objekt im Gottschiff als Vogel[84]. Es wäre dies jedoch der einzige Fall, bei dem dieses Motiv in einem Boot erscheint. Die Stilisierung des Rumpfes als Fischgrätenmuster findet sich auch an Darstellungen von Skorpionen auf anderen Siegeln der „Tigris-Gruppe".[85] Bei den Beinen des „Vogels" kann es sich auch um die erhaltenen Beine eines Skorpiones handeln, die ursprünglich an beiden Seiten des Rumpfes angebracht waren.

IIG Pflanzen
(Siegel: 29, 47, 107)
In drei Fällen befinden sich Pflanzenmotive im Gottschiff, und zwar zusammen mit einem Rind (47), einem sitzenden, das Steuerruder bedienenden Gott (107) oder allein (29). Sie ähneln einander nicht. Die Pflanze im Gottschiff des Siegels 47 weist zu beiden Seiten ihres Stiels ausgehende leicht nach oben gebogene Keime auf. Bei den beiden Pflanzenmotiven auf Siegel 107 sitzt auf langen aufrecht stehenden Stielen je ein Blatt oder eine Blütenstaude. Das sich alleine im Gottschiff befindende Pflanzenmotiv auf Siegel 29 ist durch ineinander geschachtelte Rauten dargestellt.

IIH Sonderformen, die nur einmal vertreten sind
Siegel 8
Auf Siegel 8 sind drei Figuren im Gottschiff dargestellt. Vorne im Boot sitzt eine barhäuptige Figur auf einem Sitz des beschriebenen Typs IIA3c. Hinter ihr steht eine Person mit Stakstange, und im hinteren Teil des Bootes bedient eine weitere sitzende Figur das Steuerruder.

Mehrere sitzende oder stehende Personen finden sich ab der Periode FDII in „natürlichen" Booten.[86] Da sie niemals zusammen mit Motiven des Gottschiff-Themas kombiniert erscheinen, sind die Darstellungen „natürlicher" Boote inhaltlich vom Gottschiff-Thema scharf zu unterscheiden.[87] Das Motiv mehrerer Passagiere ist also einem anderem Themenkreis entnommen und mit dem Gottschiff kombiniert worden.

Siegel 63
Im Gottschiff des Siegels 63 befindet sich ein en face dargestellter Vogel mit ausgebreiteten Flügeln und ohne Kopf. Dies entspricht der Darstellung der Adler, die sich auf anderen Siegeln der „Tigris-Gruppe" in der oberen Bildzone befinden.

---

[82] Boehmer 1965: Abb. 472.
[83] Motiv VII.
[84] Amiet 1961: 178.
[85] Boehmer 1965: Abb. 664.
[86] Hansen 1971: Abb. 18c; Legrain 1936: No. 300; Heinrich 1931: Abb. 56c.
[87] Kapitel 2.2.

Siegel 64
Im Gottschiff befindet sich nur ein aus vier Strichen gebildeter Stern. Er entspricht dem Wortzeichen DINGIR, „Gott".[88]

Siegel 70
Auf dem Siegel 70 befindet sich eine anthropomorphe Gestalt, die mit dem Rücken zur Fahrtrichtung auf einem Vogel sitzt. Boehmer sah in ihr die „Göttin auf dem Gänsethron", die auch auf einem weiteren Siegelbild im akkadischen Stil in einem „natürlichen Boot" sitzend abgebildet ist.[89] Hinter der Göttin sitzt eine kleine Figur ohne erkennbare Angabe von Kleidung und Kopfbedeckung und bedient das Steuerruder.

2.1.3   Motiv III: Der das Gottschiff begleitende Vierbeiner

Vier Typen von Vierbeinern können das Gottschiff begleiten:
IIIA   Der Vierbeiner ohne kennzeichnende Merkmale
IIIB   Der menschenköpfige Löwe
IIIC   Der Löwe
IIID   Der menschengesichtige Stier

IIIA   Der Vierbeiner ohne kennzeichnende Merkmale
(Siegel: 1-6, 26, 34-35, 52-53, 105, 108, 110)
Diesen Vierbeinern fehlen Merkmale, aufgrund derer man sie identifizieren könnte.
Die Körper weisen zum Teil lange Beine und Schwänze auf, wie sie für Löwen charakteristisch sind. Auf den Siegeln 1 und 3 hingegen besitzt der Vierbeiner nur einen Stummelschwanz. Von der Rückseite des Halses des Vierbeiners auf Siegel 2 gehen einige kurze Striche aus, während der Hals selber glatt gehalten ist. Dagegen sind über den ganzen Hals des Vierbeiners auf Siegel 6 kräftige schräge Linien gezogen. In beiden Fällen sollte wohl eine Mähne dargestellt werden. Mähnen werden innerhalb der frühdynastischen Glyptik von Löwen getragen. Diese weisen aber nicht die langen Hälse wie die Vierbeiner der Siegel 2 und 6 auf.

IIIB   Der menschenköpfige Löwe
(Siegel: 10-12, 16, 19-20, 22, 28, 31-32, 38, 40, 42-45, 46?, 63, 67?, 68-69, 71-73, 106-107, 111-112)
Der schlanke Körper dieses Vierbeiners mit dem langen Schwanz ist der eines Löwen. Der Kopf des Vierbeiners ist menschengestaltig und kann folgende Merkmale aufweisen:

IIIB1   Gesichtsmerkmale
IIIB2   Die Frisur des Barthaares
IIIB3   Die Frisur des Haupthaares
IIIB4   Die Kopfbedeckung
IIIB5   Das Halsjoch

---

[88] Labat 1976: Schriftzeichen 13, 48f.
[89] Boehmer Abb. 480; nach Boehmer handelt es sich um die gleiche Göttin, die auch auf Siegel 72 als Nebenmotiv erscheint.

IIIB1   Gesichtsmerkmale
IIIB1a
(Siegel: 38, 45)
Die Vierbeiner dieser Siegel weisen eine Bohrung für den Augapfel auf.

IIIB1b
(Siegel: 22, 71, 106, 107)
Die Ohren der Vierbeiner auf den Siegeln 106 und 107 sind wie Henkel an den Kopf gesetzt. Im Gegensatz dazu ist das Ohr des Vierbeiners auf Siegel 71 des akkadischen Stils in das Menschengesicht integriert.

IIIB1c
(Siegel: 12, 20, 38, 44, 69, 71-73, 107)
Die Angabe der Nase. Konnten die Merkmale IIIB1a und IIIB1b auch an Tierköpfen auftauchen, ist die Darstellung der Nase als auch die folgenden Merkmale menschenspezifisch. Die Nasen der Vierbeiner auf den Siegeln 12, 44, 38 und 107 haben dem Stil dieser Siegel entsprechend noch die lange „Stöpselform", wie sie auch beim Gott und beim Gottschiff dargestellt ist. Auf dem Siegel 20, als auch auf den Siegeln des akkadischen Stils ist die Nase eleganter und naturalistischer dargestellt.

IIIB1d
(Siegel: 20, 22, 69, 72, 73, 111)
Die Angabe der Lippen. Auf dem Siegel 20, das detaillierter als die anderen Siegel der frühdynastischen Stile gearbeitet ist, sind deutlich die beiden Lippen des Mundes zu erkennen. Lippen weisen auch die Vierbeiner der Siegel der akkadischen Stile auf. Bei den Siegeln 22 und 111 ist lediglich eine Linie für den Mund dargestellt.

IIIB1e
(Siegel: 20, 68, 71-72)
Die Angabe von Augenbrauen. Ebenfalls auf Siegel 20 findet sich über dem Augapfel eine schräge Linie, die an dieser Stelle nur die Augenbraue darstellen kann. Auch auf akkadischen Siegeln ist sie angegeben.

IIIB2   Die Frisur des Barthaares
IIIB2a
(Siegel: 10-12, 16, 19-20, 28, 31, 43-44, 63, 68?, 71-73)
Der Vollbart. Auf einer Gruppe von Vierbeinern ohne menschenspezifische Gesichtsmerkmale befinden sich unterhalb des Kopfes drei oder mehr vertikale Linien. Denkbar wäre zunächst, daß es sich dabei um die Darstellung einer Löwenmähne handelt. Ein Vergleich mit der Darstellung von schreitenden Löwen in der frühdynastischen Glyptik beweist jedoch, daß es sich nicht um eine Löwenmähne handeln kann. Diese wird nämlich immer durch schräge oder horizontale Linien dargestellt[90], nie durch vertikale.[91]

---

[90] Amiet 1961: Abb. 867, 871, 986, 1160, 1232, 1270; Buchanan 1966: Taf. 9.113; Delaporte 1923: Taf. 64.3; Frankfort 1955: Abb. 361, 496, 501, 560.
[91] Amiet zieht einen Vergleich zu der Darstellung einer „Mähne" bei Equiden, die Streitwagen ziehen (Amiet 1961, 179; Abb. 1213, 1214). Aus der Darstellung des gleichen Motivs auf der Standarte von Ur geht jedoch eindeutig hervor, daß es sich nicht um eine „Mähne", die ja bei Equiden auch deplaziert wäre, handelt, sondern um Zotten, die vom Zaumzeug

Die unter dem Kopf ansetzenden vertikalen Linien entsprechen vielmehr den Darstellungen von Bärten, wie sie die Götter und Gottschiffe der gleichen Siegel tragen. Die Vierbeiner des akkadischen Stils, an deren Menschenköpfigkeit kein Zweifel besteht, tragen alle einen Vollbart. Die Vierbeiner der „frühdynastischen" Siegel 12, 20, 44 und 107, die wie oben bereits geschildert ebenfalls menschenspezifische Gesichtsmerkmale aufweisen und vertikale Linien unter dem Kopf tragen, sind ein weiteres Argument, diese als Bart zu interpretieren. In diesem Fall gelten aber auch die Vierbeiner ohne menschenspezifische Gesichtsmerkmale als menschenköpfig, da Bärte nur von Menschen getragen werden können.

Der Vierbeiner auf Siegel 34 trägt einen Bart, der aus zwei von horizontalen Linien getrennten Reihen von Strichen besteht. Dies erinnert an die Gestaltung einiger Bärte der akkadischen Zeit. An einem Steinkopf aus Girsu[92], auf der Stele des Narām-Sîn aus Pir Hüssein[93] und am Bronzekopf aus Ninive[94] besteht der obere Teil der Bärte aus drei Reihen von kurzen Locken. Der obere Teil der Barttracht des Vierbeiners könnte dem oberen Teil der „akkadischen Bärte" entsprechen. Der untere Teil der letzteren besteht jedoch aus mehreren langen vertikal fallenden Locken, während der untere Teil des Vierbeiner-Bartes in der Form einer einzigen Linie gestaltet ist, die sich am Ende nach außen krümmt. Die Verbindung zwischen dem oberen Teil des Bartes und diesem „Knebelbart" ist unklar, da der Vierbeiner an dieser Stelle von einem knienden Helden am Bart gepackt wird.

IIIB2b
(Siegel: 40, 42?, 43, 45, 46?, 107)
Der Kinnbart. Die Vierbeiner der Siegel 43 und 107 tragen neben dem Vollbart einen vom Kinn ausgehenden, durch eine einzelne Linie gekennzeichneten Kinnbart. Dem Vierbeiner auf Siegel 45 fehlt der Vollbart. Er trägt nur einen Knebelbart, der durch eine dünne Linie unter dem Kinn gestaltet ist, an deren Ende sich eine Kugelbohrung befindet. Vielleicht handelt es sich hierbei um eine stilisierte Wiedergabe der Locke am Ende des Knebelbartes auf Siegel 34. Unsicher ist aufgrund des schlechten Erhaltungszustandes die für das Siegel 42 gebotene Umzeichnung des Bartes. Als sicher kann nur gelten, daß unter dem Kinn des Vierbeiners ein Bart dargestellt war.

IIIB3   Die Frisur des Haupthaares
IIIB3a
(Siegel: 26?, 40)
Ein Zopf. Der bereits vorgestellte Vierbeiner auf Siegel 40 trägt einen Zopf, der in einer Locke endet. Dieser Zopf entspricht dem auch am Gottschiff auftretendem.

IIIB3b
(Siegel: 31-32, 45, 68, 71)
Ein Haarknoten. Sowohl auf frühdynastischen als auch auf akkadischen Siegeln können die Vierbeiner Haarknoten der Art aufweisen, wie sie auch vom Gottschiff und vom Bootsinsassen getragen werden können.

___

herunterhängen.
[92] Orthmann 1985: Taf. 49.
[93] Orthmann 1985: Taf. 105.
[94] Orthmann 1985: Taf. 48.

IIIB4   Die Kopfbedeckung
(Siegel: 1?, 16?, 63, 69, 72?, 73)
Eine Hörnerkrone wird vom Vierbeiner niemals getragen. Meistens ist er barhäuptig. Es
gibt jedoch wenige Ausnahmen. Der Vierbeiner des Siegels 69 scheint eine flache Kappe zu tragen, von der aus eine Troddel nach hinten fällt. Eine flache unförmige Kappe
trägt auch der Vierbeiner des Siegels 73. Ob es sich auf dem Kopf des Vierbeiners des
Siegels 72 um eine Kopfbedeckung oder eine Frisur handelt ist unklar.
„Troddeln" wie von den Kappen der Vierbeiner der Siegel 69 und 73 gehen auch von
den Hinterköpfen der Vierbeiner auf den Siegeln 1 und 16 ab. Da jedoch weitere Einzelheiten fehlen, ist es unsicher, ob die gleiche Kopfbedeckung gemeint war.
Der menschenköpfige Löwe des Siegels 63 trägt eine konische Kappe.

IIIB5   Das Halsjoch
(Siegel: 72-73)
Auf diesen beiden Siegeln trägt der Vierbeiner eine Kette oder ein Joch um den Hals.
Auf Siegel 72 endet sie in einer Stange, die ein Gott in der Hand hält. Im Falle des Sie-
gels 73 steckt die Stange im Gürtel des Gottschiffes.

Das Verhältnis zwischen den Motiven IIIA und IIIB
Es ließ sich eine Gruppe von Vierbeinern ohne menschenspezifische Merkmale von
einer Gruppe mit menschenspezifischen Merkmalen unterscheiden.
Es stellt sich die Frage, ob es sich hierbei um einen Bedeutungsunterschied handelt, also
zwei verschiedene Wesen dargestellt werden sollten, oder ob das gleiche Wesen auf
zwei verschiedene Arten dargestellt wurde.
Für letzteres spricht der Umstand, daß den Vierbeinern auf einzonigen Siegeln immer
dann die Darstellung des Bartes fehlt, wenn auch das Gottschiff und sein Insasse bartlos
dargestellt sind.[95] Weisen dagegen auf einzonigen Siegeln Gott und Gottschiff menschenspezifische Merkmale auf, so finden sie sich auch am Vierbeiner. Auf zweizonigen
Siegeln trifft diese Regel nicht immer zu.[96] Dies erklärt sich wahrscheinlich dadurch,
daß diese Siegel unsorgfältiger geschnitten sind.
Auch die Vierbeiner IIIA können daher menschenköpfig gedacht gewesen sein. Eine
Ausnahme bildet lediglich der Vierbeiner auf Siegel 6, der eine Mähne trägt und dessen
schmale und längliche Kopfform eher an einen Equiden erinnert.
Ein weiteres Argument dafür, daß die unterschiedliche Gestaltung der Einzelmotive IIIA
und IIIB lediglich auf stilistische Unterschiede zurückzuführen ist, wird das Kapitel 2.2.
liefern.

Die Darstellung des menschenköpfigen Löwen allgemein
Der menschenköpfige Löwe findet sich in frühdynastischer und akkadischer Zeit nur auf
Rollsiegeln, wo er in der Regel in Zusammenhang mit der Darstellung des Gottschiffes
und nur viermal ohne dieses auftaucht.[97] Auf anderen Bildträgern als den Rollsiegeln ist
er nicht zu finden. Lediglich von einer Terrakotte aus Susa, die einen Menschenkopf auf

---

[95] Siegel 1-4, 6-7, 22, 26.
[96] Siegel 28, 106-107.
[97] Siegel 19, 20, 31, 40.

einem Tierkörper darstellt, wurde vermutet, es könne sich um das gleiche Wesen handeln.[98]

Nach dem Erlöschen der akkadischen Kunst verschwindet der menschenköpfige Löwe aus der Glyptik Mesopotamiens.

Auf den Wandmalereien im Palast von Mâri, die aus altbabylonischer Zeit stammen, sind verschiedene Mischwesen mit Löwenkörpern dargestellt.[99] Ihre Köpfe sind nicht erhalten, doch scheint zumindest eines einen Menschenkopf besessen zu haben. Im Gegensatz zum menschenköpfigen Löwen des Gottschiff-Themas weisen die altbabylonischen Mischwesen jedoch Flügel auf.

In mittelassyrischer Zeit taucht der menschenköpfige Löwe mit Flügeln wieder innerhalb der Glyptik auf und findet sich noch bis in die neuassyrische Zeit hinein.[100] Meistens ist er im Kampf dargestellt. In dieser Rolle ist er in der frühdynastischen Glyptik nur auf Siegel 40 zu finden.

In der Kunst außerhalb Mesopotamiens drängt sich ein Vergleich mit der Darstellung von Sphingen in Ägypten auf. Die Sphinx wird durch einen Menschenkopf auf einem Löwenkörper definiert.[101] Ihr langer geflochtener „Götterbart", der an der Spitze aufgebogen ist, erinnert stark an das Merkmal IIIB2b des menschenköpfigen Löwen.[102]

Die ältesten Darstellungen der schreitenden Sphinx stammen aus dem alten Reich und finden sich auf Reliefs, die zu den Grabdenkmälern der Könige gehören.[103]

Sie zeigen die Sphinx über liegenden Feinden, sind aber in einem sehr schlechten Erhaltungszustand.[104] Auf kleinformatigeren Bildträgern ähnelt die schreitende Sphinx in verblüffender Weise der Darstellung des menschenköpfigen Löwen in der frühdynastischen und akkadischen Kunst.[105] Diese Bildträger scheinen aber alle erst aus späterer Zeit erhalten zu sein, so daß eine direkte Beziehung zu Mesopotamien nicht herzustellen ist. Die ägyptische Sphinx wird allgemein als Verkörperung des Herrschers gedeutet, sie kann aber auch eine Erscheinungsform des Sonnengottes wiedergeben.[106]

IIIC   Der Löwe
(Siegel: 15, 39, 41, 61)

Den Köpfen dieser Vierbeiner fehlen menschenspezifische Merkmale.

Auf den Siegeln 15, 39 und 41 sind die Mähnen in der Weise dargestellt, wie es für schreitende Löwen der frühdynastischen Zeit üblich ist.

Auf Siegel 61 ist das Maul des Löwen weit aufgerissen, so daß es die Form eines Schnabels annimmt. Dies ist eine Darstellungsweise, wie sie in der Akkad-Zeit an Löwen auftaucht.[107]

---

[98] Amiet 1966: Abb. 170.
[99] Parrot 1958: Taf. XII-XIII.
[100] Matthews 1990: Abb. 368, 370, 392.
[101] Coche-Zivie 1984: 1139ff.
[102] Bonnet 1952: 80.
[103] Coche-Zivie 1984: 1143f.
[104] Borchardt 1913: Blatt 8; Jequier 1940: Taf. 15-16.
[105] Oren 1982: Abbildung auf Seite 165.
[106] Bonnet 1952: 746.
[107] Boehmer 1965: Abb. 31, 118 etc.

IIID   Der menschengesichtige Stier
IIID1
(Siegel: 13, 14)
Der schreitende menschengesichtige Stier. Auf den Siegeln 13 und 14 schreitet ein durch seine Hörner gekennzeichneter Stier in Fahrtrichtung des Gottschiffes. Sein en face dargestelltes Gesicht weist einen Bart auf und ist als das eines Menschen anzusehen.

Der menschenköpfige Stier ist von dem in der Literatur als „Stiermensch" bezeichneten Wesen, welches einen anthropomorphen Oberkörper aufweist und stets aufgerichtet dargestellt ist, zu unterscheiden. Während der Stiermensch, oft mit einem Messer bewaffnet, eine aktive Rolle im „Tierkampf" spielt, ist der menschengesichtige Stier stets passiv. Auf Siegeln des „Mesilim-Stils" ist nur der Stiermensch dargestellt. Erst auf Siegeln des „Imdugud-Sukurru-Stils" ist neben dem Stiermenschen auch der menschengesichtige Stier abgebildet.[108] Während der Kopf des „Stiermenschen" auch im Profil dargestellt wurde, erscheint der des menschengesichtigen Stiers auf frühdynastischen Siegeln stets en face. Erst auf akkadischen Stücken ist auch er im Profil dargestellt.

Der menschengesichtige Stier erscheint innerhalb der frühdynastischen und akkadischen Glyptik meistens auf den Hinterbeinen stehend im Tierkampf.[109] Seltener sind Siegel, die einen liegenden Stier[110] oder zwei sich gegenüberliegende Tiere zeigen.[111]

Auch in der stehenden oder schreitenden Körperhaltung kann er verdoppelt dargestellt werden.[112] Ist er in diesen horizontalen Haltungen dargestellt, sitzt gewöhnlich ein Adler, der zumindest teilweise löwenköpfig ist, auf ihm und stößt mit dem Schnabel in seinen Rücken (Siegel 19-20).

Alleine schreitende oder auf allen Vieren stehende menschengesichtige Stiere sind in der frühdynastischen Glyptik ungewöhnlich.[113] Daher ist zu vermuten, daß der menschengesichtige Stier auf den Siegeln 13 und 14 die Rolle des menschenköpfigen Löwen übernommen hat.[114]

IIID2
(Siegel: 23)
Auf Siegel 23 sind zwei sich überkreuzende menschengesichtige Stiere dargestellt. Dieses Motiv findet sich ansonsten häufig auf frühdynastischen Siegeln, die den Tierkampf zum Thema haben.[115]

---

[108] Daß verschiedene Wesen dargestellt werden sollten, beweisen Siegel auf denen Stiermensch und menschengesichtiger Stier gemeinsam vertreten sind. Amiet 1961: Abb. 1000, 1010-1111 etc.
[109] Frühdynastische Beispiele bei Amiet 1961: Abb. 997, 999-1001 etc.; akkadische Beispiele bei Boehmer 1965:Abb. 24, 30-32 etc.
[110] Amiet 1961: Abb. 1270, 1274.
[111] Amiet 1961: Abb. 1269, 1279; Siegel 20.
[112] Amiet 1961: Abb. 1002; Siegel 19.
[113] Amiet 1961: Abb. 1071, 1272; Amiet 1981: Abb. 1753.
[114] Dies hat E. D. van Buren zu einer völlig falschen Interpretation aller das Gottschiff begleitenden Vierbeiner als menschengesichtige Stiere veranlaßt, wobei sie die über ihnen abgebildeten Gefäße als die Vögel oder löwenköpfigen Vögel deutete, die den Stieren meistens auf dem Rücken sitzen. Van Buren: 1935.
[115] Amiet 1961: Abb. 1001, 1009, 1110, 1258, 1259.

IIID3
(Siegel: 1, 3)
Der Kopf des menschengesichtigen Stieres. Auf dem Siegel 3 erscheint nur der Kopf des menschengesichtigen Stieres, sein Körper ist nicht dargestellt.
Auf Siegel 1 findet sich das gleiche Motiv in extrem stilisierter Form. Der Kopf hat einen quadratischen Umriß. Von ihm gehen Hörner und Ohren aus. Im Quadrat findet sich eine Innenzeichnung, die in geometrisierter Form die Augenhöhlen und den Bart wiedergibt.
Sowohl Siegel 1 als auch Siegel 3 stammen aus Mâri. Ein Siegelbild mit Köpfen von menschengesichtigen Stieren, von dem mehrere Abrollungen in den FDII-zeitlichen SIS 4-6 von Ur gefunden wurden, weisen abermals auf die engen Beziehungen dieses Fundortes mit Mâri hin.[116] Ähnlich verhält es sich ja auch mit den beiden Siegeln 13 und 14, die ebenfalls aus Mâri und Ur stammen. Ansonsten sind isolierte, en face dargestellte Köpfe von Löwen und menschengesichtigen Stieren ein Motiv, das besonders häufig in Tell Brak auftaucht. Meistens ist es eingebunden in eine ornamentale Komposition.[117] Auf einem akkadischen Siegel ist der Kopf des menschengesichtigen Stieres jedoch Teil einer kultischen Szene.[118]
Von den Siegeln, die den Kopf des menschengesichtigen Stieres in ähnlich geometrisierter Form wie Siegel 1 zeigen stammt eines ebenfalls aus Tell Brak.[119]

Zur Bedeutung des menschengesichtigen Stieres
Die ältesten rundplastischen Darstellungen des menschengesichtigen Stieres stammen aus Tell Mardikh und Tell Brak. Wie erwähnt ist er auch ein beliebtes Motiv auf zeitgleichen Siegeln. Nach der Akkad-Zeit wird der menschengesichtige Stier in neusumerischer Zeit nur als Skulptur wiedergegeben.[120] Anscheinend ab der altbabylonischen Zeit kann er Flügel aufweisen.[121] Derart gestaltet findet er sich bis in die achämenidische Zeit hinein dargestellt.[122]
Der menschengesichtige Stier wurde bereits 1924 als Wisent gedeutet.[123] B. Landsberger setzte dieses Tier dann mit dem in Keilschrifttexten überliefertem alim gleich.[124] R. M. Boehmer ergänzte die Argumente für eine Interpretation als Wisent mit der Beobachtung, daß die Darstellung des menschenköpfigen Stieres während der Akkad-Zeit durch ein Tier abgelöst wird, dessen Fellstilisierung an das zottige Fell eines Wisents erinnert.[125]
Der Wisent habe, so Boehmer, in den Bergen im Osten und Norden Mesopotamiens gelebt und sei den Sumerern als mythisches Wesen erschienen.[126] Wie M. R. Behm-

---

[116] Legrain 1936: Nr. 298.
[117] Amiet 1961: Abb. 979, 980, 984; Matthews 1991: Abb. 3.
[118] Boehmer 1965: Abb. 630.
[119] Matthews 1990: Abb. 3; Buchanan 1981: Abb. 334.
[120] Zusammenstellung bei Huot 1978: Abb. 3-4.
[121] Parrot 1958: Abb. 58.
[122] Trümpelmann 1988: Abb. 34.
[123] Hilzheimer 1924.
[124] Landsberger 1934: 92f.; dazu auch W.Heimpel, zitiert bei Boehmer 1979: 19.
[125] Boehmer 1965: 43f.; Boehmer 1978; einen umfassenden forschungsgeschichtlichen Überblick bietet Behm-Blanke 1979: 47ff.
[126] Boehmer 1979. Als Argumente dienen ein Rollsiegel mit der Darstellung von Wisenten aus Godin Tepe, Knochenfunde, sowie Keilschrifttexte, die die Anwesenheit des alim in Tiergehegen erwähnen.

Blanke sieht R. M. Boehmer das Wisent sowohl menschen- als auch tiergesichtig dargestellt.[127] Gemeisames Kennzeichen sei der Bart.[128]

Über den Symbolgehalt des menschengesichtigen Stieres wurde unterschiedlich spekuliert,[129] gemeinsam haben jedoch bislang die meisten Assyriologen auf die Beziehung zum Sonnengott verwiesen.

Diese Beziehung ergibt sich aus folgenden Gründen:

1. Auf altakkadischen Texten kann der menschengesichtige Stier mit einem als ÉREN+X bezeichneten Wesen identifiziert werden.[130] Bereits auf einer Beschwörung aus Ebla heißt es „der (die) menschengesichtigen Stiere (ÉREN+X) legt (legen) sich im Hof des Šamaš nieder."[131]

2. Auf akkadischen Siegeln können die Berge, zwischen denen der Sonnengott emporsteigt, durch die Darstellung zweier menschengesichtiger Stiere vertreten werden.[132] Nach P. Steinkeller könnte eine Textstelle aus einem altakkadischen literarischen Text mit diesen Darstellungen in Beziehung stehen, die nach seiner Interpretation lautet: „Die Bisons des Šamaš machen seinen göttlichen Glanz sichtbar".[133]

3. Auf altbabylonischen Siegeln ruhen die Füße des Sonnengottes auf menschengesichtigen Stieren.[134]

4. Eine dem Sonnengott geweihte Keule ist mit der Darstellung von menschengesichtigen Stieren versehen.[135]

5. Durch Keilschrifttexte ist überliefert, daß der neusumerische König Gudea einen Tempel des Ningirsu mit einem sag-alim-ma, dem „Emblem des Šamaš" verzierte.[136] B. Landsberger folgend wäre sag-alim-ma mit „Wisentkopf" zu übersetzen, was stark an das Einzelmotiv IIID3 erinnert.

2.1.4   Motiv IV: Die Gefäße

Zusammen mit dem menschenköpfigen Löwen tauchen stets Gefäße auf. Es lassen sich folgende Darstellungen unterscheiden:

IVA   Kugelbohrungen
(Siegel: 4, 6, 10-11, 69, 105)
Das Gefäß ist durch eine einfache Kugelbohrung angegeben. Neben den runden Formen findet sich auf Siegel 4 auch eine ovale.

---

[127] Boehmer 1979; Behm-Blanke 1979: 46ff.

[128] Da der Wisent als außerhalb Mesopotamiens lebendes Wildtier nicht habhaft war, sei zu kultischen Gelegenheiten einem Hausrind ein Bart umgehängt worden. Boehmer 1965: 44 Anm. 185. Behm-Blanke glaubt sogar auf Rundplastiken einen „Nasengurt" zu erkennen, mit dessen Hilfe dieser Bart befestigt war. Behm-Blanke 1979: 50.

[129] Van Buren 1935; Frankfort 1939: 72f.; Moortgat 1949: 52; Parrot 1950; Amiet 1953c; Boehmer 1979; Behm-Blanke 1979: 51.

[130] Steinkeller 1992: 259-265.

[131] Steinkeller 1992: 259.

[132] Boehmer 1965: Abb. 397; B. Hrouda 1977: Taf. 20-21 Nr. 17.

[133] Steinkeller 1992: 266.

[134] Frankfort 1939: Taf. XXVIIa; auf diesem Siegel ist der Gott durch die Säge gekennzeichnet.

[135] Wooley 1934: Taf. 183.

[136] Gudea-Zylinder A, XXVI 3-5, Übersetzung bei Edzard 1997.

IVB   Flaschen
IVB1
(Siegel: 1, 2, 5)
Der Bauch der Flasche ist rund, der Hals wird durch zwei im Winkel angeordnete Linien gebildet, die oben nicht verbunden sind. Das Gefäß auf Siegel 1 hat einen Henkel.

IVB2
(Siegel: 3, 15, 19, 38, 71, 106, 112)
Der Bauch der Flaschen ist auch in dieser Gruppe rund, der Hals wird jedoch in einer anderen Weise dargestellt. Die beiden Linien, die ihn bilden, sind oben durch eine dritte verbunden.

IVB3
(Siegel: 12, 28, 45)
Die Flaschen sind gestaltet wie IVB2, weisen aber einen Henkel auf.

IVB4
(Siegel: 16, 40, 72, 107)
Eine Gruppe von Flaschen weist einen durch eine Linie angegebenen Schulterumbruch auf. Flasche 72 besitzt außerdem zwei Henkel. Der Hals der Flasche auf Siegel 40 ist durch eine Kugelbohrung angegeben. Am Boden dieses Gefäßes befinden sich zwei Füße.

IVC   Tüllengefäße
(Siegel: 44, 73)
Zwei Tüllengefäße mit Hals finden sich auf Siegel 44. Das linke von den beiden scheint auf einem Unterbau zu ruhen.
Auf dem Siegelbild 73 sind ebenfalls zwei Tüllengefäße abgebildet. Das linke weist einen Schulterumbruch und einen Henkel auf. Das rechte ist halslos und an seinem Gefäßrand ist vielleicht ein Ausguß dargestellt.

IVD   Eimer
(Siegel: 71?, 72)
Auf dem Siegel 72 sind drei Eimer dargestellt. Deutlich lassen sich die verbreiterte Basis, der in schräger Aufsicht dargestellte Gefäßrand und die breiten Henkel erkennen.
Ob es sich bei dem über dem Pflug auf Siegel 71 dargestellten Gegenstand auch um einen Eimer handelt, ist nicht ganz sicher. Der Henkel wäre in diesem Fall eckig gebildet und nicht rund wie auf Siegel 72.

IVE   Schüssel/Tasse
(Siegel: 10, 16)
Auf Siegel 16 findet sich eine Schüssel mit durch je eine Linie abgesetztem Rand und Boden. Das Gefäß auf Siegel 10 hat einen vergleichbaren Umriß und weist einen Henkel auf.

IVF Dose
(Siegel: 71?, 73)
Links neben den anderen Gefäßen ist auf dem Siegel 73 ein rechteckiger Gegenstand dargestellt. Aufgrund seiner Nähe zu den anderen Gefäßen ist zu vermuten, daß es sich auch bei ihm um eines handelt. Aufgrund der Form kommt dabei nur eine Dose in Frage. Sie weist einen durch je eine Linie abgesetzten Boden und Deckel auf. Durch ihre Mitte verläuft eine weitere Linie. Wahrscheinlich handelt es sich um Metallreifen, wie sie auf akkadische Siegeln an Eimern dargestellt sind.[137] Über dem Rücken des menschenköpfigen Löwen auf Siegel 71 befindet sich ein ovaler Gegenstand, an dessen rechter Seite ein Henkel zu sitzen scheint. Wie die Dose auf Siegel 73 weist der Gegenstand eine Innenzeichnung aus horizontalen Linien auf.

Anzahl und Kombination der Gefäße auf einem Siegel
Auf dem größten Teil der Siegel der frühdynastischen Stile ist nur ein Gefäß abgebildet. In diesen Fällen handelt es sich stets um eine Flasche oder die Darstellung erfolgt in der Form der Kugelbohrung.
Folgende Siegelbilder weisen mehrere Gefäße auf:

Siegel	Gefäße
10	Kugelbohrung, Tasse
16	Flasche, Schüssel
44	Zwei Tüllengefäße
71	Flasche, Eimer?, Dose?
72	Flasche, drei Eimer
73	Zwei Tüllengefäße, Dose

Mit Hilfe dieser Auflistung läßt sich die Regel aufstellen, daß auf allen Siegeln, auf denen Gefäße näher charakterisiert werden, Flaschen oder Tüllengefäße vorkommen. Diese können einen Henkel aufweisen. Die anderen Gefäße sind dagegen von zweitrangiger Bedeutung.

Die Darstellung von Gefäßen innerhalb anderer Themen der Glyptik
Innerhalb der frühdynastischen Glyptik tauchen Gefäße nur im Zusammenhang mit dem Thema des Gottschiffes auf.
Auf Siegeln des akkadischen Stils, die den „Etana-Mythos" zum Inhalt haben, findet sich über Darstellungen einer Ziegenherde ein großes bauchiges Gefäß, an dem eine oder zwei sitzende Figuren hantieren[138]. Diese Gefäße weisen den gleichen betonten Schulterumbruch auf, wie er auf den Gefäßen IVB4 erscheint.
Eimer sind auf Siegeln des Etana-Mythos unterhalb des Adlers abgebildet[139] oder werden herbeigetragen.[140]
Die gleichen Eimer werden auf akkadischen Siegeln, die Adorationsszenen darstellen, von Menschen getragen, die sich einer Gottheit nähern.[141] Damit wird deutlich, daß

---

[137] Boehmer 1965: Abb. 693, 698.
[138] Boehmer 1965: Abb. 698, 701, 703a.
[139] Boehmer 1965: Abb. 698, 701.
[140] Boehmer 1965: Abb. 695.
[141] Boehmer 1965: Abb. 537, 549, 572; Abb. 648 weist die gleiche verbreiterte Basis auf wie die Eimer auf Siegel 106.

es sich nicht um profane Gefäße handelt, sondern daß diesen Eimern eine Funktion
im Kult zukam.

2.1.5   Motiv V: Der Pflug

Einleitung
Bereits in frühdynastischer Zeit unterschied man zwei Arten von Pflügen, den Umbruchpflug, apin und den Saatpflug, numun.[142]
Der Zeitpunkt der Erfindung des Umbruchpfluges ist umstritten, sei aber wohl während des Chalkolithikums erfolgt.[143] Die ersten Darstellungen des Umbruchpfluges
finden sich in den archaischen Texten in Form des Zeichens ATU 214.[144] Nach
Hruška handelt es sich bei diesem Gerät um einen „Schwing-" oder „Einfurchen-
pflug", der zum Lockern des Ackerbodens sowie zur Urbarmachung von Ödland
verwendet wurde.[145]
Die Entwicklung des Saatpfluges erfolgte später. Mit seiner Hilfe konnte die Saat
zum einen sparsamer eingesetzt werden, zum anderen war sie, da sie direkt in die
Furche fiel, besser geschützt. Der Saatpflug ist nicht als piktographisches Zeichen
dargestellt, seine ersten Abbildungen finden sich auf frühdynastischen und akkadischen Rollsiegeln.[146] Auf diesen wird ersichtlich, daß mindestens drei Männer den
Saatpflug bedienten. Der erste führte ihn, der zweite streute die Saat in den Saattrichter, und der dritte trieb die Ochsen an, die den Pflug zogen.[147]
Auf detailliert gestalteten Rollsiegeln werden folgende Teile des Pfluges wiedergegeben:

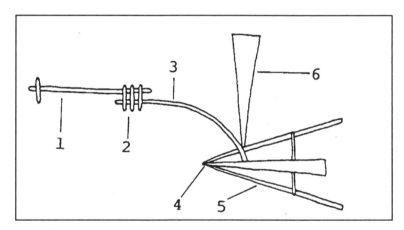

Abb. 5: Schematische Darstellung eines Pfluges

---

[142] Salonen 1968: 38.
[143] Hruška 1985: 47 Anm. 5.
[144] Hruška 1985a: Abb. 1; Hruška 1985b: 249 entgegen der Meinung von Salonen.
[145] Hruška 1985: 249.
[146] Darstellungen des Pflügens: Siegel 97, Heinrich 1931: Abb. 58h; al Gailani-Warr 1982:
Abb. 11; Buchanan 1981: Abb. 456.
[147] Buchanan 1981: Abb. 456. Ein Stiermensch treibt den Ochsen an. Stiermenschen pflügen
auch auf dem Siegel Heinrich 1931: Taf. 58h.

1. Die Deichsel, akk. *unūtu*[148].An sie waren vorne die Lasttiere gespannt. Gewöhnlich handelte es sich um zwei Esel, Ochsen oder Maultiere.[149]

2. Die Deichsel ist mit dem Pflugbaum durch Lederriemen oder Stricke zusammengebunden. Hierdurch entsteht eine „Federung", die durch das Pflügen entstehende Stöße auffängt. Diese Federung ist auch am archaischen Zeichen ATU 214 dargestellt.[150]

3. Der Pflugbaum. Er ist immer gebogen dargestellt.

4. Die Pflugschar, akk. *Ummu.*

Mit ihr wurde die Erde aufgebrochen. Ihre Spitze, sum. eme, akk. *lišānu*, war auswechselbar und bestand aus Stein oder Metall.[151] Sie wurde mit einem Ring befestigt.[152]

5. Die Sterze, akk. *Rittu.*Sie war mit der Schar verbunden und bestand immer aus zwei Hölzern, die der Pflüger gepackt hielt, um den Pflug zu lenken und ihn in das Erdreich zu drücken.

6. Der Saattrichter, akk. *Ittū.* Der Saattrichter ist hinter der Scharspitze angebracht. Die Darstellung auf einem kassitischen Kudurru zeigt, wie er wahrscheinlich auch schon in früheren Zeiten durch Stricke am Pflug befestigt war.[153] Die Rekonstruktion des Saatpfluges bei Salonen[154], bei der der Pflugbaum am Saattrichter befestigt ist, wurde von Hruška zu recht verworfen.[155]

Die Darstellungen des Pfluges auf den Rollsiegeln des Katalogs

VA   Der Pflug mit Saattrichter.

(Siegel: 20, 38, 40, 41, 69, 71, 73, 107)

Den Pflügen dieser Siegel ist die Darstellung des Saattrichters gemein. Auf den Siegeln 20, 41, 69, 71 und 107 hat er die Form eines auf die Spitze gestellten spitzwinkligen Dreiecks. Auf den Siegeln 38, 40 und 73 hingegen ist der Trichter als Zylinder mit einem erweiterten oberen Ende abgebildet. Dies entspricht der Darstellung des Saattrichters in kassitischer Zeit.[156]

Auf den Siegeln 40, 69 und 71 ist die Federung zwischen der Deichsel und dem Pflugbaum zu erkennen.

Die Pflugschar ist in allen Fällen als sich nach unten verdünnend und durch Verstrebungen mit der Sterze verbunden dargestellt.

VB   Der Pflug ohne Saattrichter mit Angabe des Pflugschar zwischen der Sterze.

(Siegel: 1-5, 12, 15, 19, 22, 28, 31, 68, 70, 72)

Der Pflug dieser Siegel ist so dargestellt wie VA, es fehlt ihm lediglich der Saattrichter. Darstellungen dieser Art werden von Hruška dennoch zu den Saatpflügen gezählt.[157]

---

[148] Salonen 1968: 98.

[149] Hruška 1984: 150f.

[150] Hruška 1985a: Abb. 1.

[151] Hruška 1985a: 52.

[152] Salonen 1968: 73, Zeichnung 4.

[153] Salonen 1968: Taf. VII.2.

[154] Salonen 1968: Taf. VI.2.

[155] Hruška 1985a: 51.

[156] Salonen 1968: Taf. VI.1; Taf. VII.

[157] Hruška 1985a: 51, Anm. 20: „Porada ... Taf. 32.207".

In der Regel sind die Pflüge dieses Typs weniger detailliert dargestellt. Die Federung findet sich nur auf den akkadischen Siegel 68 und 72.
Auf den Siegeln 1, 12 und 72 ist die Spitze der Schar durch eine Verstrebung mit dem Pflugbaum verbunden.

VC   Der Plug ohne Saattrichter und ohne eine Angabe des Schar zwischen der Sterze.
(Siegel: 6, 32, 44, 45)
Die Darstellung des Pfluges auf diesen Siegeln entspricht der des Umbruchpfluges als piktographisches Zeichen der archaischen Texte.[158] Lediglich die Angabe der Federung fehlt.

VD   Der Pflug als undeutliches Objekt.
(Siegel: 4, 10, 11, 29, 66, 105, 108, 110-111)
Auf diesen Siegeln ist die Darstellung des Pfluges bis zur Unkenntlichkeit schematisiert. Auf Siegel 10 wurde die Kugelbohrung für das Gefäß auf den unteren Teil des Pfluges gesetzt. In manchen Fällen besteht auch der Verdacht, das dargestellte Motiv sei nicht verstanden worden. Aussagen über den dargestellten Pflugtyp lassen sich nicht machen.

Beschädigte Siegel und undeutliche Siegelabrollungen
(Siegel 16, 42, 52-53)
Die Fläche über dem Pflug des Siegels 16 ist beschädigt, so daß sich nicht mehr feststellen läßt, ob sich an dieser Stelle ein Saattrichter befand oder nicht. Die Pflugschar ist auf die gleiche Weise mit dem Pflugbaum verbunden wie auf den Siegeln 1, 12 und 72 des Typs VB.
Die Reste über dem menschenköpfigen Löwen auf Siegel 42 lassen sich nicht ohne Schwierigkeiten zu einem Pflug rekonstruieren. Da sich die Pflüge aber in der Regel an dieser Stelle befinden, wird es sich auch im Falle des Siegels 42 um einen handeln.

2.1.6   Motiv VI: Vogel und Vogelmensch

VIA   Ein Vogel
(Siegel: 3?, 5)
Auf dem Siegel 5 ist über dem menschenköpfigen Löwen ein in Fahrtrichtung des Gottschiffes schreitender Vogel abgebildet. Er weist keine menschenspezifischen Merkmale auf.
Auf dem Siegel 3 ist oberhalb des Stierkopfes vermutlich ebenfalls ein Vogel dargestellt. Die auf P. Amiets Umzeichnung als Hörner interpretierten Linien sind in der für diese Arbeit angefertigten Umzeichnung als Beine des Vogels umgedeutet. Amiets Stierohren wurden dann zu den Stierhörnern. Letzte Gewißheit läßt sich jedoch weder für die eine noch für die andere Interpretation gewinnen.

VIB   Der Vogelmensch
(Siegel: 20, 31, 38, 45, 46, 48, 67, 69, 71, 105, 107, 112)

---

[158] Hruška 1985a: Abb. 1.

Bei diesem Motiv handelt es sich um ein Mischwesen, das oberhalb der Hüfte wie ein Mensch, unterhalb dieser jedoch wie ein Vogel gestaltet ist. Der Vogelmensch schreitet in der Regel in Fahrtrichtung des Gottschiffes, nur auf Siegel 107 steht er diesem gegenüber. Gewöhnlich tritt nur ein Vogelmensch pro Siegel in Erscheinung, auf dem Siegel 71 schreiten jedoch zwei, identisch gestaltete Vogelmenschen hintereinander.

Am Vogelmenschen lassen sich die folgenden Teile getrennt untersuchen:

VIB1   Der Kopf
VIB2   Der Rumpf
VIB3   Der gehaltene Gegenstand

VIB1   Der Kopf
VIB1a   Die Hörnerkrone
(Siegel: 69, 71)
Nur auf den akkadischen Siegeln 69 und 71 tragen die Vogelmenschen eine Hörnerkrone, ansonsten sind sie barhäuptig. Ob der über dem Kopf des Vogelmenschen auf Siegel 45 dargestellte Halbmond in direkter Beziehung zu diesem steht ist unklar. Der Mondgott, der einen Halbmond in seiner Hörnerkrone trägt, ist ein Motiv, das sich das erste Mal für die Periode Akkadisch III belegen läßt.[159] Die Anordnung auf dem Siegel 45 könnte daher auch willkürlich sein, der Halbmond ist innerhalb des zu behandelnden Themas ein häufig anzutreffendes Motiv.[160]

VIB1b   Der Haarknoten
(Siegel: 20, 31, 45, 67, 71)
Wenn am Vogelmenschen eine Frisur angegeben ist handelt es sich stets um den Haarknoten. Dies ist sicherlich von Bedeutung, da das Tragen des Haarknotens sich in der Rundplastik auf Herrscher, in der Glyptik auf Götter und übernatürliche Wesen beschränkt.[161]

VIB1c   Der Bart
(Siegel: 20, 67, 71)
Auf dem frühdynastischen Siegel 20, sowie auf zwei Siegeln des akkadischen Stils trägt der Vogelmensch einen Vollbart. Er ist daher als ein männliches Wesen zu verstehen.

VIB2   Der Rumpf
VIB2a
(Siegel: 20, 48, 107)
Der menschliche Oberkörper sitzt auf einem Vogelrumpf, der eine horizontale Haltung einnimmt und in einer Schwanzfeder endet. Am Rücken der Vogelmenschen 107 und 48 sitzen außerdem Flügel. Von diesem horizontal verlaufenden Rumpf gehen kurze Vogelbeine ab.

---

[159] Boehmer 1965: Abb. 725-726.
[160] Motiv IXA.
[161] Merkmal IA2d, IIA1bγ, IIIB3b.

Diese Art der Darstellung des Vogelmenschen findet sich nur auf Siegeln der frühdynastischen Stile.

VIB2b
(Siegel: 31, 38, 46, 67, 71)
Der Rumpf einer zweiten Gruppe von Vogelmenschen ist entlang einer vertikalen Achse aufrecht dargestellt. Die Vogelbeine sind länger als die der ersten Gruppe und setzen bereits unterhalb des Oberkörpers an. Beide Siegel des akkadischen Stils, die neben dem Gottschiff einen Vogelmenschen zeigen, bilden ihn auf diese Weise ab, aber auch auf Siegeln der frühdynastischen Stile ist er zu finden.

VIB2c
(Siegel: 45, 69, 105, 112)
Der Unterkörper dieser Mischwesen ist nicht der eines Vogels, sondern anthropomorph gestaltet. Als Vogelmensch werden sie nur durch hinter ihnen dargestellte Flügel gekennzeichnet. Da die erhaltenen Reste des unteren Flügels auf Siegel 45 nicht auf allen Photos zu erkennen sind und das Flügelpaar anscheinend nicht unmittelbar an den Rücken des Wesens heranreicht, wurde dieses verschiedentlich nicht als Vogelmensch erkannt. H. Frankfort sah den oberen Flügel als zum Pflug gehörend an.[162]

VIB3 Der gehaltene Gegenstand
VIB3a Eine Pflanze
(Siegel: 20, 67, 69, 71, 105)
Die von den Vogelmenschen der akkadischen Siegel 67, 69 und 71 gehaltenen Gegenstände sind deutlich als Pflanzen zu erkennen. Der Vogelmensch des Siegels 105 hält einen Gegenstand in der Form einer Stimmgabel vor sich. Dieser läßt sich aufgrund des ganz ähnlich gestalteten dreizackförmigen Pflanzensymbols, das sowohl vom Gottschiff[163] als auch vom Vogelmenschen des Siegels 20 gehalten werden kann, als Pflanze deuten. Die Verdickungen am Ende seiner „Äste" sind somit als Knospen zu verstehen. Ein ähnliches stimmgabelförmiges Pflanzensymbol wird auch vom Gottschiff des Siegels 71 in der Hand gehalten.

VIB3b Eine Stange
(Siegel: 31, 38, 45, 107)
Die Vogelmenschen dieser Siegel sind mit Stangen oder Stäben ausgerüstet.

VIB3c Undeutliche Gegenstände
(Siegel 46, 48)
Die von den Vogelmenschen gehaltenen Gegenstände auf den Siegelabrollungen 46 und 48 sind nicht vollständig erhalten. Sie ließen sich sowohl zu Pflanzen als auch zu Stangen ergänzen.

---

[162] Frankfort 1934: 19, Anm. 2; so auch Amiet 1961: Abb. 1435; die wahrscheinlichere Interpretation durch Amiet 1977: 577, Abb. 1031.
[163] Merkmal IB2b.

Der Vogelmensch innerhalb anderer Bildthemen

Auf weiteren frühdynastischen Siegeln taucht der Vogelmensch zweimal zusammen mit dem menschenköpfigen Löwe auf. Im oberen Teil des Siegels 31 ist ein achtgliedriger Tierkampf dargestellt. In der unteren Bildzone befindet sich außer dem menschenköpfigen Löwen und dem Vogelmenschen ein weiterer jedoch viergliedriger Tierkampf. Der Vogelmensch selbst hält eine kurze Stange vor sich. Sein Haarknoten ist in der bekannten Weise durch zwei Kugeln angegeben. Auf dem Siegel 20 befindet sich der Vogelmensch wie auf Siegel 31 unmittelbar neben dem menschenköpfigen Löwen. Er hält das gleiche Pflanzenmotiv in der Hand, wie es vom Gottschiff gehalten werden kann. Seine Haartracht besteht aus einem Bart und einem Haarknoten.

Auf anderen frühdynastischen Siegelabrollungen, die nur aus Tell Brak belegt sind, findet sich der Vogelmensch im Thema des Tierkampfes, in den er aktiv eingreifen kann. [164] Auf einem Siegel ist er mit einer Lanze bewaffnet im Kampf gegen einen Skorpionmenschen dargestellt.[165]

Auf einem weiteren zweizonigem Siegelbild sind in der unteren Hälfte ein schreitender Löwe, ein Skorpion und ein in die gleiche Richtung wie der Löwe schreitender Capride abgebildet.[166] In der oberen Bildzone ist neben einem Adler in heraldischer Pose ein Vogelmensch dargestellt, der einen auf den Vorderbeinen stehenden Hirsch packt. Die Darstellung der Schwanzfedern sowie der Flügel entspricht denen des Vogelmenschen aus Tell Brak.

Siegel der „akkadischen Stile", von denen auch Beispiele aus Tell Brak stammen[167], zeigen ein völlig anderes Bild des Vogelmenschen: Hier wird er als Gefangener vor einen Gott geführt, dem Wasserstrahlen entströmen und der deshalb als Ea gedeutet wird.[168] Die Hände des Vogelmenschen sind vor dem Bauch oder hinter dem Rücken gefesselt, und er wird von seinen Wächtern, die als Götter gekennzeichnet sind, am Haarknoten oder der Schulter gepackt. Auf einigen Stücken führen ihn diese an einem durch die Unterlippe gezogenen Strick.[169] In einem Fall wird ihm eine besonders demütigende Behandlung zuteil: Er hängt kopfüber an einer von einem Gott geschulterten Keule. Vor diesem steht ein weiterer Gott, der einen Krummstab über der Schulter trägt, an der eine nach unten hängende Pflanze befestigt ist.[170]

Abermals wird der Vogelmensch also mit einem Pflanzenmotiv in Verbindung gebracht.

Außerhalb des Ea-Themas findet sich der Vogelmensch nur einmal als Teilnehmer an einem Götterkampf.[171] Ein auf einem Berg sitzender Gott wird von vorne von einem zweiten Gott und von hinten durch den Vogelmenschen angegriffen. Hierbei befindet sich der Vogelmensch in der Rolle des Überlegenen. Er packt den Kopf seines Gegners an der Hörnerkrone und zieht ihn nach hinten.

---

[164] Matthews 1997: Nr. 195.

[165] Matthews, Matthews, McDonald 1995: Abb.13.9.

[166] Amiet 1961: Abb. 1401.

[167] Matthews 1997: Nr. 366, 367.

[168] Boehmer 1965: Abb. 502-503, 509-517, 519, 521.

[169] Collon 1982: Abb. 201, 202.

[170] Porada 1948: Abb. 198E.

[171] Buchanan 1981: Abb. 437.

Wie beim menschenköpfigen Löwen[172], ist also auch beim Vogelmenschen innerhalb der Akkad-Zeit ein Bedeutungswandel klar zu erkennen. Während er in der frühdynastischen Glyptik als ein freier, mit Waffe oder Pflanze versehener Begleiter des Gottes im Gottschiff oder als aktiv in Tierkämpfe eingreifend angesehen wird, ist er in der akkadischen Glyptik, mit der Ausnahme eines Siegels, der gedemütigte Gefangene Eas.

Nach der Akkad-Zeit verschwindet der Vogelmensch aus der Ikonographie der altorientalischen Kunst. Lediglich eine Rundplastik aus neuassyrischer Zeit ist erhalten, deren Deutung als Vogelmensch nicht zweifelsfrei feststeht.[173]

2.1.7   Motiv VII: Skorpion und Skopionmensch

VIIA   Der Skorpion
(Siegel: 11, 13, 15, 24, 50, 63, 68, 107)
Auf diesen Siegeln befinden sich Skorpione, die keine menschenspezifischen Merkmale aufweisen. Bei den am vorderen Teil des Rumpfes angebrachten Extremitäten handelt es sich nicht um Arme[174], sondern um die Scheren des Skorpiones. Die Skorpione sind in Aufsicht dargestellt und scheinen meistens über der Standlinie der anderen Figuren zu schweben. Eine Ausnahme bildet das Siegelbild 50 aus Tell Brak: Hier befindet sich der Skorpion unter dem Gottschiff.

Der Skorpion innerhalb anderer Bildthemen
Der Skorpion taucht auf zahlreichen Siegelbildern der frühdynastischen Kunst auf; am häufigsten auf solchen, die einen Tierkampf zeigen, aber auch zusammen mit dem Motiv der Schlange[175] oder auf Szenen der Landwirtschaft.[176] In der akkadischen Glyptik ist der Skorpion sehr viel seltener vertreten. Hier erscheint er ebenfalls auf Pflugszenen und zusammen mit Vegetationsgottheiten.[177]

Seine scheinbar beziehungslos zum Geschehen stehende Anwesenheit legen den Verdacht nahe, es könne sich beim Skorpion um ein eher zufällig gewähltes „Füllmotiv" handeln. G. Selz wies darauf hin, daß es kaum ein Thema gäbe, daß nicht irgendwann einmal den Skorpion einbeziehe.[178] Innerhalb des von ihr behandelten Themas der Bankettszene zählt sie auch das Vorkommen eines Skorpiones auf der zweiten Bildzone eines Siegels dazu.[179] Es wurde jedoch bereits darauf hingewiesen, daß die Bildzonen inhaltlich voneinander zu trennen sind. Zählt man die Bankettszenen, die einen Skorpion in der gleichen Bildzone darstellen, zusammen, finden sich von 615 Siegeln im Katalog von Selz 7.[180] Sein fast völliges Fehlen auf Siegeln hier und in anderen Bildthemen deutet darauf hin, daß sein Auftauchen nicht zufällig ist, sondern einen bestimmten Symbolgehalt besitzt.

---

[172] Siegel 72-73.
[173] Rittig 1977: 77f.
[174] So fälschlicherweise interpretiert von P. Amiet 1961: 180.
[175] Amiet 1961: Abb. 1253; Amiet 1972: Abb. 1587; Frankfort 1955: Abb. 244; Legrain 1936: No. 538.
[176] Boehmer 1965: Abb. 714, 715a; Delaporte 1910: Taf. 30.3.
[177] Boehmer 1965: Abb. 541, 549.
[178] Selz 1981: 198.
[179] Z.B. Nr. 411 auf Seite 407.
[180] Selz 1981: Nr. 160, 161, 164 ,194, 219, 374, 376.

Sein gemeinsames Auftreten mit der Schlange betont seinen chthonischen Charakter, die Pflugszenen und Vegetationsgottheiten assoziieren ihn mit Fruchtbarkeitsvorstellungen.[181]

VIB   Der Skorpionmensch
(Siegel: 12, 32, 112)
Auf dem Siegel 12 ist ein Skorpion mit einem Kopf abgebildet, der mit seiner „Stöpselnase" denen des Gottschiffes, des Gottes und des menschenköpfigen Löwen auf diesem Siegel entspricht. Unterhalb zweier Sparren besteht sein Körper aus zwei runden Segmenten mit konzentrischer Innenzeichnung.
Da der Rumpf in eine Schwanzspitze ausläuft, scheint er in der Luft zu schweben.
Die Gestaltung der beiden Scheren, die an menschliche Arme erinnern, entspricht denen der Skorpione auf den Siegeln 11, 12 und 24. Mit letzterem hat er auch das geschwungene Schwanzende gemeinsam.
Ein weiterer Skorpionmensch ist auf dem Siegel 112 zu finden. Er steht mit dem Kopf nach unten zwischen dem Gottschiff und dem Vogelmenschen. Sein Körper ist wie der des Skorpiones auf Siegel 12 aus Kugelbohrungen gebildet. Zwischen den Scheren erkennt man jedoch einen menschlichen Kopf.
Der Skorpionmensch des Siegels 32 hält eine Keule in der Hand.

Der Skorpionmensch innerhalb anderer Bildthemen
Außerhalb des zu behandelnden Themenkreises findet sich der Skorpionmensch auch auf einigen anderen frühdynastischen Bildträger. Auf drei einzonigen Siegel ist er neben einer Tierkampfszene dargestellt. Dabei ist er ähnlich gestaltet wie auf Siegel 12[182] oder trägt eine Hörnerkrone auf einem en face wiedergegebenen Kopf.[183]
Auf einem weiteren Siegel, das mit Sicherheit innerhalb der frühdynastischen Kunst als spät anzusetzen ist, treten in zweizoniger Bildaufteilung verschiedene Götter und Mischwesen auf.[184] Unter ihnen befindet sich auch ein Skorpionmensch. Aus seinem Rumpf gehen im Gegensatz zu den anderen Beispielen auf jeder Seite sechs Skorpionbeine ab.
Auf einem bereits erwähnten Siegelbild aus Tell Brak kämpft er gegen den Vogelmenschen.[185]
Die letzte vorzustellende Variante eines Skorpionsmenschen findet sich auf der Einlegearbeit des Klangkastens der Leier aus dem Grab PG 789 des Königsfriedhofes von Ur.[186] Dargestellt sind vier untereinander angeordnete Bildfelder, der Skorpionmensch erscheint auf dem untersten zusammen mit einer hinter ihm auf zwei Beinen schreitenden Ziege und einem Vorratsgefäß. Anders als die Skorpionmenschen auf den Siegeln hat er menschliche Beine und Arme. Von seinem Kopf fällt langes hinter das Ohr gekämmtes Haar und, er trägt einen Vollbart. Der Rumpf ist aus den glei-

---

[181] Um eine solche Deutung zu stützen, wäre eine umfangreiche quantitative Untersuchung aller ikonographischen Motive und deren Beziehung zueinander erforderlich, eine Aufgabe, die sicherlich am besten im Team zu lösen wäre. Ansatzweise ist dies bereits versucht worden: Kelly-Buccellati 1977.
[182] Buchanan 1981: Abb. 275; Amiet 1981: Abb. 1760.
[183] Buchanan 1981: Abb. 305.
[184] Amiet 1961: Abb. 1363.
[185] Matthews, Matthews, McDonald 1995. Abb.13.9.
[186] Orthmann 1985: Taf. IX.

chen runden Segmenten mit konzentrischen Kreisen als Innenzeichnung aufgebaut wie der des Skorpionmenschen auf Siegel 12.

In der akkadischen Kunst scheint der Skorpionmensch verschwunden zu sein, auf ihrer an mythologischen Szenen reichen Glyptik erscheint er nicht einmal.
Erst in der neuassyrischen Ikonographie taucht wieder ein Wesen auf, das als „Skorpionmensch" gilt, obwohl es sich, vor allem in der Gestaltung der Beine, vom Skorpionmenschen der frühynastischen Glyptik unterscheidet.[187]

Zur Bedeutung des Skorpionmenschen
Über Skorpionmenschen, akk. *girtablilu* (sum. Lw.), sind wir durch das Gilgameš-Epos unterrichtet. Auf seinem Weg zu Utnapištim gelangt der Held zu einem Tor im Berg Maschu, das von Skorpionmenschen bewacht wird:

„Des Berges Name ist Maschu.
Als er am Berge Maschu an[kam],
der täglich den Aus- [und den Ein]gang der Sonne bewacht,
–seine Spitzen [erreichen] das Fundament des Himmels,
unten langt seine Brust an die Unterwelt,
Skorpionmenschen bewachen den Eingang zu ihm,
deren Schrecken fürchterlich, deren Anblick Tod ist,
deren wogender Schreckensglanz die Berge überzieht,
zum Aus- und Eingang der Sonne bewachen sie die Sonne–"[188]

Da Skorpionmenschen, abgesehen vom Tierkampf, nur innerhalb des Gottschiff-Themas häufiger auftauchen, sind sie von großer Bedeutung für die Identifikation des Gottschiff-Insassen sowie für die Deutung des Themas insgesamt.

2.1.8   Motiv VIII: Schlangen

(Siegel: 16, 21, 26)
Auf Siegel 16 sind zwei ineinander verschlungene Linien dargestellt.
Das gleiche Motiv in einer komplizierteren Variante findet sich auf Siegel 21, wo es die gesamte Bildfläche neben dem Gottschiff einnimmt.
Das Motiv hinter dem Gottschiff auf Siegel 26 erinnert an ein Siegelbild im akkadischen Stil.[189] Dort scheint eine im Boot stehende Figur Schlangen aus dem Wasser zu ziehen oder mit ihnen zu kämpfen.
Daß es sich in allen drei Fällen um die Darstellung von Schlangen handelt, beweisen Siegel, auf denen die ineinander verschlungenen Linien in Schlangenköpfen enden.[190]
Die ineinander verschlungenen Schlangen gehören zu den ältesten Motiven des Vorderen Orients.[191] Sie wurden von H.Frankfort als sich paarende Schlangen gedeutet.[192]

---

[187] Kolbe 1981: 79ff.; Green 1985.
[188] Gilgameš-Epos, Neunte Tafel, II 1-9. Übersetzung bei Hecker 1994.
[189] Boehmer 1965: Abb. 592.
[190] Van Buren 1935a: Abb. 6-7, 9.
[191] Van Buren 1935a: Abb. 1-3.

Für die Interpretation des zu behandelnden Themas ist es von Bedeutung, daß die Schlange wie der Skorpion, mit dem zusammen sie häufig erscheint, einen eindeutig chthonischen Charakter besitzt.

2.1.9 Motiv IX: Astrale Symbole

IXA1   Der Halbmond mit Sternen
(Siegel: 1, 3, 5, 8, 10, 11, 16, 41, 42)
Aufgrund der unmittelbaren Nähe zum Halbmond sind die Kugelbohrungen der aufgezählten Siegel als Sterne zu interpretieren. Nur auf Siegel 8 befindet sich der Halbmond über der sitzenden Gottheit, während sich die Sterne vor dem Bug des Gottschiffes befinden. Die Anzahl und Anordnung der Kugelbohrungen variiert.
In der Regel befinden sich Mond und Sterne auf gleicher Höhe mit dem Kopf des Insassen. Nur auf Siegel 12 befinden sie sich niedriger, neben dem Skorpionmenschen.

IXA2   Der Halbmond ohne Sterne
(Siegel: 4, 6, 9, 28, 45, 67, 70)
Auf diesen Siegeln fehlen die Kugelbohrungen neben dem Halbmond. Auf Siegel 45 befindet sich der Halbmond direkt über dem Vogelmenschen. Ob es sich um einen Zufall handelt oder Figur und Mond in einem inhaltlichen Bezug zueinander stehen, ist unsicher. Die Darstellung des Mondgottes mit einer Mondsichel über der Hörnerkrone erscheint in der Glyptik erst später.

IXB   Das „Sonnensymbol"
(Siegel: 5, 7, 10, 14, 15, 28)
Dieses Symbol wird durch radial angeordnete kurze Linien gebildet. Ob es sich tatsächlich um ein Symbol für die Sonne handelt, ist natürlich unsicher. Unter Berücksichtigung späterer Bildwerke läßt sich auch an die Darstellung des Planeten Venus denken.[193]
Auf den Siegeln 7, 10 und 28 taucht das Symbol zusammen mit dem Halbmond auf.

2.1.10   Motiv X: Schreitende anthropomorphe Figuren

(Siegel: 25, 35, 42, 60, 70, 72, 73, 109)
Die anthropomorphen Figuren dieser Siegel schreiten oder stehen stets in Fahrtrichtung des Gottschiffes. Nur auf dem stark beschädigten Siegel 35 scheinen zwei Figuren dem Gottschiff gegenüberzutreten.

---

[192] Frankfort 1934: 12.
[193] Seidl 1989: 100f.

In der Regel begleitet nur eine anthropomorphe Figur das Gottschiff, auf Siegel 25 sind es jedoch zwei. Tragen die anthropopomorphen Figuren auf Siegeln der frühdynastischen Stile und der „Tigris-Gruppe" keine Hörnerkrone, sind alle auf den anderen akkadischen Siegel mit einer solchen abgebildet. Der göttliche Charakter wird an der Figur auf Siegel 73 noch durch aus dem Körper sprießende Pflanzen verdeutlicht.[194]

Die anthropomorphen Figuren erfüllen in der Regel die gleichen Aufgaben wie die Vogelmenschen, d.h. sie tragen eine Pflanze.[195]

Auf den akkadischen Siegeln 72 und vielleicht auch 70 führt die Figur einen Vierbeiner an einem Halsstrick.

Lediglich die anthropomorphen Figuren der Siegel 25, 60 und 61 halten keine Gegenstände in der Hand. Die Figuren auf Siegel 25 scheinen zu grüßen, die Figur auf Siegel 61 hat die Hände im Betergestus zusammengelegt.

2.2 Die Kombination der Motive und die Bildung inhaltlicher Gruppen

Im Folgenden sollen die Kombinationsmöglichkeiten der vorgestellten Motive untersucht werden, soweit sie auf einzonigen Siegeln erscheinen oder bei zweizonigen innerhalb einer Bildzone. Obwohl es nicht auszuschließen ist, daß ein inhaltlicher Bezug zwischen den verschiedenen Zonen eines Rollsiegels besteht, wird dies jedoch dadurch unwahrscheinlich, daß auf zweizonigen frühdynastischen Rollsiegeln sämtliche Bildthemen der einzonigen Siegel miteinander kombiniert werden können.[196]

Auf jeden Fall soll eine Bildzone als gleichbedeutend mit einem Siegelbild auf einzonigen Siegeln betrachtet werden.

Durch die Kombination der Motive entstehen Gruppen mit gleichem oder verwandtem ikonographischen Inhalt. Alle vollständigen Siegelbilder sollen in solche Gruppen zusammengefaßt werden.

Für alle im vorangegangenen Kapitel behandelten Motive soll im Folgenden deren Bezeichnung in römischen Ziffern verwendet werden.

Gruppe IA
Ein sitzender Gott im Gottschiff und der menschenköpfige Löwe mit Pflug und Gefäß

---

[194] Kramer bot bei der Beschreibung des Siegels 73 für die kleine Vegetationsgottheit die Deutungen als „Uttu, the goddess of plants, or Ashnan the goddess of grain" an. Kramer 1961: 40.

[195] Siegel 42, 69, 73.

[196] Kapitel 4.2.

Siegel	Insasse	Vierbeiner	Gefäße	Pflug	Andere Motive
1	IIA	IIIA	IV	V	IIID3, IXA, heraldischer Vogel
2	IIA	IIIA	IV	V	Ein Fisch, ein undeutliches Objekt, eine sitzende, trinkende Figur und eine weitere über ihr
3	IIA	IIIA	IV	V	IIID3, VIA, IXA, ein Tierkopf im Profil
4	IIA	IIIA	IV	V	IXA, eine Pflanze (?)
5	IIA	IIIA	IV	V	VIA, IXA, Wasserwellen
6	IIA	IIIA	IV	V	IXA
10	IIA	IIIB	IV	V	IXA, IXB, ein Tier (?), ein weiterer Pflug (?)
11	IIA	IIIB	IV	V	VIIA, Eine auf dem Kopf stehende Ziege
12	IIA	IIIB	IV	V	VIIB, IXA, ein Tierkopf im Profil
16	IIB	IIIB	IV	V	VIII, ein kleines Tier, Wasserwellen
22	IIA	IIIB	IV	V	
26	IIA	IIIA	IV	V	VIII, Wasserwellen
28	IIA	IIIB	IV	V	IXA, IXB, Wasserwellen, Linien für eine Inschrift
35	IIA	IIIA	IV	V	X, ein undeutliches Objekt (Tier?)
38	IIA	IIIB	IV	V	VIIB
44	IIA	IIIB	IV	V	VIII[197]
45	IIA	IIIB	IV	V	VIB, IXA
69	IIA	IIIB	IV	V	VIB
71	IIA	IIIB	IV	V	2xVIB, Fische, ein Tier an der Deichsel des Pfluges
72	IIA	IIIB	IV	V	X, Wasserwellen, eine thronende Gottheit, Inschrift[198]
73	IIA	IIIB	IV	V	X, Wasserwellen, Fische
105	IIA	IIIA	IV	V	VIB
107	IIA	IIIB	IV	V	VIB, VIIA
111	IIA	IIIB	IV	V	heraldischer Vogel

Unvollständig erhaltene Siegelbilder

32	IIA	IIIB		V	VIIB
42	IIA	IIIB	IV?	V?	VIIA, IXA, X
67	IIA	IIIB?			VIB, IX, Fische, Wasserwellen
68	IIA	IIIB		V	VIIA

---

[197] Hierzu ausführliche Beschreibung.
[198] Lesung: Du-Du, Lu LU-BE-SU; Amiet 1961: zu Abb. 1506.

Bei allen vollständig erhaltenen Siegelbildern der Gruppe IA gilt die Regel, daß der Vierbeiner gemeinsam mit Pflug und Gefäßen auftritt. Er begleitet stets *einen* im Gottschiff sitzenden Gott. Die einzige Ausnahme hiervon bildet Siegel 16. Auf dem dort dargestellten Boot finden sich zwei Insassen.

Bereits im vorangegangenem Kapitel wurde dafür argumentiert, daß es sich bei den Vierbeinern IIIA und IIIB um das gleiche Wesen handelt. Diese Deutung wird nun unterstützt durch den Umstand, daß außer IIIA nur IIIB und der Löwe IIIC zusammen mit dem Gefäß und dem Pflug erscheinen. Um einen Löwen kann es sich beim Motiv IIIA jedoch nicht handeln, da ihm die Löwenmähne fehlt.

Die enge Beziehung des menschenköpfigen Löwen zu Pflug und Gefäß wird auch verdeutlicht durch die Siegelbilder, auf denen er ohne das Gottschiff auftritt. Auch hier begleiten ihn Pflug und Gefäß.[199]

Auf zwei unvollständig erhaltenen Siegelabrollungen aus Fara, die wohl ursprünglich das Thema des Gottschiffes zum Inhalt hatten, ist lediglich der menschenköpfige Löwe erhalten.[200] Auf Siegel 52 befindet sich eine Flasche über ihm, und einige Balken könnten zu einem Pflug ergänzt werden. Ein Pflug ist wohl auch über dem menschenköpfigen Löwen auf Siegel 53 abgebildet.

Aufgrund der Eigentümlichkeit des Rollsiegels ist es nicht möglich zu entscheiden, ob der menschenköpfige Löwe vor oder hinter dem Gottschiff schreitet.

Die Anordnung dieser Einzelmotive betreffend lassen sich folgende Regeln aufstellen:

1. Gefäß und Pflug befinden sich stets über dem Rücken des menschenköpfigen Löwen.

2. Der menschenköpfige Löwe schreitet vor oder hinter dem Gottschiff in Fahrtrichtung.

Gegen diese Regeln verstoßen nur die Siegel 72 und 73. Auf dem Siegel 72 hält der im Gottschiff sitzende Gott den Pflug in seiner linken Hand. Die Gefäße befinden sich zwischen dem Gottschiff und dem menschenköpfigen Löwen.

Auf Siegel 73 steht der menschenköpfige Löwe im Gottschiff. Wie bereits erwähnt ist er nur auf diesen beiden Siegeln an die Kette gelegt. Anscheinend spiegelt sich hierin ein Bedeutungswandel des menschenköpfigen Löwen wieder.

R. M. Boehmer datierte die beiden Stücke nach Akkadisch III, d.h. wir haben es hier mit den letzten Vertretern unseres Themas zu tun. Wir dürfen daher schließen, daß der menschenköpfige Löwe zur Zeit des Schneidens der Siegel an Ansehen im mythologischem Weltbild eingebüßt hatte. Seine Bedeutung wurde nicht mehr verstanden oder ging an andere Götter über. Dies zeigt sich besonders deutlich daran, daß ihm auf Siegel 72 sein Attribut, der Pflug, weggenommen worden ist.

Neben der obligatorischen Darstellung des menschenköpfigen Löwen sind häufig die Einzelmotive des Vogels/Vogelmenschen und des Skorpions/Skorpionmenschen sowie die Mondsichel innerhalb der inhaltlichen Gruppe IA anzutreffen. Der Vogelmensch schreitet gewöhnlich in Fahrtrichtung des Gottschiffes, kann diesem aber auch entgegengehen.[201] In seiner Rolle als ein das Gottschiff begleitender Träger einer Pflanze oder Stange kann er von einer anthropomorphen Gestalt vertreten wer-

---

[199] Siegel 19, 20, 31, 40.
[200] Siegel 50, 52.
[201] Siegel 107.

den, die in einigen Fällen als Gottheit gekennzeichnet ist. Niemals treten der Vogelmensch und die anthropomorphe Figur gemeinsam auf.

Die aufgelisteten beschädigten Stücke lassen sich mit großer Wahrscheinlichkeit der
Gruppe IA zuordnen.

Auf Siegel 42 ist die Bildfläche über dem Rücken des menschenköpfigen Löwen
beschädigt. Man erkennt jedoch noch die runde untere Hälfte einer Flasche. Die
beiden sich ebenfalls über dem Rücken des menschenköpfigen Löwens befindenden,
gewinkelten Fragmente lassen sich nicht ohne weiteres zu der Form eines Pfluges
rekonstruieren, wie wir sie von den anderen Siegeln her kennen. Läßt sich das linke
Fragment noch als Teil eines Pfluges interpretieren bleibt die Deutung des rechten
unklar.

Auch die Siegel 32 und 68 sind oberhalb des Rückens des menschenköpfigen Löwen
beschädigt, nur die Pflüge sind erhalten. Im Falle des Stückes 67 ist auch die Darstellung des Vierbeiners in Mitleidenschaft gezogen. Die große Anzahl der die oben
aufgestellten Regeln stützenden Siegel berechtigt uns jedoch, auch diese beschädigten Stücke durch die obligatorischen Motive zu ergänzen.

Anders stellt sich der Fall des Siegels 9 dar. Auch hier ist die Fläche, an der man den
menschenköpfigen Löwen vermuten möchte, beschädigt. Es ist jedoch fraglich ob er
hier dargestellt war. Die erhaltenen Reste lassen sich auch als die Beine und den
aufrechten Rumpf eines Vogelmenschen deuten. Wäre diese Interpretation richtig,
handelte es sich um ein Unikat, da der Vogelmensch sonst niemals alleine mit dem
Gottschiff dargestellt ist.

Gruppe IB
Ein sitzender Gott im Gottschiff und der menschenköpfige Löwe ohne Gefäß oder
Pflug

Sie-gel	Insasse	Vierbeiner	Gefäße	Pflug	Andere Motive
34	IIA	IIIA			Heraldischer Vogel, Kasten für Inschrift oder Tempelfassade
43	IIA	IIIB			Wasserwellen
106	IIA	IIIB	IV		Wasserwellen
110	IIA	IIIA		V	Wasserwellen (?)
112	IIA	IIIB	IV		VIB, VIIB
		Unvollständig erhaltene Siegelbilder			
27	IIA	IIIB?	IV?		
46	IIA	IIIB?			VIB

Die meisten Siegel dieser Gruppe sind zweizonig und mehr oder weniger unsorgfäl-
tig geschnitten. Das Fehlen des Pfluges oder des Gefäßes ist daher nicht als inhaltlicher Unterschied zur Gruppe IA aufzufassen. Vielmehr scheint es dem Siegelschneider genügt zu haben, das gleiche Thema flüchtiger darzustellen, indem er nur die
wesentlichen Elemente zitierte.

Gruppe IC
Ein sitzender Gott im Gottschiff und ein schreitender Löwe

Siegel	Insasse	Vierbeiner	Gefäße	Pflug	Andere Motive
15	IIA	IIIC	IV	V	VIA, IXB
39	IIA	IIIC			
61	IIC	IIIC	IV	V	X

Ein unvollständig erhaltenes Siegelbild

Siegel	Insasse	Vierbeiner	Gefäße	Pflug	Andere Motive
41	IIA (?)	IIIC	IV	V	IXA

Die ikonographische Verwandtschaft zwischen dem menschenköpfigen Löwen und dem Löwen zeigt sich darin, daß über dem Rücken beider Gefäß und Pflug erscheinen. Auch die in der Gruppe IA häufig anzutreffenden Motive des Skorpions und der Mondsichel finden sich hier wieder.
An Siegel 39 bestätigt sich die Regel, daß Pflug und Gefäß nur auf zweizonigen Siegeln fehlen.
Vom Rollsiegel 41 ist nur die obere Hälfte - und diese auch nur unvollständig - erhalten. Zu erkennen ist noch der Kopf eines Löwen über dem sich die Mondsichel mit Sternen sowie ein verhältnismäßig großer Pflug und eine Kugelbohrung als Gefäßwiedergabe befinden. Daneben findet sich der Oberkörper und der Kopf eines ansonsten nicht erhaltenen Gottschiffes. Vom Insassen glaubt man noch ein Knie sowie die Stange des Steuerruders zu erkennen.

Die Kombination der für die Gruppe I spezifischen Einzelmotive auf anderen Siegeln
(Siegel: 19, 20, 31, 40)
In vier Fällen tritt der menschenköpfige Löwe auf Siegel ohne die Darstellung des Gottschiffes auf. Auch hier ist er mit anderen für das Gottschiff-Thema charakteristischen Einzelmotiven kombiniert.
Auf den Siegeln 19 und 40 sind Gefäß und Pflug über seinem Rücken abgebildet, auf den Siegeln 20 und 31 ist es nur der Pflug. Auf diesen beiden Siegeln begleitet ihn außerdem der Vogelmensch. Da mir sonst nur noch zwei weitere Beispiele in frühdynastischen Stilen bekannt sind, auf denen der Vogelmensch außerhalb des Gottschiff-Themas dargestellt ist,[202] unterstreichen die Siegel 20 und 31 die enge Beziehung, die zwischen ihm und dem menschenköpfigen Löwen besteht. Die Siegelabrollung Amiet 1399 ist außerdem beschädigt, so daß die Möglichkeit einer ursprünglichen Wiedergabe des menschenköpfigen Löwen auch auf diesem Siegelbild besteht.[203]
Die Gruppe IC macht deutlich, daß der menschenköpfige Löwe durch die Darstellung eines schreitenden Löwen vertreten werden konnte, der wie dieser mit Gefäß und Pflug abgebildet wird. Interessant ist daher der Umstand, daß der schreitende Löwe ansonsten nur zusammen mit anderen schreitenden Tieren oder in mythologischen Szenen auftritt, in denen er einen Pflug zieht. Auf einer frühdynastischen Siegelabrollung aus Fara sind zwei schreitende Löwen vor einen Pflug gespannt, den ein Stiermensch und eine weitere Figur führen.[204] Außerdem ist der Adler und – wie bei Szenen, die mit der Landwirtschaft zusammenhängen, üblich – ein Skorpion abgebil-

---

[202] Amiet 1961: Abb.1399, 1401.
[203] Mallowan 1947: No.10.
[204] Heinrich 1931: Taf. 58h, Fundschicht Id.

det. Ein ähnliches Motiv stellt ein akkadisches Rollsiegel dar, auf dem ein Löwe vor einen Pflug gespannt ist, den ein Gott führt.[205] Auf einem weiteren akkadischen Siegel steht ein Löwe neben der Pflugszene.[206]

Gruppe II

Siegel	Insasse	Vierbeiner	Gefäße	Pflug	Andere Motive
29	IIG			V?	Ein dem Gottschiff gegenüber stehender Vierbeiner
60	IIA				X, ein Tier ?
63	IIH				IIIB, VIIA
108	IIC	IIIA		V?	Ein liegender Vierbeiner, neun Kugelbohrungen
109	IID				X
113	IIH				IIIA, zwei Kugelbohrungen

Ein unvollständiges Siegelbild

Siegel	Insasse	Vierbeiner	Gefäße	Pflug	Andere Motive
30	IIA?				Ein dem Gottschiff gegenüber stehender menschenköpfiger Löwe ?

Die Siegel der Gruppe II sind im Gegensatz zu den ersten drei Gruppen überhaupt nicht einheitlich gestaltet. Zwar glaubt man noch Motive der Gruppe IA zu erkennen, diese sind jedoch wie im Falle des Pfluges verkümmert dargestellt, oder die Kugelbohrung für das Gefäß ist in unsinniger Weise vervielfältigt worden. Die Vierbeiner haben wohl den menschenköpfigen Löwen zum Vorbild, werden aber entgegen der Fahrtrichtung des Gottschiffes abgebildet oder verdoppelt. Dies alles ist nicht mehr nur allein auf die flüchtige Herstellung der Siegel zurückzuführen, sondern hier ist das Verständnis für die Bedeutung der Einzelmotive und ihres Bezuges zueinander nicht vorhanden gewesen.

Gruppe III

Ein sitzender Gott im Gottschiff und der menschengesichtige Stier

Siegel	Insasse	Vierbeiner	Gefäße	Pflug	Andere Motive
13	IIA	IIID1			Ein undeutliches Objekt, ein Vogel auf dem Rücken des Stieres
14	IIA	IIID1			Ein aufgerichteter Löwe ?
23	IIA	IIID2			

Obwohl es aufgrund der wenigen Vertreter dieser Gruppe schwierig ist eine verallgemeinernde Aussage zu treffen, fällt doch auf, daß keines der Einzelmotive die zusammen mit dem menschenköpfigen Löwen und dem Löwen auftauchten zusammen mit dem menschengesichtigen Stier erscheint.

---

[205] Boehmer 1965: Abb. 715a.
[206] Boehmer 1965: Abb. 714.

Anders verhält es sich beim isoliertem Stierkopf. Er findet sich auch auf einem Siegel der Gruppe IA wieder.

Gruppe IV
Zwei sitzende Insassen im Gottschiff

Siegel	Insasse	Vierbeiner	Gefäße	Pflug	Andere Motive
24	IIB				VIIA, IXA
33	IIB				Ein dem Gottschiff gegenüber stehender Vierbeiner mit zurückgewandtem Kopf
37	IIB				Wie Siegel 33, Kasten für Inschrift

Sitzen zwei Insassen im Gottschiff, fehlen ebenfalls die Einzelmotive der Gruppen IA-C. Nur auf Siegel 24 ist ein Skorpion dargestellt.
Der Vierbeiner auf den Siegeln 33 und 37 ist ein Einzelmotiv, daß nicht mit dem menschenköpfigen Löwen verwechselt werden darf. Nicht nur fehlen dessen Attribute, er hat außerdem den Kopf zurückgewendet, was der menschenköpfige Löwe niemals tut. Auch steht er entgegen der Fahrtrichtung des Gottschiffes. Dies kommt sonst nur auf Siegeln der Gruppe II vor.

Gruppe V
Verschiedene Insassen und liegende Capriden

Siegel	Insasse	Vierbeiner	Gefäße	Pflug	Andere Motive
54	IID?				Ein liegender Capride, ein auf dem Bauch liegender Mensch mit einem Messer (?), ein heraldischer Vogel
57	IIF				Ein liegender Capride
58	IIF				Ein liegender Capride
59	IIF				Ein liegender Capride
62	IIC				Ein liegender Capride
64	IIH				Ein liegender Capride

Alle Siegel dieser Gruppe sind zweizonig und gehören, vielleicht mit Ausnahme von Siegel 54, der „Tigris-Gruppe" an.[207]

Gruppe VI
Unikate

Siegel	Insasse	Vierbeiner	Gefäße	Pflug	Andere Motive
7	IIA				IXB, Stiermensch
8	IIH				IXA, Fische
21	IIA				VIII

---

[207] Stilgruppe IIA.

25	IIA	X
66	IIE	
70	IIH	IXA, X, Vogel (?), undeutliches Objekt, Schlangendrachen (?)

Unvollständig erhaltene Siegelbilder

9	IIA	VIB, IXA, Symbol über dem Kopf des Gottschiffes (Hörnerkrone?)
47	IIE	?
48	?	VIB, ein liegender menschengesichtiger Stier?
49	?	Zwei überkreuz stehende Capriden
51	IIA	Tiere

Die obigen Siegel lassen sich in keine der inhaltlichen Gruppen einordnen. Sie sollen daher einzeln vorgestellt werden.

Auf Siegel 7 befindet sich unterhalb des Gottschiffes ein Sonnensymbol, wie es auch auf Siegeln der Gruppe I dargestellt sein kann. Daneben sind drei Objekte dargestellt, die durch von einer Kugelbohrung nach oben führende Linien gebildet sind. Ihre Bedeutung ist unklar. Einzigartig innerhalb unseres Themenkreises ist das Motiv einer stehenden anthropomorphen Figur mit Schwanz und Hörnern. Aber auch in der Gestaltung der Einzelmerkmale des Gottschiff-Insassen und stilistisch steht das Siegel 7 alleine.

Siegel 8 fällt durch die Sonderform seiner Bootsinsassen auf.[208] Unterhalb des Schiffsrumpfes sind Fische dargestellt. Sollte es sich bei den Kugelbohrungen in Kopfhöhe der Schiffsinsassen um Sterne handeln, wäre dies innerhalb des zu behandelnden Themas die einzige Darstellung dieses Motivs ohne den Halbmond.[209]

Auf den Siegeln 21 und 25 befindet sich zwar wie in der inhaltlichen Gruppe I ein Insasse im Gottschiff, dieses Motiv wird aber nicht mit den in dieser Gruppe obligatorischen Motiven kombiniert. Es werden vielmehr im Falle von Siegel 21 das Motiv der ineinander verflochtenen Schlangen und auf Siegel 25 zwei schreitende Figuren abgebildet. Beides sind Motive, die in der Gruppe I vorkommen können.

Bei den Siegeln des akkadischen Stils 66 und 70 ist das Verständnis für die Bedeutung des Gottschiff-Themas, so wie es sich in der Gruppe I darstellt, völlig verlorengegangen. Das Siegel 66 ist in mehrfacher Hinsicht ohne Parallele. Nicht nur die Gestaltung des Gottschiff-Rumpfes ist eine Sonderform. In das Schiff wurde außerdem ein Motiv hineingesetzt, das mit dem Thema des Gottschiffes nichts zu tun hat. Auf Siegel 70 finden sich noch die Einzelmotive der Mondsichel und des Pfluges. Dieser befindet sich jedoch frei schwebend neben der „Göttin auf dem Gänsethron". Vielleicht ist er sich, parallel zu Siegel 72, als von der Göttin gehalten vorzustellen. Anstelle des menschenköpfigen Löwen ist ein Vierbeiner dargestellt, der aufgrund seiner langen Schnauze und vielleicht vorhandenen Hörnern von H. Frankfort als Drachen gedeutet wurde.[210] Wahrscheinlich

---

[208] Motiv IIH.
[209] Motiv IXA1.
[210] Weitere Beispiele für den Schlangendrachen: Boehmer 1965: Abb. 565-572.

wird dieser, wie auf Siegel 72 der menschenköpfige Löwe, von einem in Fahrtrichtung schreitenden Gott an der Leine gehalten. Unklar ist das beschädigte Objekt über dem Drachen. Über diesem wiederum befindet sich noch ein Vogel, der in ungewöhnlicher Weise dargestellt wurde.

Zusammenfassung

Insgesamt gehören der inhaltlichen Gruppe I 39 Siegel an. Die Motive des Vogelmenschen und des Skorpionmenschen sowie eine schreitende Figur mit einer Pflanze oder einem Stab tauchen nur in dieser Gruppe auf. Häufig sind auch astrale Motive anzutreffen.
Innerhalb der Gruppe I ist die Gruppe Ia mit 26 Siegeln zahlenmäßig am stärksten vertreten. Ihre obligatorischen Motive sind ein im Gottschiff sitzender Gott, der menschenköpfige Löwe und seine Attribute Gefäß und Pflug. Dieser Gruppe anzuschließen ist die Gruppe IB, bei der wohl aus Nachlässigkeit der Pflug oder das Gefäß fehlen können. Eine enge Verwandtschaft besteht auch zur Gruppe IC, bei der lediglich der Kopf des ansonsten menschenköpfigen Löwen seine natürliche Gestalt erhält.
Die Siegel der Gruppe II haben die der Gruppe I zum Vorbild, mißverstehen jedoch ihre Ikonographie.
Die Gruppen III-VI sind von der inhaltlichen Gruppe I abzugrenzen. Nicht nur deren obligatorische Motive fehlen, sondern auch die meisten anderen der im Kapitel 2.1. vorgestellten.

Die Verbreitung der inhaltlichen Gruppen

Die Zentren der räumlichen Verbreitung der inhaltlichen Gruppe I sind Mâri, das Dijala-Gebiet und Kiš. In Susa ist sie seltener belegt. Daß Siegel der inhaltlichen Gruppe I auch in Fara bekannt waren, lassen die Fragmente der Siegelbilder 52 und 53 vermuten.
In den anderen Fundorten an der nördlichen und südlichen Peripherie des Verbreitungsgebietes des „Gottschiff-Themas" war die inhaltliche Gruppe I nicht populär. In Ur und Tello fehlt sie völlig, auch wenn aus Ur die Darstellung des menschenköpfigen Löwen mit Gefäßen und Pflug, allerdings ohne Gottschiff, belegt ist.[211]
Aus Tell Brak kann lediglich eine von vier Siegelabrollungen der inhaltlichen Gruppe I zugewiesen werden.

	IA	IB	IC	II	III	IV	V	VI
Tell Brak	-	1	-	-	-	-	-	4
Mâri	3	-	-	-	1	-	-	-
Dijala	9	1	-	2	-	1?	2	4
Kiš	2	1	-	2	1	-	-	1
Fara	?	-	-	-	-	-	1	-
Tello	-	-	-	-	-	-	-	1
Ur	-	-	-	-	1	-	-	-
Bani Surmaḫ	1	-	-	-	-	-	-	-
Susa	1	-	1	-	-	-	-	-

---

[211] Siegel 19-20.

2.3   Die Kombination mit anderen Bildthemen

Neben 29 einzonigen Siegeln, die das Gottschiff darstellen, sind 32 Siegel zweizonig. Das Siegel 44 ist vierzonig. Viermal taucht das Gottschiff als Nebenszene auf.

Von den 9 unvollständig erhaltenen Stücken sind zu mindest die Siegelbilder der Abrollungen 48 und 54 ebenfalls zweizonig.

Die Bildzonen sind in der Regel sauber voneinander getrennt. Es kann eine waagerechte Linie zwischen ihnen dargestellt sein, aber auch auf Siegeln, wo diese fehlt, befinden sich die Figuren der jeweiligen Zonen auf einheitlichen Standflächen.

2.3.1   Zweizonige Siegel

Das Thema des Gottschiffes wird auf zweizonigen Siegeln mit den folgenden Bildthemen kombiniert:

I   Der „Zikkurratbau" in der unteren Bildzone
(Siegel: 105-113)
Dieses Bildthema ist das am häufigsten mit dem Gottschiff kombinierte. Die Deutungen, die sich daraus entwickelt haben, werden im Kapitel 4.2. der vorliegenden Arbeit behandelt.

II   Kultische Szenen in der unteren Bildhälfte
(Siegel: 34, 35)
Auf Siegel 34 sitzt eine Gottheit mit einem Becher in der Hand hinter einem Altar. Über diesem sind sechs Kugelbohrungen angebracht, die vielleicht Brote darstellen. Darüber befindet sich ein Gegenstand, dessen Form an eine Fleischkeule erinnert.[212] Anscheinend handelt es sich um Opfergaben. Vor diesen steht eine Figur, die eine Hand auf die Fleischkeule legt. Hinter ihr befinden sich drei weitere Figuren, die die Hände im Gestus der Verehrung vor dem Rumpf zusammengelegt haben. Zwischen ihnen ist eine Tempelfassade dargestellt. Hinter der Gottheit befindet sich außerdem ein Baum.

Das Siegelbild 35 ist sehr schlecht erhalten. Man erkennt jedoch eine Reihe von Figuren, die sich auf eine sitzende Gestalt zubewegen. Diese Prozession führt ein Tier mit sich. Das gleiche Motiv findet sich auch auf den Siegeln 91 und 96, die den „Zikkurratbau" zum Thema haben. Auch auf diesen Siegeln ist neben dem Tier eine sitzende Gestalt abgebildet, die auf Siegel 96 als Gottheit gekennzeichnet ist. Die sitzende Gestalt des Siegels 35 ist daher vermutlich ebenfalls als Gottheit aufzufassen und das zu ihr geführte Tier als zur Opferung vorgesehen.

Hinter der sitzenden Gottheit des Siegels 35 sind außerdem noch einige Kugelbohrungen angebracht, was an die „Brote" des Siegels 34 erinnert. Auf diesen scheint ein Stierkopf zu liegen.[213]

III   Ein Symposion neben einem Tisch in der oberen Bildzone
(Siegel: 32, 57)

---

[212] Diese Deutung wird unterstützt durch die Fleischkeule auf einem Tisch, welche auf dem Klangkasten einer Leier aus Ur abgebildet ist. Orthmann 1985: Taf. IX.

[213] Es scheint Sitte gewesen zu sein, größere Körperteile, darunter auch vollständige Köpfe, von Tieren zu servieren. Orthmann 1985: Taf. IX.

Auf diesen Siegeln ist ein rechteckiger Gegenstand dargestellt, in den im Falle des Siegels 32 weitere kleinere Rechtecke geschachtelt sind. Die Eckpunkte werden durch zwei sich überkreuzende diagonale Linien verbunden.

Es handelt sich bei diesem Gegenstand um einen Tisch mit kreuzförmigen Verstrebungen. Auf zahlreichen Siegelbildern, die die Bankettszene darstellen, ist er mit Speisen und Getränken gedeckt.[214] Dieses Motiv wird auf zwei Arten wiedergegeben: Zum einen durch eine rechteckige Form, die größer als die anthropomorphen Figuren ist. Hierbei handelt es sich wohl nicht um die Darstellung realer Größenverhältnisse, sondern die Bedeutung des „Tisches" soll auf diese Weise betont werden. Dieser Typ ist in Kiš, dem Dijala-Gebiet und Mâri verbreitet.[215]

Zum anderen wird er durch eine Variante wiedergegeben, die kleiner als die Bankettteilnehmer und von annähernd quadratischer Form ist. Sie findet sich hauptsächlich auf den Siegeln des Königsfriedhofes von Ur.[216]

Auf Siegel 32 befinden sich zwei sitzende Figuren neben dem Tisch, von denen eine aus einem vor ihr stehenden Gefäß trinkt. Zwischen den sitzenden stehen zwei wohl als Diener aufzufassende Gestalten.

Neben dem Tisch des Siegels 57 sitzen sich zwei Figuren im Falbelgewand gegenüber. Die linke der beiden ist aufgrund der Frisur als weiblich zu deuten. Zwischen den beiden steht ein Diener.

IV   Die Schlachtung eines Tieres in der unteren Bildzone
(Siegel: 33)
Ein großes Tier mit durch senkrechte Linien wiedergegebenem Fell liegt auf dem Rücken auf einer Plattform. Während es von hinten festgehalten wird, stößt ihm ein vor ihm stehender Mensch ein Messer in die Kehle. Eine sitzende Figur beobachtet diesen Vorgang. U. Moortgat-Correns hat bereits darauf hingewiesen, daß sich die Herkunft der Themen „Schlachtung eines Tieres", „Großer Tisch", „Gottschiff" und „Zikkurratbau" auf die Fundorte der Dijala-Grabungen, Mâri und Kiš konzentrieren.[217]

V   Ein Streitwagen in der unteren Bildzone
(Siegel: 45)
Ein Mann befindet sich in einem zweirädrigen Streitwagen mit hochgezogenem Deichselbaum, der von Equiden gezogen wird. Von diesen ist nur einer dargestellt. Dem Wagen folgen, angeführt von einem kleinen Hund, drei anthropomorphe Figuren, die unterschiedliche Waffen in den Händen halten. Über dem Wagen sind ebenfalls zwei Äxte dargestellt, so daß man die Szene als Kriegszug deuten kann. Beim Gebilde über dem Equiden handelt es sich vielleicht um eine Variante des Schlangenmotivs.[218]

Eine frühe Parallele zu diesem Siegelbild stellt ein zweizoniges Rollsiegelbild dar, von dem Abrollungen in den Schichten SIS 4-6 in Ur gefunden wurden und das somit FDII-zeitlich ist.[219] Es stellt ebenfalls einen besetzten zweirädrigen Streitwagen dar, bei dem

---

[214] Selz 1983: Nr. 257, 329, 304; Parrot 1968: Abb. 21; auf Einlegearbeit: Orthmann 1985: Taf. IX; zur Deutung: Selz 1983: 182f., 290f.
[215] Amiet 1961: Abb. 1465, 1466, 1469.
[216] Selz 1983: Abb. 11.
[217] Moortgat-Correns 1974: 160; andere Beispiele: Amiet 1961: Abb. 1465, 1466, 1467, 1491; Amiet 1976: Abb. 80.
[218] Van Buren 1935a.
[219] Legrain 1936: Nr. 298; zur Datierung der SIS 4-8: Karg 1984.

auf die gleiche Weise wie auf Siegel 45 ein herunterhängendes Fell den hinteren Teil bedeckt[220]. Auch hier folgt ein kleines Tier und ein Mann mit einer Lanze dem Wagen. Die Siegelkomposition, die einen Streitwagen mit drei schreitenden Figuren kombiniert, findet sich auf zwei weiteren Siegelbildern, von denen eines aus einer FDIIIa-zeitlichen Schicht in Tell Asmar stammt.[221]

Aufgrund der Darstellung auf der „Geierstele" können wir diese Komposition als die dem im Streitwagen fahrenden König folgende Infanterie deuten.[222]

VI Tierherden in der unteren Bildzone
(Siegel: 27-29)

Auf Siegel 27 sind drei Ziegen mit langen gebogenen Hörnern und einem zottigen Fell dargestellt, die von einer anthropomorphen Figur vorwärtsgetrieben werden.

Auf Siegel 28 sind ebenfalls drei Tiere mit den gleichen Hörnern neben einer Tempelfassade dargestellt.

Auf Siegel 29 schließlich erscheinen zwei dieser Tiere, von denen eines anscheinend von einem sitzenden Menschen gemolken wird. Vor einer weiteren sitzenden Figur befindet sich ein Gefäß.

VII Tierkämpfe in der unteren Bildzone
(Siegel: 30, 37, 39)

Auf Siegel 37 beißen zwei sich überkreuzende Löwen je einem aufgerichteten Tier in die Kehle. Von links und rechts nähern sich zwei Helden dieser Szene. Daneben sind drei hintereinander schreitende Figuren abgebildet.

Ein Adler, der zwei von ihm abgewandte Capriden mit zurückgewandten Köpfen gepackt hält, ist auf Siegel 39 dargestellt. Das gleiche Motiv zeigt auch Siegel 30. Auf diesem werden die Vierbeiner zusätzlich von zwei Helden angegriffen, von denen der rechte ein Messer in der Hand hält.

VIII Tierkämpfe in der oberen Bildzone
(Siegel: 11-14)

Waren die Bildzonen der bislang vorgestellten Siegel sauber voneinander getrennt, ist dies bei den Siegeln dieser Gruppe nicht der Fall. Hier ragen die Motive der unteren Bildzone in die obere hinein. Man gewinnt den Eindruck, als sei zuerst die untere Bildzone mit dem Motiv des Gottschiffes geschnitten worden und man habe dann die Motive der oberen Bildzone in den verbliebenen Raum gesetzt. Durch diesen Platzmangel ist wohl die Reduzierung einiger Tierkörper zu erklären.

Auf Siegel 11 sind zwei überkreuzte Löwen neben einem Adler dargestellt. Rechts des Adlers ist ein Tierprotom in einer stark schematisierten Weise wiedergegeben.

Ebenfalls als Protome sind die Tierfiguren des Siegels 12 dargestellt. Ein Löwe fällt eine Ziege von hinten an, während links und rechts eines Adlers je eine Ziege vornüber stürzt.

Auch auf Siegel 13 ist eine vornüber stürzende Ziege ohne Hinterbeine dargestellt. Die gestauchte Darstellung hat auf diesem Siegel zur Folge, daß aus einem Rumpf zwei Löwenprotome entwachsen. Dargestellt werden sollten wohl die sich überkreuzenden

---

[220] Diese Deutung ergibt sich im Vergleich zu Abbildungen auf Weihplatten. Boese 1971: AG2, AG5, CT2, CS1, CS4, U1.

[221] Selz 1983: Nr. 335; Frankfort 1955: Abb. 546.

[222] Strommenger 1962: Taf. 66.

Löwen. Neben einem aufgerichteten Tier mit abgewandtem Kopf, dem von einem der Löwen in die Kehle gebissen wird, ist ein Skorpion und ein undeutliches Objekt, das vielleicht einen Vogel darstellt, zu sehen.

Die Darstellungen in der oberen Bildzone von Siegel 14 sind unvollständig erhalten, können aber vielleicht den Siegeln 10-13 entsprechend als Beine und Köpfe von Tieren im Kampf gedeutet werden.

IX   Liegende Capriden zwischen einem Adler in der oberen Bildzone
(Siegel: 58-64)

Alle Siegel die dieses Thema in der oberen Bildzone darstellen, gehören der „Tigris-Gruppe" an.[223] Nur Siegel dieser Stilgruppe weisen ornamentale Bänder auf, die nicht nur die Bildzonen voneinander trennen, sondern auch das Siegelbild nach oben und unten hin begrenzen. Die ornamentalen Bänder bestehen aus waagerechten Linien, zwischen die Kerben oder kleine Dreiecke gesetzt sind.

Der Adler zwischen den Capriden ist bis auf das Siegel 61 immer ohne Kopf dargestellt. Auf den Siegeln 58, 60, 61 und 64 sind seine Beine, mit deren Klauen er die Capriden gepackt hält, abgebildet. Die Capriden liegen stets mit untergeschlagenen Beinen auf dem Bauch. Auf den Siegeln 59 und 64 kreuzen sich ihre Vorderbeine, mit denen sie sich aufstützen. Auf den Siegeln 58, 60 und 62 befinden sich zwei Pflanzen vor ihnen. Siegel 61 stellt eine en facc wiedergegebene Beterfigur und Siegel 63 eine Tempelfassade zwischen ihnen dar.

2.3.2   Das vierzonige Siegel 44

Dieses Siegel enthält sämtliche Einzelmotive der inhaltlichen Gruppe IA. Seine Einzigartigkeit erhält es jedoch durch eine Fülle weiterer Motive, die ohne einheitliche Standlinie auf der Bildfläche verteilt sind. Um die Beschreibung des Siegels übersichtlich zu gestalten, soll im Folgenden von vier Bildzonen ausgegangen werden. Diese Bildzonen sind jedoch weder durch Linien voneinander getrennt, noch befinden sich die Figuren in ihnen auf einer exakt horizontalen und einheitlichen Standfläche. Die oberen drei Bildzonen sind außerdem ikonographisch miteinander verknüpft.

In der obersten Bildzone liegt ein Mensch auf dem Rücken. Drei Vögel sitzen auf ihm und haben den Schnabel auf die liegende Gestalt gerichtet. Es handelt sich bei dieser Szene zweifellos um die Darstellung eines Toten, über den sich aasfressende Vögel hermachen.[224] Unmittelbar neben dieser Szene findet sich das Gottschiff mit seinem Insassen. Es hält eine Pflanze in der Hand, nach der eine ihm gegenüber sitzende anthropomorphe Gestalt greift.

In der folgenden Bildzone befinden sich zwei Vierbeiner. Der in Fahrtrichtung des Gottschiffes schreitende ist der menschenköpfige Löwe mit Bart. Zwischen den beiden Vierbeinern befinden sich ein weiterer nach der Leiche pickender Vogel sowie zwei Tüllengefäße.

Ein sich mit der Sterze vor dem menschenköpfigen Löwen befindender Pflug, der mit der Achse nach unten zeigt, verbindet diese Zone mit der dritten.

Hier sind ein nach links schreitender Vogel mit langen Beinen und Hals, ein Tier in Aufsicht, das vielleicht als Amphibie zu deuten ist und ein Boot mit zwei Insassen dar-

---

[223] Stilgruppe IIA.
[224] Auf der „Geierstele" fallen Vögel über abgeschlagene menschliche Körperteile her. Strommenger 1962: Taf. 66 oben.

gestellt. Über diesen befindet sich ein Objekt, das zu beiden Seiten eines Balkens sich spiegelbildlich entsprechende Halbkreise aufweist. Wahrscheinlich ist das Schlangen- motiv gemeint, auch wenn der Mittelbalken ohne Parallele ist.[225] Alle Motive dieser Bildzone finden sich auch auf einem zweizonigem Rollsiegel wieder[226], was beweist, daß sie keiner willkürlichen Anordnung unterliegen, sondern in einem inhaltlichen Be- zug zueinander stehen.

Sind die oberen drei „Bildzonen" noch durch den nach oben pickenden Vogel und den Pflug miteinander verbunden, ist die unterste von den anderen isoliert.

Hier packt ein Adler zwei links und rechts von ihm stehende Capriden. Daneben sind eine Pflanze und ein weiterer Capride dargestellt.

2.3.3   Das Gottschiff als Nebenszene

Auf vier Siegelbildern steht nicht das Gottschiff im Mittelpunkt, sondern es ist kleiner als die Figuren der Hauptszene dargestellt und steht mit diesen in keinem erkennbaren Zusammenhang.

Siegelabrollung 18
Zwei überkreuz stehende Löwen beißen je einem Rind in die Kehle. Dem rechten Rind kommt ein nackter Held zu Hilfe. Neben dieser Szene befinden sich in mittlerer Bildhö- he zwei parallele horizontale Linien. Unter diesen Linien, also nur die Hälfte der Bild- höhe einnehmend, ist das Gottschiff dargestellt. Auch hier ist die Abbildung des Insas- sen nicht erhalten.

Siegel 36
Dieses Siegel befindet sich in einem sehr schlechten Erhaltungszustand. Zu erkennen sind jedoch wieder zwei überkreuz stehende Löwen, die je einem Tier in die Kehle beißen. Auch auf diesem Siegel sind neben der Hauptszene zwei Linien als Bildtrenner eingeschnitten. Unter diesen sind zwei anthropomorphe Figuren in aufrechter Haltung zu erkennen. Darüber ist in einer sehr reduzierten Form das Gottschiff dargestellt. Zu erkennen sind lediglich der Rumpf und der Oberkörper. Sein Kopf sowie der Insasse fehlen.

Siegel 55
Zwei anthropomorphe Figuren sitzen sich gegenüber. Zwischen ihnen ist vielleicht der Kopf eines Gottes zu erkennen. Daneben befindet sich das Gottschiff im verkleinerten Maßstab. Der Insasse des Gottschiffes ist aufgrund einer Beschädigung nicht zu erken- nen. Unter dem Gottschiff befinden sich verschiedene undeutliche Gegenstände.

Siegelabrollung 65
Zwei sich gegenüberstehende Helden mit konischen Kappen haben sich an den Schul- tern gepackt. Von links kommend greift ein sechslockiger Held in den Kampf ein. Ne-

---

[225] Dazu: Motiv VIII.
[226] Amiet 1961: Abb. 1131.

ben dieser Hauptszene nimmt ein auf einem Equiden reitender Held mit Speer(?) die untere Bildhälfte ein. Über ihm ist das Gottschiff sowie sein Insasse dargestellt.

2.4 Zur Datierung der Siegel

2.4.1 Die kunstgeschichtliche Forschungsgeschichte

Bereits Ende der 30er Jahre rekonstruierten A. Moortgat und H. Frankfort unabhängig voneinander die Entwicklung der Glyptik in der frühdynastischen Zeit. Sie kamen dabei zu übereinstimmenden Ergebnissen, auch wenn sie sich unterschiedlicher Terminologie bedienten.

Moortgat legte 1940 seine Einteilung der frühdynastischen Glyptik vor, die bis heute maßgebend geblieben ist.

Zwischen die Ǧemdet-Naṣr-Zeit und die „Mesilim-Zeit" setzte er die „Brokat-Siegel", welche größtenteils aus den Dijala-Grabungen stammen; und ordnet sie zeitlich dem „Übergang zur Mesilim-Zeit" zu. Dieser Phase folge die „Mesilim-Zeit" selbst,[227] in der erstmals das Figurenband auftauche, das den Tierkampf zum Thema hat. Die Bildgliederung der Mesilim-Zeit bestehe aus dicht zusammengedrängten Figuren, die durch „äußerste Dürre" geprägt seien. Aufgrund der gedrängten und verflochtenen Darstellungsweise, komme es teilweise zu einer Verschmelzung von zwei oder drei Figuren zu einem „Mischwesen".

Weitere ikonographische Charakteristika seien die maskenhafte Kopfgestaltung des Helden sowie die Gestaltung der Löwenmähne. Diese werde aus einzelnen Linien oder Sparren gebildet und bleibe innerhalb des Körperumrisses.

Die Begründung für die zeitliche Einordnung der „Mesilim-Zeit" hatte Moortgat 1935 gegeben.[228] Sie bestand hauptsächlich aus stratigraphischen Folgerungen, von denen heute in erster Linie die der Dijala-Grabungen noch Bestand haben.

Aus rein stilistischen Gründen folgt bei Moortgat auf die „Mesilim-Zeit" der „Übergang zur UrI-Zeit".

Die Siegel dieser Phase gruppieren sich um ein Stück mit der Inschrift eines gewissen Imdugud-Sukurru.[229] Der „Übergang zur UrI-Zeit" wird von Moortgat daher auch als „Imdugud-Sukurru-Stufe" bezeichnet. Die Überschneidungen würden jetzt „immer zahlreicher", die Tiere steiler gestellt und das Band der Figuren enger geflochten. Die Tiere selbst gewännen mehr Körperlichkeit. Die Löwenmähne werde aus „wenigen flammenartigen Zacken" gebildet und greife über den Körperumriß hinaus. Diese Siegel waren in Fara vergesellschaftet mit Tontafeln, die nach FDIIIa datiert werden.[230]

Für die folgende „UrI-Zeit" standen Moortgat erstmals Siegel mit Inschriften historisch gesicherter Herrscher zur Verfügung. Moortgat unterteilte die UrI-Zeit in eine frühe „Meskalamdug-Stufe" und eine späte „Mesanepada-Lugalanda-Stufe". Die erstgenannte Stufe erhielt ihren Namen von einem im Königsfriedhof gefundenem Siegel mit der

---

[227] Namensgebend war die Inschrift des Königs Mesilim auf einem reliefverzierten Keulenkopf. Man glaubte einen Synchronismus zwischen einem Stil und einem historischen Herrscher vor sich zu haben. Inzwischen legen paläographische Argumente nahe, der König Mesilim habe am Ende oder nach der seinen Namen tragenden Epoche gelebt. Börger-Klähn 1980.

[228] Moortgat 1935: 24ff.

[229] Heute als „ANZU-SUD" gelesen.

[230] Martin 1988: 74f.

Inschrift eines Königs Meskalamdug, der zu einer Dynastie gehörte, die in den Königslisten nicht auftaucht. Aus einer Schuttschicht über dem Königsfriedhof stammen Siegelabrollungen mit der Inschrift des Königs Mesanepada, der durch die sumerische Königsliste als der Begründer der 1. Dynastie von Ur bekannt ist. Moortgat war diese stratigraphische Situation bereits 1935 bewußt, schloß daraus aber keine zwingende Späterdatierung der Mesanepada–Stücke. Ausschlaggebend war bei ihm vielmehr ein stilistischer Unterschied zwischen den Funden aus dem Königsfriedhof, die er als mit Urnanše von Lagaš zeitgleich betrachtete und den Siegeln des Mesanepada, die größte Ähnlichkeit mit denen eines späteren Königs von Lagaš, Lugalanda, aufwiesen.[231] Weder 1935 noch 1940 wurden jedoch diese stilistischen Unterschiede aufgeführt.
Als zeitgleich mit der zweiten Stufe der UrI-Zeit ordnete Moortgat eine Gruppe von Siegeln ein, die sich um ein Stück gruppieren, das eine Inschrift der Ninbanda, früher „Ninturnin" gelesen, einer Frau des Mesanepada, trägt.[232] Während sowohl die Siegel der Meskalamdug- als auch der Mesanepada–Lugalanda–Stufe plastisch durchgearbeitete Figuren aufweisen, bei denen Sorgfalt auf die Darstellung von Details gelegt wurde, sind bei Figuren der Ninbanda-Gruppe einzelne Körperpartien, wie Köpfe und Beine lediglich aus Linien zusammengesetzt. Details wie die Angabe der Augäpfel fehlen.

H. Frankforts Stilabfolge der frühdynastischen Glyptik basierte auf der Stratigraphie der von ihm geleiteten Grabungen im Dijala-Gebiet. Die Entwicklung der frühdynastischen Glyptik teilte er in die Abschnitte Early Dynastic I, II und III ein. Diese Begriffe bezeichnen auch die zu Phasen zusammengefaßten Schichten der Dijala Grabungen. Ausgehend von den Dijala-Grabungen wurden die Phasen EDI-III dann auch für die Einteilung der frühdynastischen Zeit des gesamten Gebietes von Mesopotamien verwendet.

Sowohl Moortgat als auch Frankfort gingen von einer streng chronologischen und einheitlichen Stilabfolge in Mesopotamien aus, die sich innerhalb fest umrissener Perioden vollzogen hätten. Differenzierte Moortgat noch gelegentlich die Begriffe „Mesilim-Stil" und „Mesilim-Zeit", so unterscheidet die Terminologie Frankforts nicht zwischen Stil und zeitlicher Periode. Für ein zeitliches Nebeneinander verschiedener Stile finden sich bei Moortgat nur schlecht, bei Frankfort keine Ausdrucksmöglichkeiten.[233]
Einen Fortschritt stellt somit ein Artikel R. M. Boehmers aus dem Jahre 1969 dar, in dem er regionale Stile beschreibt, die gleichzeitig existiert hätten.
Außerdem versuchte er die Systeme von Frankfort und Moortgat miteinander zu verbinden, sowie das System Moortgats zu verfeinern.
Die „Mesilim-Zeit" entspricht demnach EDII. Die Glyptik dieses Zeitraumes wird von Boehmer als in ganz Mesopotamien einheitlich betrachtet.
Die „Imdugud-Sukurru-Stufe" falle in die Spanne zwischen dem Ende von EDII und dem Anfang von EDIIIa (EDII-EDIIIa1). Boehmer sieht die Siegel der „Imdugud-Sukurru-Stufe" als eine regionale Gruppe, die sich in Fara konzentriere. Er ordnet ihr zwei weitere regionale Gruppen als zeitgleich zu: die „Dijala Gruppe" und die „Frühe Meskalamdug-Gruppe", die in Südmesopotamien beheimatet gewesen sein soll. Kennzeichnend für die erstere seien brettartig flach gehaltene Körper und Hochbeinigkeit der Tiere. Die Löwen dieser Gruppe wiesen sowohl die „Mesilim-Mähne" als auch die

---

[231] Moortgat 1935: 8ff.
[232] Lambert 1952: 59 Anm. 13.
[233] Frankfort betreffend hat dies Moortgat-Correns bereits 1959 kritisiert.

„Imdugud-Sukurru-Mähne" auf. Die ikonographischen Charakteristika der frühen Meskalamdug-Stufe seien der Held im Knielauf und die nach vorne zusammenbrechende
Langhaarziege. Außerdem herrsche eine „hastige Bewegung" auf Siegeln dieser Gruppe.
Diesen regionalen Stilen folgt Boehmers „Reife Meskalamdug-Stufe", die Moortgats
„Meskalamdug-Stufe" entspricht, und zeitgleich mit EDIIIa2 sein soll.
Charakteristisch für das Figurenband sei die nach außen strebende Fünfergruppe. Es
herrsche noch eine gewisse Bewegung, doch nicht mehr „das nahezu wilde Ungestüm"
der „Frühen Meskalamdug-Stufe".
Die Figuren seien plastisch durchmodelliert und wiesen eine Reihe von charakteristi-
schen Details, wie die pelzigen Haarzotteln der Löwenmähne, den gesenkten Kopf der
Ziege oder in Kugelform stilisiertes Haupthaar auf.
Auf die „Reife Meskalamdug-Stufe" folgt wie bei Moortgat die „Mesannepadda-
Lugalanda-Stufe", der die Ninbanda-Siegel zeitlich zugeordnet werden. Beide Gruppen
entsprechen der Phase EDIIIb.
Als ans Ende dieser Phase gehörend bildet Boehmer noch die „Lugalanda-Urukagina"-
Gruppe, die sich aus Siegeln bzw. deren antiken Abrollungen der namensgebenden
Könige zusammensetzt.
In der Mesannepadda-Lugalanda-Stufe herrschen vielgliedrige Figurenbänder vor. Die
Tiere seien steil aufgerichtet, um 180 Grad gedrehte Tiere tauchten in der Regel nicht
mehr auf.
In den Figurenbändern der Ninbanda-Gruppe sieht Boehmer eine „Geschlossenheit der
nach innen strebenden Fünfergruppe".
Die Figurenbänder der Lugalanda-Urukagina-Gruppe wiederum zeugten von „erstarrtem
Formgefühl" und strahlten „überlegene Ruhe und Gelassenheit" aus. Des weiteren wer-
den zu dieser Gruppe eine Fülle von charakteristischen Details angegeben, die sich aber
nur zum Teil ausschließlich auf diese allerletzte Phase der frühdynastischen Glyptik
begrenzen lassen.

Die Periodeneinteilung Boehmers stellt nach wie vor ein hilfreiches Schema dar, und im
Folgenden sollen die Begriffe EDII-EDIIIb, die im Deutschen den Bezeichnungen FDII-
FDIIIb entsprechen, im Sinne des Aufsatzes von R. M. Boehmer verwendet werden.
Es darf jedoch nicht übersehen werden, daß ein Aufsatz von ca. 20 Seiten dem komple-
xen Material der frühdynastischen Rollsiegel nicht gerecht werden kann. Zur Bewälti-
gung dieses Materials wäre eine umfangreiche methodische Merkmalsanalyse notwendig, die vor allem zu untersuchen hätte, in welchen Schichten gewisse Merkmale das
erste Mal auftauchen und wie lange sie sich halten. Außerdem wären die Synchronismen
dieser Merkmale zueinander und zu datierbaren Siegelinschriften zu untersuchen. Die
Datierung von Siegelbildern aufgrund einzelner willkürlich gewählter Merkmale reicht
nicht aus.
Des weiteren löst sich Boehmer, auch wenn er die Existenz gleichzeitig existierender
regionaler Stile einräumt, nicht genügend von den durch Frankfort und Moortgat tra-
dierten Vorstellungen, die Stilentwicklung erfolge linear. Es kann vielmehr davon ausgegangen werden, daß verschiedene Stile auch an einem Fundort nebeneinander exi-
stierten.[234] Dies könnte zum einen abhängig von der Zielgruppe sein, für die Rollsiegel

---

[234] Dies bestätigen unter anderem die neuen Grabungen in Lagaš. Siegelabrollungen höchst
unterschiedlicher Stile fanden sich vergesellschaftet und wurden vom Ausgräber als zeitgleich

hergestellt wurden. Sicher wurden Rollsiegel nicht nur für eine Bevölkerungsschicht hergestellt. So erklärte H. J. Nissen die unterschiedlichen Stile der frühgeschichtlichen Glyptik dadurch, daß sie für „different levels of responsibility or decision-making within the sozio-economic system" hergestellt wurden.[235] Auch ist es wahrscheinlich, daß sich die Herstellung von Siegeln in „altmodischen" und „modernen" Stilen zeitlich überschneidet. H. P. Martin vermutet eine gleichzeitige Herstellung von Siegeln des frühen und des reifen Meskalamdug-Stils in verschiedenen Werkstätten.[236]

Wahrscheinlich läßt sich die Phase der Herstellung der „Imdugud-Sukuru-Siegel" nicht auf den engen Zeitraum EDII-EDIIIa1 beschränken. W. Gockel nimmt eine Laufzeit dieses Stils bis nach FDIIIb hinein an.[237]

Zu gegenwärtigen ist hierbei der Umstand, daß zwischen der Periode FDIIIa2, die mit der Regierungszeit des Königs Meskalamdug synchronisiert wird, und der Periode FDII-Ib, die der Regierung des Mesanepada entspricht, nur eine Generation liegt.[238]

Regionale Unterschiede auch innerhalb der Glyptik von FDII machten N. Karg 1984 und H. P. Martin 1988 deutlich.[239]

Zur Periodengliederung der Akkad-Zeit liegen verschiedene Ansätze vor.

H. Frankfort unterschied, abermals ausgehend von archäologischen Befunden, die Perioden „Early Agade" und „Late Agade". Zwischen der frühdynastischen Zeit und dem Anfang der Akkad-Zeit setzte er seine „protoimperial period" und für die Zeit unmittelbar nach der Dynastie von Akkad die „post Agade period".[240]

H. J. Nissen kam im Rahmen seiner Untersuchung des Königsfriedhofes von Ur zu einer Phaseneinteilung der Akkad-Zeit, bei der er die Zeit von Sargon bis Rimuš als „frühakkadisch", die Zeit von Maništušu bis in die Regierungszeit des Šar-kali-šarri hinein als „mittelakkadisch" und den Rest als „spätakkadisch" bezeichnete.[241]

R. M. Boehmer unternahm 1965 eine umfangreiche Untersuchung der akkadischen Glyptik. Ausgehend von Siegeln mit Tierkampfdarstellungen rekonstruierte er Entwicklungsstufen, die mit Hilfe inschriftlich datierbarer Siegel den Regierungszeiten der akkadischen Könige zugewiesen werden konnte. Er teilte hierbei die Akkadzeit in drei Perioden auf. „Akkadisch I" umfaßt die Regierungszeit des Sargon. In dieser Periode löse sich die Glyptik von der frühdynastischen Tradition. Boehmers „Akkadisch II" ist zeitgleich mit den Regierungen des Rimuš und des Maništušu. Den künstlerischen Höhepunkt erreiche die akkadische Glyptik mit „Akkadisch III", welches den Zeitraum von Narām-Sîn bis zum Ende der Akkad-Zeit einnimmt.

angesehen. Hansen 1987; im gleichen Sinne äußerten sich Karg 1984: 3 und H. Martin 1988: 80.
[235] Nissen 1977: 19f.
[236] Martin 1988: 80.
[237] Gockel 1982: 118ff., Tabelle 210.
[238] Boese 1978.
[239] Karg 1984: 15ff., 73ff.; Martin 1988: 75ff.
[240] Frankfort 1955: Table II.

2.4.2   Methoden der Datierung

Wie der forschungsgeschichtliche Überblick gezeigt hat, basieren fast alle Untersuchungen zur frühdynastischen Glyptik auf den Siegeln mit Tierkampfdarstellungen. Eine Ausnahme bildet die Arbeit von G. Selz, die die Bankettszene behandelt. Die in dieser Arbeit unternommenen Datierungen sind jedoch wesentlich schwieriger nachzuvollziehen, als dies bei Tierkampfsiegeln der Fall ist.

Dies liegt zum einen an der Menge der Tierkampfsiegel. Sie bilden die größte Motiv-Gruppe innerhalb der frühdynastischen Glyptik und sind in alle Phasen der frühdynastischen Zeit zahlreich vertreten. Zum anderen finden sich die für den letzten Abschnitt der FD-Zeit so wichtigen Königsinschriften gerade auf den Tierkampfsiegeln.

Siegel mit anderen Themen wie „Gott im Gottschiff" oder „Zikkurratbau" wurden nur vereinzelt behandelt und in das durch die Tierkampfsiegel gewonnene chronologische System eingehängt. Es sind dies Siegel, die in Nebenszenen einen Tierkampf aufweisen. Da es kaum gemeinsame Motive auf Tierkampf-Siegeln einerseits und „Gott im Gottschiff"- bzw. „Zikkuratbau"-Siegeln andererseits gibt, ist ein Einhängen ins chronologische System bei letzteren, die keinen Tierkampf als Nebenszene aufweisen, sehr schwierig. Ein Ziel der vorliegenden Arbeit soll es daher sein zu untersuchen, ob sich gewisse Entwicklungen innerhalb dieser Motivgruppen selbst feststellen lassen.

Um eine solche Entwicklung zu untersuchen, stehen uns die folgenden Mittel zur Verfügung:
1. Ein Siegel kann ein Motiv mit gewissen Merkmalen, eine Herstellungstechnik oder ein Kompositionsschema aufweisen, das sich auf einem durch andere Arbeiten datierten Stück wiederfindet. Hierzu sind auch die Siegel zu zählen, die einen Tierkampf in der Nebenszene aufweisen.
2. Es gilt als allgemein akzeptierte Tatsache, daß die Siegel der „akkadischen Stile" innerhalb der mesopotamischen Glyptik später auftauchen als die der „frühdynastischen Stile". Für unsere Untersuchung können wir aus dieser Feststellung einen Nutzen ziehen, wenn wir eine einigermaßen kontinuierliche Entwicklung des zu behandelnden Themas vom Zeitpunkt seines Entstehens bis in die Akkad-Zeit annehmen. Daher können wir vermuten: Wenn ein frühdynastisches Siegel A eine größere Anzahl übereinstimmender ikonographischer Elemente mit einem Akkad-zeitlichem Siegel aufweist als ein frühdynastisches Siegel B, so ist A wahrscheinlich jünger als B.
3. Des weiteren sollen die Fundumstände eines Siegels berücksichtigt werden. Siegel aus gut beobachteten Fundumständen liegen aus den Dijala-Grabungen, aus Ur und aus Kiš vor.

Zum einen spielt bei Siegeln dieser Orte die Stratigraphie eine Rolle. Im Falle der Fundorte Ur und Kiš, wo die Siegel aus Gräbern stammen ist es wichtig vergesellschaftete Gegenstände anderer Fundgattungen zu untersuchen.

Die Datierung eines Siegels aufgrund der Schicht oder des Grabes, in dem es gefunden wurde, ist jedoch nicht unproblematisch. Anders als bei der Keramik, kann ein Rollsiegel noch lange Zeit nach seiner Herstellung benutzt oder getragen worden sein. Die Veröffentlichung der stratifizierten Rollsiegel der Dijala-Grabungen zeigt, daß Rollsiegel in Schichten gefunden wurden, die Jahrhunderte jünger sind als die Zeit, aus der sie nach kunstgeschichtlichen Datierungen stammen sollten.[242] Für unsere Untersuchung

---

[241] Nissen 1966: 36f.
[242] Frankfort 1955: 11, Table I.

bedeutet dies, daß wir für ein Motiv, eine Stilgruppe etc. lediglich deren erstes Auftauchen feststellen können, ohne mit Sicherheit ausschließen zu können, daß es sie nicht auch schon früher gab.

Eine größere Sicherheit wäre durch eine größere Anzahl stratifizierter Siegel gegeben, leider stammt der größte Teil der zu behandelnden Siegel jedoch aus dem Kunsthandel oder aus Grabungen ohne Beobachtungen zur Fundsituation.

Alle drei aufgeführten Kriterien zur Datierung eines Siegels sind für sich allein genommen unzureichend. Nur wenn alle drei Kriterien auf ein Siegel angewandt wurden und sich keine Widersprüche ergeben, ist einigermaßen Sicherheit bei der Datierung eines Siegels zu erhalten.

2.4.3   Die stratigraphische Situation der Fundorte

Tell Hariri (Mâri)

Drei veröffentlichte Siegel mit dem Gottschiff-Thema stammen aus einem Häuserviertel, das sich neben dem Ištar-Tempel befand. Zu diesem Grabungsbereich liegt keine Stratigraphie vor.[243]

Das Siegel 111 wurde in einem Gefäß gefunden, das sich wahrscheinlich unter dem Fußboden des jüngsten vorsargonischen Palastes befand.[244] In diesem Gefäß waren neben weiteren Rollsiegeln verschiedene andere Gegenstände enthalten.[245] Zu diesen gehörte eine Perle mit der Inschrift des Königs Mesanepada von Ur, die für die Niederlegung des „Schatzes" somit einen Termimnus post quem liefert.

Die Rollsiegel sind von einheitlichen Proportionen und Material.[246] Auch ihr Stil ist relativ homogen, so daß allgemein ein gemeinsamer Herkunftsort oder -raum angenommen wird.[247]

Die Rollsiegel mit Tierkampfdarstellungen lassen sich eindeutig nach FDIIIb datieren. Dies läßt sich zum einen aus der Bildkomposition erschließen, aber auch aus den steil aufgerichteten Tieren und den Knielocken der Tierbeine.

W. Orthmann kam daher zu dem Schluß, daß sich „... unter den Siegeln aus dem Schatzfund von Mâri kein Stück befindet, das in die Meskalamdug-Gruppe und damit in die Zeit vor Mesanipada eingeordnet werden könnte".[248]

H. Kühne faßt die Siegel des Schatzfundes zu einem „ostsyrisch-babylonischem Stil" zusammen, den er in das Ende von „Frühsyrisch II" datierte, was der Phase FDIIIb zeitlich entspricht.[249]

Die amerikanischen Grabungen im Dijala-Gebiet

Das Oriental Institut of Chicago führte in den Jahren 1930 bis 1934 Grabungen in den Fundorten Ḫafaǧi, Ištšali, Tell Asmar und Tell Agrab durch. Während die beiden erstgenannten Orte direkt am Fluß Dijala liegen, sind die beiden letzteren 30 bzw. 60 km von diesem entfernt. Die Leitung der Grabungen hatte H. Frankfort inne. Die gut beob-

---

[243] Siegel 1, 3, 14; Parrot 1956.
[244] Orthmann 1970: 97.
[245] Parrot 1968: Taf. XXI-XXII.
[246] Parrot 1968: Taf. XVIII.
[247] Moortgat/Moortgat-Correns 1974: 160.
[248] Orthmann 1970: 99.
[249] Kühne 1980: Nr. 10-19; Tabelle 15.

achteten Schichten dieser Fundorte wurden von ihm in Phasen zusammengefaßt und
miteinander synchronisiert. Frankfort verwendete hierbei die gleichen Begriffe wie für
seine kunstgeschichtlichen Einteilungen der frühdynastischen Hinterlassenschaften.
Die Datierung der Schichten wurde 1982 von M. Gibson unter Berücksichtigung unver-
öffentlichter Texte und Siegelabrollungen modifiziert.[250] Hierbei wurden die Regierungszeiten der akkadischen Könige bis Rimuš als „Early Akkad" („Frühakkadisch")
und die von Narām-Sîn und seinen Nachfolgern als „Late Akkad" („Spätakkadisch")
bezeichnet.
Besondere Bedeutung kommt den Dijala-Grabungen zu, weil nur hier die Siegel des
„Mesilim-Stils" zu denen der anderen frühdynastischen Stile in einem stratigraphischen
Verhältnis stehen.

Tell Suliemeh
An diesem Fundort finden seit 1978 Grabungen unter irakischer Leitung statt. Bislang
sind Ergebnisse dieser Grabungen lediglich in kurzen Aufsätzen veröffentlicht.[251] 1982
wurden die gefundenen Rollsiegel publiziert.[252] Alle Siegel aus Tell Suliemeh, die in
den Katalog der vorliegenden Arbeit aufgenommen wurden, stammen demnach aus
„Level IV". Insgesamt sind in dieser Schicht die folgenden altorientalischen Perioden
durch Rollsiegel vertreten:

Frühdynastisch: 8 Siegel [253]
Akkadisch: 13 Siegel [254]
Neusumerisch: 3 Siegel [255]

Durch die drei neusumerischen Siegel ist „Level IV" damit als neusumerisch datiert.
Selbst wenn man annimmt, die Fundlage der Siegel sei ungenau beobachtet, kann sich
an der Datierung der Siegel 34, 74, 92 und 94 nicht sehr viel ändern, da selbst noch
„Level IX" akkadische Siegel zugewiesen werden.[256]

Kiš
Der Fundort Kiš besteht aus einer Gruppe von Hügeln, an denen in einer gemeinsamen
Expedition des Ashmolean Museums der Universität von Oxford und dem Field Museum of Natural History der Stadt Chicago in den Jahren von 1923-1933 unter der Leitung
von S. Langdon gegraben wurde.
Drei Siegel[257], die das Gottschiff abbilden, stammen aus dokumentierten Gräbern, die zu
einem Friedhof gehörten, der sich auf dem „Hügel A" befand und von den Ausgräbern
daher „„A' Cementery" genannt wurde. Ein weiteres Siegel stammt aus einem nicht

---

[250] Gibson 1982.
[251] Salah 1979.
[252] Al Gailani-Warr 1982.
[253] Al Gailani-Warr 1982: Abb. 7-10, 12, 14, 17, 20.
[254] Al Gailani-Warr 1982: Abb. 21-23, 25-30, 34, 35, 38, 40.
[255] Al Gailani-Warr: Abb. 45, 46, 49.
[256] Al Gailani-Warr 1982: Abb. 32; die Schichtenzählung erfolgte von oben nach unten: Salah
1979.
[257] 8, 16, 78.

dokumentierten Grab, von dem die Ausgräber jedoch behaupteten, es sei sicherlich zeitgleich mit denen des „A"-Friedhofes.[258]

B. Hrouda und K. Karstens versuchten 1966 eine Seriation der in den Gräbern des „A"-Friedhofes gefundenen Fundtypen.[259] Sie unterschieden hierbei vier Stufen der Benutzung, die ihrer Meinung nach bereits in FDIIIa oder früher beginnt.

P. R. S. Moorey kritisierte diese Untersuchung, da sie nur 23 % aller Gräber berücksichtige.[260]

Im Rahmen seiner 1978 erschienenen Untersuchung der Kiš-Grabungen befaßt er sich eingehend mit der Datierung des „A"-Friedhofes.

Die Stratigraphie des Hügels A stellt sich demnach so dar, daß über einen erodierten Palast „secondary-buildings" errichtet wurden. In diese und den Palast sind die Gräber des „A"-Friedhofes eingetieft.

Im Palast wurde in einer Plattform, die bei Umbauarbeiten entstanden war, eine FDIIIa-zeitliche Tontafel gefunden, was beweist, daß der Palast in dieser Zeit noch benutzt wurde.

Die über ihm errichteten „secondary-buildings" sollen bereits die gleiche Keramik enthalten haben wie die Gräber des „A"-Friedhofes.[261]

Für diese ergibt sich somit ein spätes Datum innerhalb von FDIII, da eine gewisse Zeit zwischen dem Verfall des Palastes und der Anlage des „A"-Friedhofes vergangen sein muß.

Die Keramik des „A"-Friedhofes ist nach Moorey homogen.[262] Für die Datierung sind vor allem zwei Gattungen von Bedeutung:

1. „fruit-stands" mit langem zylindrischem Standfuß, die mit Ritzungen und aufgesetzten Wülsten verziert sind.[263]

2. „mother-goddess handled jars" mit einem Standring und hohen Hälsen. Der Schulterumbruch dieser Gefäße wird durch einen aufgesetzten Wulst betont. Namensgebend sind die anthropomorphen Henkel.[264]

Bereits Delougaz erkannte die Ähnlichkeit dieser Keramik mit Keramik aus dem Dijala-Gebiet, die dort erst ab EDIIIb bzw. der „protoimperial period" auftaucht.[265]

Er betrachtete daher den „A"-Friedhof als zeitgleich mit diesen Phasen der Besiedlung des Dijala-Gebietes. Zu der gleichen Überzeugung kommen E. Porada[266], P. R. S. Moorey und J. Moon.[267]

Diese Datierung wird auch durch die Glyptik bestätigt. Bis auf ein FDII-zeitliches Stück sind alle in den Gräbern des „A"-Friedhofes gefundenen Siegel in Stilen der FDIII-Zeit hergestellt.[268]

---

[258] Mackay 1925: No. 1420.

[259] Hrouda/Karstens 1966.

[260] Moorey 1970.

[261] Moorey 1978: 63.

[262] Das Grabinventar der Gräber 23, 74 und 121, die die Siegel 22, 29 und 74 enthielten, findet sich bei Moorey 1970: 109ff. Demnach enthalten sie entweder sowohl „fruit-stands" (Typ B) als auch „mother-goddess handled jars" (Typ A) oder eines von beiden.

[263] Mackay 1925: Taf. I, No. 4; Taf. XI-XII. Watelin 1934: Taf. XLIX-L.

[264] Mackay 1925: Taf. I, No. 5, Taf. IX-X. Watelin 1934: Taf. XLVIII.

[265] Delougaz 1952: 89f; 144f.

[266] Porada 1965.

[267] Moon 1981: 72; in Ur fand sich eine „mother-goddess handled jar" im PG 778, das von Nissen 1966 nach FDIIIb datiert wird.

[268] Im Fall des Siegels mit einer geometrischen Darstellung widersprach Moorey

Das Grab 306 des Tell Ingharra enthielt neben den für den „A"-Friedhof typischen Grabbeigaben bereits ein Siegel im akkadischen Stil, das einen Götterkampf darstellt.[269]

Zum Siegel 23 findet sich in der Literatur die Fundangabe: „... in the plano-convex building on the south side of the great Court."[270]
Das „Plano-Convex building" befand sich in der „Area P" der Kiš-Grabungen.[271] Moorey versuchte 1978 eine Datierung des Baues.[272] Er wies hierbei darauf hin, daß die im Gebäude gefundene Keramik nicht jünger als FDIII sei. In die Schichten des Plano-Convex Buildings eingetiefte Gräber seien mit denen des „A"-Friedhofes zeitgleich. Moorey vermutet daher, der Palast sei irgendwann in FDIIIb zerstört worden.
Da es nicht wahrscheinlich ist, daß das Rollsiegel 23 während der Benutzung des Palastes auf dem Hof verlorenging und nicht wiedergefunden wurde, läßt sich vermuten, es sei nach oder während der Zerstörung des Palastes dort hingelangt. Für das Rollsiegel 23 wird somit eine Datierung seiner Fundstelle nach FDIIIb wahrscheinlich.

Nippur
Die ersten Grabungen in Nuffar, dem antiken Nippur, erfolgten bereits im Jahre 1889. Es waren die ersten amerikanischen Grabungen in Mesopotamien und wurden von der University of Pensylvania unter der Leitung von J. P. Peters durchgeführt. Die im Katalog aufgenommenen Siegelabrollungen stammen jedoch aus Grabungen der neueren Zeit, die durch die Baghdad School of the American Schools of Oriental Research und vom Oriental Institute of the University of Chicago durchgeführt wurden.

Die Siegelabrollungen 97 und 103 stammen aus der Schicht II des Grabungsbereiches NT, die durch Tontafeln und Siegelabrollungen eindeutig der Akkad-Zeit zugeordnet werden muß. Fast alle Merkmale der Siegelabrollungen sind bereits in Akkadisch Ia belegt. Andererseits fehlen Merkmale, wie sie erst ab Akkadisch II auftauchen. Hierzu zählen beispielsweise der zurückgewandte Kopf des Löwen oder dessen Bauchbehaarung.
Die Glyptik der Schicht NT II entspricht damit der Phase Akkadisch Ib, die nach Boehmer in die Regierungszeit Sargons' I fällt.

Das Siegel 80 stammt aus Schicht V , „locus 22" des Grabungsbereiches WA, bei dem es sich wahrscheinlich um einen Tempel handelt. Die Schicht V wird von den Ausgräbern in die altbabylonische Zeit datiert.[273]

Fara
Die in den Katalog aufgenommenen Siegelbilder stammen aus der Grabung der DOG des Jahres 1903.
Der größte Teil der in Fara gefundene Glyptik konnte von H. P. Martin in drei Stile unterteilt werden: in die von ihm als FDII-zeitlich angesehenen und dem „Mesilim-Stil"

Hrouda/Karstens, die eine Datierung nach FDI vorgeschlagen hatten, und setzt es nach FDIIIb. Moorey 1970: 89.
[269] Moorey 1970: 100; Watelin 1934: Taf. XXXIV.
[270] Moorey 1978: 37, Anm. 18.
[271] Moorey 1978: 34.
[272] Moorey 1978: 41.
[273] Gibson 1978: 5.

Moortgats entsprechenden „elegant-" und „crossed-styles" sowie dem „Anzu-Sud-Stil". Siegel des „elegant-style" fanden sich in großer Zahl in den Schichten Id und Ie, die ansonsten nur Ğemdet-Naṣr-zeitliche Siegelbilder enthielten. Die Siegel des „crossed-style" und des Anzu-Sud-Stils tauchten hingegen zusammen mit Tontafeln auf, die aus paläographischen Gründen in die Periode FDIIIa datiert werden.[274]
Die Fundstellen der Siegelabrollungen mit dem Thema des Gottschiffes sind jedoch nicht datierbar.

Ur
In Ur fanden erste Ausgrabungen bereits im 19. Jahrhundert statt.[275] Besondere Erfolge gelangen jedoch erst Sir L. Wooley, der ab 1922 im Auftrag der Universität von Pennsylvania und des Britischen Museums die Grabungen in Ur leitete.
Das Gebiet des Königsfriedhofes, aus dem drei Siegel stammen, die mit dem Gottschiff-Thema in Beziehung stehen[276], wurde zwischen 1926 und 1934 ausgegraben.
H. J. Nissen rekonstruierte 1966 die Stratigraphie dieser Grabungen und datierte die Schichten.[277]
Demnach sind in Schichten „SIS 4-8", die Siegelabrollungen der FDII-Zeit enthielten, Gräber eingetieft, in denen Könige und ihre Angehörige beerdigt wurden, die älter als die durch die Königsliste bekannten Könige der 1. Dynastie von Ur, aber mit diesen genealogisch verbunden sind.[278] Die in den Gräbern gefundenen Rollsiegel werden der Stufe FDIIIa2 zugeordnet.
Über den Königsgräbern befand sich eine Schuttschicht, in der Siegelabrollungen des Gründers der 1. Dynastie von Ur, Mesanepada, und einer seiner Frauen, der Ninbanda gefunden wurden. Diese Siegelabrollungen gelten als FDIIIb-zeitlich. Für in diese Schicht eingetiefte Privatgräber bildet die Regierung des Mesanepada also einen Terminus post quem. Nissen bezeichnete diesen Gräberhorizont mit I und datiert ihn noch in die frühdynastische Zeit. Er unterteilte außerdem diese Gräber in die drei Lagen Iu, Im und Io, wobei sich die untere Lage Iu deutlich vom oberen Teil abheben soll, während sich die beiden oberen Schichten weniger gut unterscheiden lassen.
Diese frühdynastischen Privatgräber sind durch eine Schuttschicht von einem Gräberhorizont getrennt, der von Nissen mit II bezeichnet wird und in der Akkad-Zeit entstand.
Interessanterweise stammt das Siegel 13 aus dem Privatgrab 1079, das sich unmittelbar über dem Königsgrab 1054 befand, in dem neben dem Siegel 20 auch das berühmte Tierkampfsiegel mit der Inschrift des Königs Meskalamdug gefunden wurde.[279] Da anzunehmen ist, daß sich über den Königsgräbern ursprünglich oberirdische Bauten befanden, muß PG 1079 „beträchtlich jünger" sein als das Königsgrab 1054.
Hieraus folgt aber, entgegen Nissen[280], nicht der Schluß, die Herstellung des Siegels 13 in die gleiche Zeit wie seine Fundstelle, nämlich nach FDIIIb zu datieren. Das Siegel kann bereits einen ungewissen Zeitraum vor seiner Niederlegung in das Grab hergestellt worden sein.

---

[274] Martin 1988: 74f.
[275] Strommenger 1964: 7f.
[276] Siegel 13, 19, 20.
[277] Nissen 1966.
[278] Aufgrund der Inschrift auf der Perle aus dem Mâri-Schatzfund kann angenommen werden, daß Meskalamdug der Vater des Mesaneppadda war: Boese 1978.
[279] Nissen 1966: 37 „Gruppe 74".
[280] Nissen 1966: 46.

Das Siegel 19 stammt aus „Pit X", die von L. Wooley als „Soldatenfriedhof" bezeichnet
wurde, da die dort gefundenen Gräber weniger reich ausgestattet waren als die des Kö-
nigsfriedhofes.[281]
Ein stratigraphischer Anschluß an den Königsfriedhof ist nach Nissen nicht möglich.[282]
Das Grab 60, aus dem das Siegel 19 stammt, wurde jedoch von den Ausgräbern als zu
„Royal Cementery period" gehörend betrachtet.[283]

Bani Surmaḫ
Zwischen dem Oktober 1967 und dem Januar 1968 grub eine belgische Expedition unter
der Leitung von L. Vanden Berghe im Westiran einen Friedhof aus, dessen Gräber aus
großen Steinkammern bestanden, die Sammelbestattungen enthielten.
Vanden Berghe verwies auf die Ähnlichkeit einiger Funde mit FDIII-zeitlichen in
Mesopotamien.[284] Da die Steinkammern aber über einen längeren Zeitraum verwendet
wurden, läßt sich keine engere Datierung der Fundstelle vornehmen.

2.4.4   Die relative Datierung aufgrund der Entwicklung
themenspezifischer Merkmale

Die Rollsiegel der frühdynastischen Zeit, die den Gott im Gottschiff zum Thema haben,
lassen sich durch eine Merkmalsanalyse in drei Gruppen einteilen. Die Siegel der ersten
Gruppe sind dadurch gekennzeichnet, daß ihren Motiven Merkmale fehlen, die Siegel
der zweiten Gruppe gemeinsam mit akkadischen Siegeln aufweisen. Für eine relative
Chronologie innerhalb des zu behandelnden Bildthemas deutet dies darauf hin, daß die
erste Gruppe älter als die zweite ist.
Im Folgenden werden die beiden Gruppen näher behandelt.

Merkmalgruppe 1
Im Kapitel 2.1., das die Untersuchung der Motive zum Inhalt hatte, wurde für die
Merkmale des Kopfes des Gottschiffes eine Matrix erstellt. Es entstand eine Gruppe von
Siegeln, die keine der aufgeführten Merkmale mit den akkadischen Siegeln gemeinsam
hat.
Auf Siegeln der Merkmalgruppe 1 findet sich außerdem nur der Vierbeiner IIIA.
Das Heck der Gottschiffe ist stets spitz zulaufend oder es weist einen schematisch wie-
dergegebenen Kopf auf.
Die Gefäße dieser Siegel sind entweder als Kugelbohrung wiedergegeben oder vom Typ
IVB1.
Auf Siegel 5 und vielleicht auch auf Siegel 3 ist ein Vogel dargestellt. Die Motive des
Vogelmenschen, des Skorpions und des Skorpionmenschen fehlen jedoch.
Alle Siegel der Merkmalgruppe 1 sind einzonig.

---

[281] Wooley 1955: 39.
[282] Nissen 1966: 8.
[283] Legrain 1951: No. 91, 30.
[284] Vanden Berghe 1968.

Merkmalgruppe 2

In der Matrix, die die Merkmale des Kopfes des Gottschiffes darstellt, befinden sich die Siegel der Merkmalgruppe 2 zwischen denen der Merkmalgruppe 1 und den akkadischen.

Auf einzonigen Siegeln dieser Gruppe ist meistens der Vierbeiner IIIB dargestellt.

Innerhalb der Siegel der Gruppe 2 tauchen weitere Merkmale auf, die sie mit akkadischen Siegeln verbindet.

Die vom Oberkörper des Gottes ausgehenden „Strahlen" finden sich nur hier.[285] Auf einigen Siegeln sind die Beine des Schiffsinsassen sichtbar.[286]

Die Darstellung der Gefäße unterscheidet sich von denen der Merkmalgruppe 1. Zwar kommen auch Kugelbohrungen vor, der Flaschentyp IVB1 wird jedoch durch IVB2 abgelöst. Dieser findet sich auch auf dem akkadischen Siegel 71. Auf dem Siegel 44 findet sich wie auf dem akkadischen Stück 73 ein Tüllengefäß. Typisch für die akkadischen Siegel sind Gefäße mit einem als Linie wiedergegebenen Schulterumbruch. Eben solche Gefäße finden sich aber auch auf Siegeln der Merkmalgruppe 2.[287]

Die Motive des Skorpions und des Sorpionmenschen finden sich ebenfalls auf Siegeln dieser Gruppe.

Der Vogelmensch taucht sowohl auf zwei akkadischen Siegeln, als auch auf solchen der Merkmalgruppe 2 auf. Diejenigen, die ihn mit dem Merkmal VIIB2 zeigen, rücken zeitlich näher an die akkadischen Stücke heran.

Folgende Motive bzw. deren Merkmale finden sich sowohl auf Siegeln in frühdynastischen als auch auf Siegeln in akkadischen Stilen, nicht jedoch auf Siegeln der Merkmalgruppe I:

IA1c	IIA1aγ	IIIB	IVB2	VA	VIB	VIIA	X
IA3a	IIA1bβ	IIIC	IVB4			VIIB	
IA3b	IIA1cα		IVC				
IA2d	IIA1cβ						
IA2f	IIA2b						
IB2b	IIA2cβ						
	IIA2d						

Merkmalgruppe 3

Diese Gruppe umfaßt Siegel mit Merkmalen, wie sie ausschließlich Siegelbilder aufweisen, die in akkadischen Stilen hergestellt wurden.

Es sind dies:

IA1e	IIA1bγ
IA2e	IIA2cγ
	IIA2cδ
	IIA3e
	IIA3f

---

[285] Siegel 10-11, 45.
[286] Siegel 9, 14, 23, 38.
[287] Siegel 19, 34, 107.

2.4.5　Die Bildung von Stilgruppen und deren Datierung

2.4.5.1　Die frühdynastischen Stile

Stilgruppe IA
Siegel: 1-4
Verbreitung:[288] 2x Dijala, 2x Mâri
Merkmalgruppe: 1
Inhaltliche Gruppen: 4x IA
Siegelkomposition: Alle Siegel sind einzonig.
Datierung: FDII

Die Siegel 1 und 2 sind durch eine Fülle gemeinsamer Merkmale eng miteinander verwandt. Neben denen der Merkmalgruppe 1 eigenen ist des weiteren die Schraffur am Oberkörper des Gottschiffes zu nennen.

Beide weisen aber auch einen gemeinsamen Stil auf. Die Arme des Gottschiffes und seines Insassen überschneiden nicht die Fläche des Oberkörpers, sondern sind an seine Umrißlinie angefügt. Die Darstellung der beiden Götter ist völlig unnaturalistisch. Auf Siegel 2 sitzt ein übergroßer Kopf fast unmittelbar auf den Beinen, der Oberkörper ist kaum wiedergegeben. Dem Gott des Siegels 2 fehlt die Wiedergabe des Kopfes. Die Hörnerkrone scheint aus dem Rumpf zu ragen. Der stilisierte Kopf des menschengesichtigen Stieres auf Siegel 1 entspricht der „Maskenhaftigkeit" der Gesichter von Helden auf Siegeln des „Mesilim-Stils".[289]

Die gesamte Darstellung der Siegelbilder weist keine modellierten Körper auf, sondern hat einen linearen Charakter. Eben dieser wird aber als kennzeichnend für die Glyptik der Periode FDII angesehen.[290]

Auf den Siegeln 3 und 4 weisen die Insassen des Gottschiffes zwar naturalistischere Proportionen auf, ansonsten lassen sie sich aber stilistisch den Siegeln 1 und 2 anschließen. Die Arme wirken eher angesetzt, den Körpern fehlt jeder Ansatz einer Modellierung. Der isolierte Kopf des menschengesichtigen Stieres verbindet Siegel 3 mit Siegel 1.

P. Amiet datierte 1961 das Siegel 2, wohl aufgrund dessen Fundstelle, nach FDII. Er sah jedoch anscheinend nicht die Verwandtschaft dieses Stückes zu Siegel 1, das er 1983 in die Periode FDIII datierte.[291]

G. Selz ordnete das Siegel 2 der von ihr gebildeten Phase FDII/III zu. In diese Phase datiert sie Stücke, die sie weder der FDII- noch der FDIII-Zeit zuordnen kann. Als ein Merkmal der Siegel dieser Phase nennt sie verzerrte Proportionsverhältnisse, die sich in verkürzten Oberkörpern und überlängten Oberschenkeln ausdrücken.[292] Als ein Beispiel, das letzteres Merkmal aufweist, findet sich bei ihr die Abbildung einer bislang unveröffentlichten Siegelabrollung.[293] Sie stammt aus dem „Shara Temple" in Tell Agrab bei

---

[288] Unter „Verbreitung" soll im Folgenden die durch Grabungen nachgewiesene zu verstehen sein.

[289] Strommenger 1962: Taf. 42, zweite und dritte Abbildung von oben.

[290] Frankfort nennt als Kennzeichen seiner EDII-Glyptik „exclusive use of incised lines" und „no plastic value whatever.". Frankfort 1934: 43ff.

[291] Amiet 1983: 478f.

[292] Selz 1983: 221.

[293] Selz 1983: Nr. 174.

32,30m. Diese Fundstelle wird von Frankfort als FDII-zeitlich datiert.[294] Da es im Rahmen dieser Arbeit nicht sinnvoll erscheint, die zur Verfügung stehende Begrifflichkeit unnötig kompliziert zu gestalten, soll weiterhin davon ausgegangen werden, daß in einer FDII-zeitlichen Schicht keine Siegel gefunden werden können, deren Entstehung in die FDIII-Zeit fällt. G. Selz entgegenkommend kann für die Siegel 1 und 2 von einer späten Entstehung in FDII gesprochen werden.

Die Fundsituation:

Siegel	Ort	Fundstelle, Schicht	Datierung der Schicht
2	Ḫafaği	Houses 4	FDII
4	Ḫafaği	Houses 2	FDIIIa

Stilgruppe IB
Siegel: 5-6
Verbreitung: 2x Dijala
Merkmalgruppe: 1
Inhaltliche Gruppen: 2x IA
Siegelkomposition: Die Siegel sind einzonig.
Datierung: FDII/IIIa

Am Gott des Siegels 6 sind die Arme nicht vor den Rumpf gesetzt. Vielmehr befindet sich der rechte Arm hinter dem noch frontal wiedergegebenem Körper. Der Unterarm ist abgewinkelt und führt über den Oberkörper zum Steuerruder. Ansonsten ähnelt das Siegel noch den FDII-zeitlichen.
Das Siegel 5 wurde von R. M. Boehmer einer Reihe von Siegeln des Dijala-Gebietes zugeordnet, die sich durch „brettartig-flach gehaltene Körper" auszeichnen.[295] Diese Siegel sind, ihm folgend, zeitgleich mit der „Imdugud-Sukurru-Gruppe" und somit an den Übergang zwischen Frankforts Phasen EDII und EDIIIa zu datieren.
In der Tat weist das Siegel 5 eine andere Darstellung der Oberkörper sowohl des Gottschiffes als auch seines Insassen auf. Die Arme führen schräg über den Oberkörper hinweg. Die Darstellung der fliegenden Haare ist ebenfalls neu.

Die Fundsituation:

Siegel	Ort	Fundstelle, Schicht	Datierung der Schicht
5	Ḫafaği	Oval II	FDIIIa
6	Ḫafaği	Houses 2	FDIIIa

Stilgruppe IC
Siegel: 10-16, 17? (44)
Verbreitung: 2x Dijala, lx Mâri, lx Ur, 1x Fara?
Merkmalgruppe: 2
Inhaltliche Gruppen: 4x IA, 1x IC, 2x III
Siegelkomposition: 4x zweizonig (VIII), 2x einzonig (lx vierzonig)

---

[294] Frankfort 1955: 60; Ag.35:561c.
[295] Boehmer 1969: 264f.

Datierung: FDIIIa und später

Die lineare und schematische Darstellungsweise, die für den Stil der FDII-Zeit typisch ist, findet sich auf den Siegeln dieser Stilgruppe nicht mehr. Die Körper des Gottschiffes und des Gottes sind überwiegend in naturalistischen Proportionen dargestellt. Der Körper des menschenköpfigen Löwen ist nicht mehr als eine undifferenzierte Fläche, an die Striche für die Beine gesetzt werden wiedergegeben, sondern weist die Darstellung von Muskeln auf. Nur auf Siegel 10 erinnert er noch an die Siegel 6 und 7.
Innerhalb der Stilgruppe IC sind die Siegel 11, 12, 13 und 14 aufgrund der eigenartig dargestellten Tierkämpfe in ihrer oberen Bildzone eng miteinander verwandt.[296] Wechselbeziehungen ergeben sich außerdem zwischen den Siegeln 12 und 13 aufgrund der Hörnerkronen, zwischen 11 und 13 durch die Darstellung eines Skorpiones bzw. eines Skorpionmenschen und zwischen 13 und 14 durch den schreitenden menschengesichtigen Stier.
Durch die Hörnerkronen der Siegel 12 und 13 werden mit dieser Vierer-Gruppe außerdem die Siegel der Stilgruppe ID verknüpft. Der Versuch einer Einordnung der Tierkampfszenen in das von A. Moortgat und H. Frankfort aufgebaute chronologische Gerüst der frühdynastischen Glyptik ist dadurch von besonderer Bedeutung.
R. M. Boehmer sah 1968 in dem „Stil der Löwenmähnen" und dem „Vorhandensein von Tierprotomen" auf dem Siegel 13 eine „Nähe der Mesilim-EDII-Zeit, während die Durchbildung des Wisents die Stücke deutlich von dieser absetzt".[297]
Er datierte das Siegel 13 daher in die von ihm gebildete „Frühe Meskalamdug Stufe". In der Tat gleichen die in Sparrenform oder einfachen Strichen gezeichneten Löwenmähnen, die nicht über den Körperumriß hinausführen, den Siegeln des Mesilim-Stils, wie sie besonders zahlreich in Fara gefunden wurden.
Auf den gleichen Siegeln befinden sich auch sehr häufig isolierte Tierköpfe mit einem Horn und Ohr im Profil, ähnlich dem über dem Schoß des Gottes auf Siegel 12.[298]
Aber auch wenn sich auf den Siegeln 11, 12 und 13 Motive finden, die sich das erste Mal auf Siegeln der FDII-Zeit finden lassen, bieten diese lediglich einen Terminus post quem. Motive der FDII-Zeit lassen sich selbst noch auf akkadischen Siegeln wiederfinden.[299] Die nach vorne zusammenbrechende Ziege und der Tierkopf finden sich auch auf durch andere Motive in die FDIII-Zeit zu datierenden Siegeln.[300]
Im zitierten Aufsatz bespricht Boehmer auch Siegel 18, das ein Gottschiff als Nebenszene zu einem Tierkampf zeigt.
Das Siegel zeige, neben anderen, „in der plastischen Durchmodellierung Einflüsse der reifen Meskalamdug-Stufe und darüber hinaus auch solche der „Imdugud-Sukurru-Gruppe" deren Spuren in den Frisuren der sechslockigen Helden ... erkennbar werden".[301]

---

[296] Kapitel 2.3, VIII.
[297] Boehmer 1969: 266.
[298] Heinrich 1931: Abb. 47b, 49f, 55g, 56c.
[299] So zum Beispiel das „Mischwesen"; Orthmann 1985: Taf. 35f.
[300] Amiet 1961: Abb. 1077; Moortgat 1940: Nr. 127; Frankfort 1955: Abb. 490, 521. Zur „Laufzeit" einzelner Motive bzw. Merkmalen: W. Gockel 1982: 118f.
[301] Boehmer 1969: 268.

Interessanterweise ist aber das Gottschiff auf diesem Siegel nahezu identisch mit denen der Siegel 12 und 13. Nicht nur die Merkmale der Hörnerkrone und des Bartes stimmen überein, es weist zudem die gleiche „Stöpselnase" wie das Gottschiff auf Siegel 12 auf. Es tauchen also sowohl Motive der FDII-Zeit als auch solche der FDII-Ia2-Zeit auf Siegeln der Stilgruppe IC auf.

In einem solchen Fall sind aber für die Datierung der Siegel die jüngeren Motive entscheidend.

Das Siegel 19 stammt aus Grab 93 der „Pit X" aus Ur. Obwohl sich diese Grabungs-stelle stratigraphisch nicht an den Königsfriedhof anschließen läßt, wird sie doch als zeitgleich mit diesem betrachtet[302]. Das Siegel stellt zwei menschengesichtige Stiere dar, auf deren Rücken je ein löwenköpfiger Adler hockt. Zwischen ihnen befindet sich ein weiterer löwenköpfiger Adler, der en face dargestellt ist. Über dieser Szene ist der menschenköpfige Löwe zusammen mit dem Pflug und dem Gefäß dargestellt. Flankiert wird er von einem Skorpion und einem Pflanzenmotiv oder Fisch.

Der menschenköpfige Löwe auf Siegel 19 entspricht in seiner Darstellung denen auf Siegeln der Stilgruppe IC.

Die Darstellung der menschengesichtigen Stiere entspricht stilistisch der des Siegels 18. Die Menschengesichter weisen auf beiden Siegeln die gleiche Angabe der Wangenknochen und des Mundes auf. Die Augen sind auf die gleiche Weise „umrahmt". Die Körper erscheinen massig, die Muskeln werden jedoch in naturalistischer Weise angedeutet. Charakteristisch sind die Riefen an den Beinen der Tiere. Auch andere Details, wie die Schwanzquasten und die Gürtel auf der Mitte der Tierkörper stimmen auf beiden Siegeln überein. Es ist daher eine zeitgleiche Entstehung anzunehmen.

Dies bedeutet, daß das bärtige Gottschiff mit einem Pflanzenmotiv zwischen den Hörnern sowie der bärtige menschenköpfige Löwe, die beide auf den Siegeln der Stilgruppe IC erscheinen, das erste Mal für die FDIIIa2-Zeit gesichert sind.

Die Fundsituation:

Siegel	Ort	Fundstelle, Schicht	Datierung der Schicht
10	Ḫafaği	Houses I	Frühakkadisch
18	Ḫafaği	Grave 167	FDIIIa?
11	Asmar	Earlier Palace	Frühakkadisch
13	Ur	Schicht Io	FDIIIb

Siegel 18 stammt aus einem Grab, das in die Schicht „Houses 2" eingetieft worden war. Da keine Angaben darüber zu finden sind, von wo aus diese Eintiefung erfolgte, ist die Schicht „Houses 2" lediglich ein Terminus post quem für das Grab 167.

Alle anderen Siegel stammen aus FDIIIb-zeitlichen oder frühakkadischen Fundstellen.

Dieser Umstand macht es wahrscheinlich, daß Siegel der Stilgruppe IC, nicht nur in der FDIIIa-Zeit hergestellt wurden, sondern auch später.

Stilgruppe ID
Siegel: 21-23

---

[302] Wooley 1955: 39.

Verbreitung: 2x Kiš
Merkmalgruppe: 2
Inhaltliche Gruppen: 1x IA, 2x VI
Material: Heller Stein, Muschel
Datierung: FDIIIb

Diese Gruppe von Siegeln ist zwar als ungefähr zeitgleich mit der vorangegangenen zu betrachten, unterscheidet sich aber von dieser in einigen Merkmalen. Weder das Gottschiff und sein Insasse noch der menschenköpfige Löwe tragen einen Bart. Auf den Siegeln 21-23 ist der Rumpf des Gottschiffes derart gestaucht, daß er einen Halbkreis bildet. Die Form der Hörnerkronen auf den Siegeln 22 und 23 verbindet sie mit einigen Stücken der Stilgruppe IC.

Die Fundsituation:

Siegel	Ort	Fundstelle, Schicht	Datierung der Schicht
22	Kiš	Grab 23 des „A"-Friedhofes	FDIIIb
23	Kiš	Plano-konvex-building	FDIIIb

Stilgruppe IE
Siegel: 24-31, 105-106
Verbreitung: 5x Kiš; 1x Dijala
Merkmalgruppe: 2
Inhaltliche Gruppen: 4xIB, 2xII, 1xIV, 1xVI

In enger Beziehung zu den vorausgegangenen Siegeln steht eine zweite Stilgruppe, die ebenfalls ihre Hauptverbreitung in Kiš hatte. Charakteristisch sind die karoförmigen Köpfe der Figuren und tief eingeschnittene senkrechte Linien, die die Röcke bilden. Die anthropomorphen Figuren sind stets bartlos. Der menschenköpfige Löwe hingegen erscheint dreimal mit einem Bart [303].
Bereits G. Selz erkannte diesen Stil, der sich auch auf Siegeln, die die Bankettszene darstellen, wiederfindet, als in Kiš beheimatet, von wo er auch das Dijala-Gebiet, Isin und Elam beeinflußt habe. Selz datiert Siegel dieses Stils nach FDIIIb.[304]

Die Fundsituation:

Siegel	Ort	Fundstelle, Schicht	Datierung der Schicht
26	Kiš	Grab 121 des „A"-Friedhofes	FDIIIb
29	Kiš	Grab 74 des „A"-Friedhofes	FDIIIb
105	Asmar	Houses Vc?	FDIIIb/Frühakkadisch
106	Kiš	„A"-Friedhof?	FDIIIb?

---

[303] Siegel 30, 31, 106.
[304] Selz 1983: 430.

Die Datierung der Fundstelle von Siegel 106 ist unsicher. Das Stück stammt nach E. Mackay „from unrecorded graves, though they are certainly of the same period as the other burials".[305]

Stilgruppe IF
Siegel: 32-37, 108-113
Verbreitung: 4x Dijala; lx Mâri; lx Susa
Merkmalgruppe: 2
Inhaltliche Gruppen: 2x IA, 4x IB, 3x II, 2x IV
Siegelkomposition: 11x zweizonig, lx Nebenszene
Datierung: FDIIIb und später

Im Unterschied zu den bislang vorgestellten Stilgruppen, deren Siegel mit dem Stichel hergestellt wurden, sind die Siegel der Stilgruppe IF durch den Einsatz des Kugelbohrers gekennzeichnet. Auf den Siegeln 34 und 110 scheint bei der Gestaltung des menschen-köpfigen Löwen auch das Schleifrad verwendet worden zu sein. Innerhalb dieser Stil-gruppe ließen sich weitere Stile differenzieren, dies ist aber aufgrund der geringen An-zahl der Siegel nicht sinnvoll.
Eine Sonderrolle spielt das Siegel 111 aus dem Schatzfund aus Mâri. In die Kugelboh-rungen, die den Körper des Gottes im Gottschiff bilden, sind senkrechte Linien graviert. Im Gegensatz zu der schematischen Darstellung der anthropomorphen Figuren durch den Kugelbohrer steht die naturalistische Modellierung des Körpers des menschenköpfi-gen Löwen. Auch sein Gesicht ist sehr sorgfältig gearbeitet und zeigt Details wie den vom Hals abgesetzten Kiefer, sowie den Mund und die Nase. Dies erinnert am ehesten an die Darstellung des menschenköpfigen Löwen auf dem Siegel 20 aus dem Königs-friedhof in Ur, wo er allerdings schreitend und bärtig abgebildet ist.
H. Kühne ordnete alle Siegel des Schatzfundes einem „Ostsyrisch-babylonischem" Stil zu, der durch den intensiven Gebrauch des Kugelbohrers geprägt sei und den er in das letzte Drittel der Frühsyrischen Zeit II datiert[306]. Dies entspricht der Periode FDIIIb.[307]
Die Verwendung des Kugelbohrers scheint gegen Ende der Periode FDIII zugenommen zu haben. G. Selz faßt alle Siegel, bei deren Herstellung der Kugelbohrer verwendet wurde, zu einer stilistischen Gruppe zusammen und datiert sie nach FDIIIb.[308] Diese Datierung wird durch den folgenden Umstand unterstützt: Einige Siegel, die einen fünf-gliedrigen Tierkampf darstellen, bei denen der Held im Zentrum steht, sind ebenfalls unter intensiver Verwendung des Kugelbohrers hergestellt.[309]
Die gleiche Tierkampfkomposition zeigt aber auch das Siegel, das die Inschrift der Nin-banda trägt.[310]
Auch stratigraphische Gründe und der Umstand, daß diese Tierkampfkomposition in der akkadischen Glyptik vorherrscht, sprechen für eine Datierung des Tierkampfes mit einem Helden im Zentrum nach FDIIIb. Da der Kugelbohrer für die Herstellung dieser

---

[305] Mackay 1925: No. 1420.
[306] Kühne 1980: Nr. 10-19.
[307] Kühne 1980: Tabelle auf Seite 15.
[308] Selz 1983: 431f.
[309] Amiet 1972: Nr. 1458; Buchanan 1966: Abb. 197, 212; Buchanan 1981: Abb. 338; Frankfort 1955: Abb. 495; Wooley 1934: Taf. 198.70.
[310] Wooley 1934: Taf. 207 No. 216.

Komposition intensiver verwendet wurde als an anderen Tierkämpfen, ist der Schluß
berechtigt, daß sein Gebrauch in FDIIIb zunahm.

Die Fundsituation:

Siegel	Ort	Fundstelle, Schicht	Datierung der Schicht
34	Suliemeh	Schicht IV	Neusumerisch (?)
111	Mâri	Schatzfund	FDIIIb
113	Asmar	Street outside Northern Palace (35,00m)	Spätakkadisch

Stilgruppe IG
Siegel: 38-40
Verbreitung: ?
Merkmalsgruppe: 2
Inhaltliche Gruppen: 1x IA, 1x IC
Datierung: FDIIIb

Auf dem Siegel 40 ist der menschenköpfige Löwe mit Merkmalen ausgestattet, wie sie
sich an anderen frühdynastischen Beispielen des gleichen Motivs nicht finden. Zudem
wird ihm eine Behandlung zuteil, die an seine demütigende Rolle auf späten akkadischen Siegeln erinnert.
Auch stilistisch unterscheiden sich die Siegel 38 und 40 von den bislang vorgestellten.
Die Körper der Figuren wirken extrem massig. Die Köpfe werden nicht durch eine
gleich starke Linie gebildet, sondern die Schädeldecke und der Hinterkopf sind flächig
gestaltet. Bei einigen Figuren ist die Schädeldecke durch eine Linie vom übrigem Kopf
abgetrennt.
Die Gesichter der Figuren sind auf unterschiedliche Weise gestaltet. Die Lippen werden
entweder durch zwei kurze waagerechte Striche gebildet, oder der ganze Mund erscheint
als ein seitlich gestelltes U. Die Angabe der Augen erfolgt in einigen Fällen durch große
Kugelbohrungen. Kugelbohrungen wurden auf Siegel 40 auch an der Schnauze des
linken Capriden, sowie an den Gelenken der Figuren vorgenommen. Das Gehörn der
Capriden auf diesem Siegel ist schraffiert.
Ähnlichkeiten mit dem Stil des Siegels 40 weist auch das Siegel 39 auf. Obwohl es
flüchtiger geschnitten ist, finden sich auch an ihm Kugelbohrungen an der Schnauze,
den Gelenken und Füßen der Tiere. Die Hörner der Capriden sind ebenfalls schraffiert.
A. Moortgat datierte ein weiteres stilistisch verwandtes Siegel, das in seinem oberen
Bildteil eine Bankettszene zeigt, in die Imdugud-Sukurru-Stufe.[311] Ausschlaggebend
hierfür war wohl das Relief des Urnanše, das erstmals auf einer Weihplatte einen massigen Körper auf einem kleinen Stuhl darstellt.[312]
G. Selz widersprach dieser Datierung. Sie faßt die Siegel, deren Stil sich durch ein Drei-
viertelprofil des Gewandes bei sitzenden Figuren und eine von den Augen ausgehende
Linie, die den Hinterkopf abtrennt, auzeichnet, zu einer „Tello/al Ḥibā-Gruppe" zusammen und datiert sie nach FDIIIb.[313] Hierfür sprächen die Schraffierung des Gehörns der

---

[311] Moortgat 1940: Taf. A.4, Datierung auf Seite 14.
[312] Boese 1971: Taf. XXIX.1.
[313] Selz 1983: 388, 429f.

Capriden, die sich auch auf der Kultvase des Entemena wiederfindet,[314] die Darstellung nackter Helden und deren lange Zöpfe.[315]

Durch die Untersuchung der Motive des Siegels 38 kann die Datierung von Selz bestätigt werden. Auf keinem anderen frühdynastischen Siegel sind derart viele Merkmale dargestellt, die sich auch auf akkadischen Stücken finden. Zu nennen sind hier der lange Zopf des Gottschiffes, die Angabe der Beine des Bootsinsassen, das als Tierkopf gestaltete Heck und der aufrecht schreitende Vogelmensch VIB2.

Die „Tello/al-Ḥibā-Gruppe" weist außerdem einige Gemeinsamkeiten mit den Siegeln der „Tigris-Gruppe" auf, die an den Anfang der Akkad-Zeit datiert werden. Hierzu gehören die Schraffierung des Gehörns der Capriden und die gedrungene und massige Darstellung einiger anthropomorpher Figuren.[316]

Ein weiterer Hinweis auf eine Datierung nach FDIIIb ergibt sich durch den Gebrauch des Kugelbohrers, der, wie gezeigt, in dieser Zeit stark zunimmt. Kugelbohrungen an der Schnauze und Schenkeln der Tiere sowie an den Gelenken und Füßen aller Figuren finden sich auf einigen Siegeln wieder, die die gleiche Tierkampf-Komposition aufweisen wie das Siegel der Ninbanda.[317]

Stilgruppe IH
Siegel: 46-50
Verbreitung: Tell Brak
Datierung: FDIIIb-Spätakkadisch

Über die Zugehörigkeit dieser Siegel zu inhaltlichen Gruppen und über die Siegelkomposition lassen sich kaum Aussagen treffen, da es sich in allen Fällen um unvollständige Siegelabrollungen handelt.

Obwohl sich auf den Siegelbildern aus Tell Brak die Motive des Gottschiffes, seines Insassen, des Vierbeiners, des Skorpions und des Vogelmenschen wiederfinden, weisen sie doch im Gegensatz zu den südlichen Beispielen andere Merkmale auf. Der Kopf des Gottschiffes ist entweder kahl[318] oder mit einmaligen Frisuren versehen.[319] Der das Gottschiff begleitende Vierbeiner des Siegels 46 soll wahrscheinlich den menschenköpfigen Löwen darstellen. Er trägt jedoch einen kurzen Kinnbart, wie eine Ziege, und weist waagerechte Linien am Hals auf. Auf Siegel 48 ist der Rumpf eines liegenden, wahrscheinlich menschengesichtigen, Stieres zu erkennen. Auch dieses Motiv findet sich ansonsten ebenso wenig neben der Darstellung des Gottschiffes wie die sich überkreuzenden Capriden auf Siegel 49.

Auffällig ist die häufige Darstellung des Vogelmenschen, der sich außer auf den Siegeln 46 und 48 auch auf weiteren Siegelabrollung aus Tell Brak findet.[320] Er ist auch das einzige Motiv aus Tell Brak, das genau so gestaltet ist wie auf den Siegeln des Dijala-Gebietes, Babyloniens und Susas.

---

[314] Orthmann 1985: Taf. 120.

[315] Datierbar durch inschriftlich gesicherte Stücke: Nagel 1959, Hansen 1987.

[316] Man vergleiche Selz 1983: Abb. 410 oder 411 mit Siegel 56.

[317] Buchanan 1966: Abb. 197, 212.

[318] Siegel 46, 47.

[319] Siegel 48-49.

[320] Matthews, Matthews, McDonald 1995: Abb. 13.9; Matthews 1997: Nr. 195; Amiet 1961: Abb. 1401 stammt aufgrund der Ähnlichkeit wohl ebenfalls aus Tell Brak.

Auch stilistische Merkmale verbinden die Siegelbilder aus Tell Brak. Gemeinsam ist ihnen ein „horror vacui" und die flächige Darstellung der Figuren. Diese kann detailliert sein, ist aber weit von einer naturalistischen Darstellung – wie etwa auf Siegeln der akkadischen Stile – entfernt. Dies zeigt sich besonders an den übergroß gestalteten Augenhöhlen, in die Bohrungen für die Angabe der Pupillen gesetzt sein können.

Eine Datierung der Siegelabrollungen ist aufgrund der geringen Vergleichsmöglichkeiten der Merkmale problematisch. Das erste stratigraphisch gesicherte Siegel, das einen Vogelmenschen des Typs VIB1 zeigt, stammt aus dem Königsfriedhof von Ur.[321] Der aufrecht schreitende Vogelmensch auf Siegel 46 ist eher noch später anzusetzen.

Die Fundsituation:
Detailliertere Angaben zur Fundsituation sind nur die Abrollungen des Siegelbildes 47 betreffend veröffentlicht.[322] Diese fanden sich auf dem Fußboden eines Tempelhofes, dessen Entstehung von den Ausgräbern in die Zeit des akadischen Königs Narām-Sīn datiert wird.[323] Im Zuge einer zweiten akkadischen Besiedlung sei der Hof aufgefüllt worden. Innerhalb der Auffüllung fanden sich Siegelabrollungen, darunter auch akkadische. Leider geht aus den Veröffentlichungen nicht hervor, ob die Fragmente des Siegelbildes 47 zu dieser Verfüllung gehörten. Die Angabe „Courtyard floor west of Room 30" läßt auch den Schluß zu, die Siegelabrollungen hätten sich bereits vor der Verfüllung auf dem Boden befunden. Dies würde bedeuten, daß noch zur Akkad-Zeit mit dem Siegel der Abrollung 47 gesiegelt wurde. Sollten die Fragmente zur Auffüllung gehört haben, wäre es ein unwahrscheinlicher Zufall alle drei Fragmente nebeneinander zu finden.

Andere frühdynastische Siegel
Die folgenden Siegel lassen sich in keine der gebildeten Stilgruppen einordnen.

Siegel 7
Das Siegel 7 aus Tell Asmar ist nicht nur inhaltlich und ikonographisch, sondern auch stilistisch ein Sonderfall. Der Oberkörper des Gottes ist frontal wiedergegeben und schraffiert. Der Stiermensch weist einen geometrisierten Oberkörper auf, der sich der Form eines auf den Kopf gestellten Dreiecks annähert. Die Arme des Gottschiffes, des Gottes und des Stiermenschen sind völlig überlängt dargestellt.

Stilistisch findet sich innerhalb der Glyptik des Dijala-Gebietes keine Parallele für Siegel 7. Es entspricht jedoch der von P. Amiet beschriebenen „2. Gruppe" von syrischen Rollsiegeln.[324] Die in seinem Aufsatz veröffentlichten Siegel weisen die gleiche vertikale Schraffur der Figuren,[325] deren wurstartige Extremitäten[326] sowie die gleiche Darstellung eines Stiermenschen auf.[327] Wie bei diesem ist auch bei Figuren der „2. syrischen Siegelgruppe" ein Oberschenkel verdickt, der andere jedoch dünner dargestellt.[328]

---

[321] Siegel 20.
[322] Matthews 1991: SS 585.
[323] Oates 1991.
[324] Amiet 1963: 71f.
[325] Amiet 1963: Abb. 17, 19.
[326] Amiet 1963: Abb. 19.
[327] Amiet 1963: Abb. 17.
[328] Amiet 1963: Abb. 17, 19.

A. Moortgat schrieb zu dem in Zincirli gekauften Siegel:[329] „Die Zeichnung würde am besten dem Mesilim-Stil entsprechen, jedoch mit starker lokaler Färbung.“[330]
Da mir keine stratifizierten Siegel der „2. syrischen Gruppe“ bekannt sind, kann ich mich dieser vorsichtigen Äußerung nur anschließen, zumal H. Frankfort eine FDII-Datierung der Fundstelle von Siegel 7 annimmt.[331]

Siegel 8

Auf diesem Siegel befinden sich zwei sitzende und eine stehende anthropomorphe Figur im Gottschiff. Eine Gruppe von sitzenden und stehenden Insassen erscheint ansonsten nur in „natürlichen“ Booten auf Siegeln und Siegelabrollungen ab der FDI-Zeit.[332] Aus diesem Grund, und weil zumindest die im Gottschiff stehende Figur eine flache Kappe trägt, hält N. Karg eine Entstehung in FDII für wahrscheinlich.[333] Dagegen ist jedoch einzuwenden, daß die flache Kappe auf Siegel 8 sich von den höheren und von Karg daher auch „konisch“ genannten der FDII Zeit unterscheidet. Außerdem sind die konischen Kappen kein sicheres Datierungsmerkmal, da sie sich, wenn auch nicht in der Glyptik, so doch auf Einlagefriesen der FDIIIb-Zeit finden.[334] Es besteht also kein Grund anzunehmen, in FDIIIa wäre es nicht möglich gewesen, diese Kopfbedeckung darzustellen. Stilistisch unterscheidet sich das Siegel von denen der Stilgruppe IA, ist also vielleicht etwas später als FDII entstanden.

Siegel 9

Das Siegelbild weist einige Merkmale auf, die nur auf diesem Stück vertreten sind; der Zopf des Gottschiffes, sowie die Angabe der Beine des Insassen ordnen das Stück jedoch der Merkmalgruppe 2 zu.
Der lange Zopf des Gottschiffes verbindet das Siegel 9 mit Siegel 26 aus Kiš. Im Gegensatz zu den Siegeln dieses Fundortes weist der Schiffinsasse des Siegels 9 jedoch einen glatten Rock auf.
Das Siegel stammt aus dem Tempel-Oval in Ḫafaǧi und ist somit nicht später als FDIIIa hergestellt.

Siegel 42

Obwohl die Bildoberfläche des Siegels in einem schlechten Erhaltungszustand ist, fällt die sehr massige Gestaltung der anthropomorphen Figuren auf, die an Siegel 38 und 40 erinnert, welche beide der Stilgruppe IG angehören, die nach FDIIIb datiert wurde. Falls der menschenköpfige Löwe wirklich einen Kinnbart trüge, wäre dies ein weiterer Hinweis auf diese Datierung.

Siegel 43

Der Stil dieses Siegels zeichnet sich durch eine sehr flüchtige Darstellungsweise aus, so daß viele Merkmale schlecht zu erkennen sind. Der menschenköpfige Löwe trägt jedoch

---

[329] Moortgat 1940: Nr. 776; das Siegel ist das gleiche wie das bei Amiet 1963: Abb. 17 dargestellte.
[330] Moortgat 1940: 153.
[331] Frankfort 1955: Beschreibung zu Abb. 484.
[332] Hansen 1971: Abb. 18c; Legrain 1936: No. 300; Heinrich 1931: Abb. 56c; Frankfort 1955: Abb. 823.
[333] Karg 1984: 69f.
[334] Dolce 1978: Taf. XXXVII.

mit Sicherheit einen Kinnbart, was ihn mit den Siegeln 40, 45 und 107 verbindet. Das Siegel ist daher wahrscheinlich nicht vor FDIIIa entstanden.

Siegel 45
Bei der Herstellung dieses zweizonigen Siegels ist zwar der Kugelbohrer bei der Bildung der Tier- und Menschenleiber verwendet worden, die Kugelbohrungen sind jedoch wesentlich besser nachgearbeitet als dies bei den Siegeln der Stilgruppe IF der Fall ist. Auch weist das Siegel eine Fülle von Details auf.
Durch die Darstellung auf der unteren Bildhälfte ergeben sich keine Hinweise auf die Datierung des Siegels. Die Darstellung eines zweirädrigen Wagens neben einem schreitenden Menschen und einem kleinen Löwen findet sich bereits auf Siegelabrollungen der SIS 4-6 in Ur.[335]
Die Bildkomposition mit drei schreitenden Menschen neben einem Wagen ist auf Siegeln und Siegelabrollungen dargestellt, die in Schichten der FDIIIa-Periode gefunden wurden.[336]
R. M. Boehmer datierte das Siegel in die „Mesanipada-Lugalanda-Stufe". Die Darstellung von Gottheiten, denen „irgendwelche Gegenstände aus den Schultern wachsen", sei erst ab Eanatum belegt und der durch ein Band gehaltene Haarknoten der hinter dem Gottschiff schreitenden Figur sei auf keinem Siegel der „Meskalamdug-Stufe" zu finden.[337]
Die Verwendung des Kugelbohrers ist ein weiterer Hinweis für einen späten Zeitpunkt der Herstellung innerhalb der Periode FDIII. Auch die Merkmale des Gottschiff-Themas, wie der Kinnbart des menschenköpfigen Löwen, der Zopf des Gottschiffes und der Schlangenkopf am Heck tauchen auf Siegeln der FDIIIb und der Akkad-Zeit auf. Die Gestaltung des Vogelmenschen verbindet das Siegel mit dem akkadischen Siegel 68. Sollte es sich beim vom Gott gehaltenen Gegenstand tatsächlich um die Säge des Šamaš handeln, und die aus seinem Körper führenden Linien seine Strahlen darstellen, ergebe sich eine starke ikonographische Verwandtschaft und eine daraus resultierende zeitliche Nähe zu weiteren akkadischen Siegeln.

Siegel 107
Im Unterschied zu den anderen zweizonigen Siegeln der Stilgruppe IF ist Siegel 107 sehr sorgfältig und detailliert gearbeitet. Die Figuren sind ausschließlich unter Verwendung des Stichels gebildet. Ihre Köpfe sind von runder Form und weisen zwei kurze Linien auf, um die Nase und das Kinn zu markieren. Die Röcke sind durch senkrechte Linien gebildet, von denen zwei über den Rocksaum hinausführen und somit die Unterschenkel der Beine darstellen.
Siegel, die die gleiche Gestaltung der Köpfe wie Siegel 107 zeigen, sind das erste Mal im Königsfriedhof von Ur stratigraphisch belegt.[338] Es handelt sich um qualitativ hochwertige Stücke, die die Bankettszene darstellen. Ähnliche Siegel stammen aber auch aus der FDIIIb-Schicht, die den Königsfriedhof überlagert, so daß sich lediglich ein Terminus post quem für Siegel 107 ergibt.

---

[335] Legrain 1936: No. 298.
[336] Selz 1983: Nr. 335; Frankfort 1955: Abb. 546.
[337] Boehmer 1965: 80, Anm. 82.
[338] Wooley 1934: Taf. 193.19, 21, Taf. 194.27, 29.

Die hohen Sitze, die sich auf der unteren Bildhälfte des Siegels finden, sind nach G. Selz ein Charakteristikum der FDIIIb-Periode.[339] Von Bedeutung für die Datierung des Siegels ist auch der in einem Bogen über die Schulter fallende Zopf, der in einer Locke endet. Ein ähnlicher Zopf findet sich an Stiermenschen auf FDIIIa-zeitlichen Siegeln aus dem Dijala-Gebiet.[340] Hier führt der Zopf jedoch in einer geraden Linie schräg nach unten. Das früheste Beispiel eines geschwungenen Zopfes, der in einer Locke endet, findet sich auf Siegel 9, das nicht nach FDIIIa hergestellt worden sein kann. Ansonsten ist dieser Zopf aber ein Charakteristikum der FDIIIb-Zeit. So trägt ihn der Stiermensch auf Siegeln, die der ausgehenden frühdynastischen Zeit zugewiesen werden können.[341] Auf Weihplatten wird der Zopf von Gottheiten und in einem Fall von einem Priester getragen. J. Boese datierte diese Beispiele ebenfalls nach FDIIIb.[342]

Weitere Merkmale, die ein spätes Datum für die Entstehung des Siegels 107 wahrscheinlich machen, sind die Form der Hörnerkrone und der Kinnbart des menschenköpfigen Löwen.

2.4.5.2   Die akkadischen Stile

Stilgruppe IIA („Tigris-Gruppe")
Siegel: 57-64
Verbreitung: lx Ḫafaǧi, lx Tell Harmal, 1x Susa[343]
Merkmalgruppe: 3
Inhaltliche Gruppen: 1x IC, 1x II, 5x V
Siegelkomposition: Ornamentale Bänder unterteilen ein zweizoniges Siegelbild.
Datierung: Frühakkadisch

Die Siegel der „Tigris-Gruppe" weisen zum einen bereits Merkmale auf, wie sie sich ansonsten an akkadischen Siegeln finden. Hierunter sind die Gestaltung der Frisuren und Hörnerkronen an anthropomorphen Köpfen sowie die Gesichtsgestaltung mit einem Strich unter dem Auge zu zählen. Zum anderen stehen sie noch in der Tradition der frühdynastischen Siegel.

Die liegenden Capriden mit untergeschlagenen Beinen findet sich bereits auf späten FDIII-Siegeln.[344] Auch diese weisen bereits die Schraffierung des Gehörns auf. Typisch für die Siegel der „Tigris-Gruppe" ist die Innenzeichnung des Körpers der Capriden durch paarweise angebrachte senkrechte Linie. Auch dieses Merkmal findet sich auf späten frühdynastischen Siegeln.[345] Die Gemeinsamkeiten mit der frühdynastischen Stilgruppe IF wurden bereits erwähnt.

R. M. Boehmer datierte daher zurecht die Siegel der „Tigris-Gruppe" an den Anfang der Akkad-Zeit.[346]

---

[339] Selz 1981: Abb. 13, Typ 5.

[340] Frankfort 1955: Abb. 270, 332.

[341] Frankfort 1955: Abb. 428; auf inschriftlich datierten Siegeln: Nagel 1959, Hansen 1987: Taf. XIV, Abb. 17b.

[342] Boese 1971: Taf. XXI.4, Taf. XVIII.2.

[343] Zur Verbreitung der „Tigrisgruppe" insgesamt: Boehmer 1965: 80f. Demzufolge stammen drei weitere Stücke aus al-Wilaja.

[344] Siegel 40, 78-81, 94, 99-100; Amiet 1972: Nr. 1453.

[345] Siegel 94, 100.

[346] Boehmer 1965: 80f.

In bezug auf das Gottschiff-Thema fällt das völlige Fehlen der inhaltlichen Gruppe IA auf. Das Gottschiff hält außerdem stets das Pflanzenmotiv in der Hand. Die obere Bildzone wird bis auf Siegel 57 durch liegende Capriden ausgefüllt.

Stilgruppe IIB
Siegel: 65-73
Verbreitung: 3x Tell Asmar, lx Kiš, lx Tello
Merkmalgruppe: 3
Inhaltliche Gruppen: 6 xIA, 2x VI
Bildkomposition: 8x Einzonig, lx Nebenszene
Datierung: Früh- spätakkadisch

Die Siegel des akkadischen Stils IIB zeichnen sich durch eine naturalistische und detaillierte Darstellung aus. Die Spiegelbilder sind sorgfältig mit dem Stichel graviert und in der Regel einzonig. Die Siegel 67-68 sah R. M. Boehmer als genetisch zwischen den Siegeln der „Tigris-Gruppe" und Akkadisch III-zeitlichen stehend und datierte daher die Siegel 67 und 68 nach Akkadisch I und 68 nach Akkadisch II.Die Siegel 70-73 wurden von Boehmer in die Periode Akkadisch III datiert. Hierfür spräche zum einen die Form der Hörnerkrone auf Siegel 72, die Entsprechungen in der neusumerischen Glyptik habe, sowie die Neuerungen innerhalb des Themas, wie das anthropomorphe Bein des Gottschiffes und der an die Kette gelegte menschenköpfige Löwe.[347]

Die Fundsituation:

Siegel	Ort	Fundstelle, Schicht	Datierung der Schicht
68	Asmar	36,90m, gray layer	Spätakkadisch
70	Asmar	Houses IVb or a	Spätakkadisch
73	Asmar	Houses IVa	Spätakkadisch

2.5 Zur Deutung des Bildthemas

Das Motiv des Gottschiffes regt schon seit längerem die Phantasie der Assyriologen an und wurde oft und unterschiedlich gedeutet.
W. H. Ward sah 1910 die Reise des Gilgameš zu Utnapištim über die Wasser des Todes dargestellt. E. Mackay assoziierte anscheinend die griechische Mythologie mit dem Bildthema und vermutete, die Reise der Seele eines Verstorbenen über einen Fluß in die Unterwelt sei dargestellt.[348]
1934 behandelte H. Frankfort die Darstellung mythischer Szenen auf akkadischen Rollsiegeln. Er deutet dabei den Bootsinsassen aufgrund der auf den Siegeln 45 sowie 71-73 von ihm ausgehenden Strahlen als den Sonnengott Šamaš. Die häufige Darstellung von Mond und Sternen auf frühdynastischen Siegeln wiese darauf hin, daß er nachts unterwegs sei. Da außerdem chtonische Symbole wie der Pflug und der Schlangenkopf am Heck des Schiffes auftauchen, kam Frankfort zu dem Schluß, die nächtliche Reise des Sonnengottes durch die Unterwelt sei dargestellt. Wie aus der Darstellung des Pfluges

---

[347] Boehmer 1965: 81.
[348] Mackay 1925: 60; in der Tat entspricht dem griechischem Okeanos im Alten Orient der im Westen gelegene Chubur. Bottero 1983: 180f.

und der Pflanzen hervorgehe, seien mit dieser Reise Fruchtbarkeitsvorstellungen verbunden gewesen. Da diese gemeinsam mit dem Sonnengott auftauchenden Attribute sich auf anderen Bildthemen mit dem Sonnengott, die zum ersten Mal auf akkadischen Siegeln auftauchen, nicht mehr finden, schließt Frankfort auf eine veränderte Vorstellung über den Charakter des Sonnengottes, den er auf den „Sumerer-Semiten-Gegensatz" zurückführte.

A. Moortgat schloß sich 1940 der Deutung des Bootsinsassen als des Sonnengottes an, sah aber im Gegensatz zu Frankfort die Semiten als diejenigen, die den Sonnengott mit vegetativen Aspekten in Verbindung gebracht hätten, während bei den Sumerern allein Tammuz als Fruchtbarkeit bringend verehrt worden wäre.[349]

A. Parrot bezweifelte 1950, daß der Bootsinsasse stets der Sonnengott sei, und interpretierte die Siegel als eine Erinnerung an die Erfindung des Pfluges.[350]

E. D. Van Buren verwies 1953 auf eine Hymne, die eine Reise des Gottes Enki von Eridu aus beschreibt, die er in einem Boot unternimmt, das sich anscheinend aus eigener Kraft bewegt. Der auf den Siegeln im Gottschiff dargestellte Gott sei also Enki. Der Vogelmensch verbinde die Szenen, in denen er im Boot fahre, mit solchen, in denen er thronend abgebildet sei.

Das Problem dieser Interpretation liegt zum einen an der Herkunft des Textes, die sich nicht mit dem Verbreitungsgebiet der Darstellungen des Gottschiffes deckt. Zum anderen wird der Gott, der thronend den Vogelmenschen empfängt, mit aus dem Körper strömenden Wasserstrahlen dargestellt und kann somit als Enki gedeutet werden, der Gott im Gottschiff hingegen ist niemals auf diese Weise dargestellt.

Die gleiche Hymne wird auch 1961 von P. Amiet zitiert, ohne jedoch daraus zu schließen, auf den Rollsiegeln sei stets Enki im Gottschiff abgebildet.

Er sieht vielmehr den Gott Ningišzidda dargestellt, über den wir durch den Gudea-Zylinder unterrichtet sind. Demnach besitzt dieser sowohl einen chtonischen als auch einen solaren Aspekt. Der Gudea-Zylinder stammt jedoch aus einer Zeit, als das Thema des Gottschiffes bereits aus der Glyptik Mesopotamiens verschwunden war. Auch gehört der Stadtstaat von Lagaš nicht zum Verbreitungsgebiet dieses Bildthemas.

C. Qualls brachte 1981 sämtliche Siegelbilder, auf denen ein wie auch immer gestaltetes Schiff dargestellt ist, mit Texten in Verbindung, die Göttereisen zum Thema haben.[351] Hierbei sollen die verschiedenen Bildinhalte die verschiedenen Stationen einer solchen Reise darstellen. Die Reise eine Gottes zu dem Tempel eines anderen Gottes werde auf denjenigen Siegeln dargestellt, die in einer Bildzone den „Zikkurratbau" darstellen. Das anschließende Symposion sei auf Siegel 2 neben dem Gottschiff dargestellt. Die Heimreise werde auf allen Siegeln wiedergegeben, auf denen sich der menschenköpfige Löwe, das Gefäß und der Pflug befinden. Diese Motive werden von Qualls als die Geschenke gedeutet, die der Gott empfangen hat.

In jüngerer Zeit schlossen sich W.G. Lambert und R. Mayer-Opificius der Deutung von H. Frankfort an,[352] während D. Collon den Mondgott auf seiner nächtlichen Reise dargestellt sieht.[353]

---

[349] Moortgat 1940: 91f.

[350] Parrot 1950: 118.

[351] Qualls 1981: 277ff. Texte mit „Götterreisen": Salonen 1971.

[352] Lambert 1997; Mayer-Opificius 2002.

[353] Collon 1997. Ihre Argumente erscheinen hierbei wenig stichhaltig. So trägt der Gott im Gottschiff keine Mondsichel als Krone sondern es handelt sich um eine auch bei anderen Gottheiten belegte archaische Variante der Hörnerkrone (Amiet 1961: Nr.1380, 1368, 1359,

Die meisten der obigen Interpretationen weisen zwei Mängel auf. Zum einen werden Siegelbilder, teilweise völlig verschiedenen Inhalts, nur weil sie ein gemeinsames Motiv aufweisen, einheitlich gedeutet. Zum anderen werden für diese Deutungen Texte herangezogen, die entweder jünger als das Bildmotiv sind oder aus Orten stammen, in denen das Bildmotiv nicht belegt ist.

Im Kapitel 2.2 der vorliegenden Arbeit wurde gezeigt, daß hinsichtlich der Siegel, welche das Gottschiff darstellen, die inhaltliche Gruppe I mit Abstand am zahlreichsten vertreten ist. Zudem ist die inhaltliche Gruppe I bereits durch die nachweislich frühesten Siegel vertreten, die das Gottschiff darstellen.[354] Die Siegelbilder der inhaltlichen Gruppe I sind außerdem einheitlich gestaltet. Nur bei ihnen kann man daher auf einen Mythos schließen, der auf den Siegeln zitiert wird.

Die Siegelbilder der anderen inhaltlichen Gruppen mißverstehen die Ikonographie der inhaltlichen Gruppe I oder es handelt sich um Unikate. Keine dieser Gruppen kann mehr als sechs Siegel aufweisen. Die Siegel der „Tigris-Gruppe" sind außerdem jünger und können nicht den Ursprung des Themas widerspiegeln. Wir haben es außerhalb der Gruppe I wahrscheinlich mit Siegeln zu tun, die verschiedene Motive aus anderen Bildthemen und Bedeutungszusammenhängen mit dem Gottschiff kombinieren. Der Versuch, alle Siegel mit der Darstellung des Gottschiffes vor dem Hintergrund eines gemeinsamen Mythos' oder Kultes zu erklären, ist daher nicht sinnvoll. Im Folgenden soll sich der Versuch einer Deutung daher auf die Siegel der inhaltlichen Gruppe I beschränken.

Aufgrund der Mischwesen wie des menschenköpfigen Löwen, des Vogel- sowie des Skorpionmenschen und vor allem aufgrund des Gottschiffes stellen die Siegelbilder der inhaltlichen Gruppe I wahrscheinlich keinen real vollzogenen Ritus dar sondern eine übernatürliche Szene aus einem Mythos.

Weiterhin legen die übereinstimmenden Details und Motive der inhaltlichen Gruppe I, die überregional verbreitet sind, nahe, diese Siegel durch einen gemeinsamen Mythos zu erklären.

Entscheidend für die Annäherung an eine Deutung des Themas ist hierbei die Identität des Insassen des Gottschiffes. Er ist das Zentrum der Darstellung, das Gottschiff lediglich sein Vehikel.

Die Mehrzahl der Siegel mit der Darstellung des Gottschiffes und – mit der Ausnahme eines Stückes – alle Siegel der inhaltlichen Gruppe I zeigen einen einzelnen Insassen.

Dieser Insasse wird auf vielen Siegeln durch die Hörnerkrone und den Bart als männliche Gottheit gekennzeichnet.

Auf drei Siegeln des akkadischen Stils sowie auf drei Siegeln der frühdynastischen Stile, die alle der inhaltlichen Gruppe I angehören, entströmen dem Körper des im Schiff sitzenden Gottes Strahlen, die als Feuer oder Lichtstrahlen gedeutet werden können. Als lichtausstrahlend kommen unter den wichtigen Göttern Mesopotamiens der Mondgott Sîn oder der Sonnengott Šamaš in Frage.

1337). Die Behauptung, der Mondgott werde mit einem Boot assoziiert, wird zumindest für das dritte Jahrtausend nicht belegt. Schließlich findet sich der Halbmond als Motiv auch auf anderen Bildthemen des dritten Jahrtausends (Amiet 1961: Nr. 1136, 1217, 1249, 1260, 1268, 1274, 1281, 1327, 1346, 1363 etc.).
[354] Stilgruppe IA.

Aufgrund anderer akkadischer Bildthemen kann der Gott, dem Strahlen entströmen, in der Regel als Šamaš gedeutet werden.[355] Vor allem die Szene, auf der er zwischen zwei Bergen aufsteigt, läßt kaum eine andere Deutung als die aus den Bergen des Ostens aufgehende Sonne zu. Er hält dabei eine Säge in der Hand. Diese wird auch in der späteren Glyptik als Attribut des Šamaš beibehalten und drei altbabylonische Textstellen erwähnen die „Säge des Šamaš" (šaššarum ša Šamaš).[356] Es ist daher von besonderer Bedeutung, daß der Gott auf Siegel 45 ebenfalls eine Säge in der Hand hält. Die Darstellung des Strahlengottes mit Säge und Keule wie auf Siegel 45 ist ebenfalls häufig belegt.[357]

R. M. Boehmer nennt als weiteren Hinweis auf die Identität des „Strahlengottes" das „Sonnenzeichen", das sich aus den Schriftzeichen DINGIR und UTU – der Schreibung für Šamaš – zusammensetze.[358] Es tauche, wenn auch nicht ausschließlich, so doch besonders häufig innerhalb von Bildthemen auf, die mit Šamaš in Beziehung stünden. Von besonderer Bedeutung sind hierbei die 24 Siegel, die sowohl das „Sonnenzeichen" als auch den „Strahlengott" zeigen.

Aus altbabylonischer Zeit stammt die Stele des Kodex Hammurabi. Dem auf ihr niedergeschriebenen Gesetzestext geht eine Hymne an den Gott der Gerechtigkeit, Šamaš, voraus. Es kann daher davon ausgegangen werden, daß es sich bei dem oberhalb des Textes dargestellten Gott um Šamaš handelt. Dessen Füße stehen auf einer Plattform aus Bergen und seinen Schultern entströmen Strahlen.[359]

Neben den Strahlen des Schiffinsassen sprechen auch andere Motive der inhaltlichen Gruppe I, und der Gruppe III für dessen Identifikation mit Šamaš.

Skorpionmenschen werden im Gilgameš-Epos als Wächter der Sonne bei deren Ein- und Auszug durch das Bergtor, das die Unterwelt mit der Oberwelt verbindet, bezeichnet (Motiv VII).[360] Daß er innerhalb der gesamten Glyptik des dritten Jahrtausends nur noch innerhalb des Tierkampf-Themas mehr als einmal auftaucht, scheint von Bedeutung für die Identifizierung des Bootsinsassen zu sein.

Die Verbindungen, die zwischen dem menschengesichtigen Stier und dem Sonnengott bestehen, wurden bereits erwähnt (Motiv IIID). Für H. Frankfort galt daher der menschengesichtige Stier innerhalb der altbabylonischen Glyptik als Attribut des Šamaš.[361] Dementsprechend wird die Gottheit, deren Füße auf einem menschengesichtigen Stier ruhen, gedeutet.[362] Zusätzlich glaubhaft gemacht wird dies durch ein Siegel, auf dem dieser Gott eine Säge in der Hand hält.[363]

Auch auf dem altbabylonischen Siegel Abb.3 findet sich die Darstellung eines Gottes mit den menschengesichtigen Stieren als Fußschemeln in einem mythischen Boot sitzend.[364]

---

[355] Dagegen sieht E. A. Braun-Holzinger auch den Mondgott mit Strahlen dagestellt (Braun-Holzinger 1993).

[356] Lambert 1997: 5.

[357] Boehmer 1965: Abb. 412, 418, 426, 450, 452, 480.

[358] Boehmer 1965: 84ff.

[359] Orthmann 1985: Taf. 181.

[360] Gilgameš Epos, Neunte Tafel, II 6-9. Hecker 1994.

[361] Frankfort 1939: 162.

[362] Eine Ausnahme hiervon scheint das Siegel eines Gottes mit Peitsche im Boot zu sein. Amiet 1960: Abb.3b; Hierzu Mayer-Opificius 2002: 375.

[363] Frankfort 1939: Abb. XXVIIa.

[364] Umzeichnung bei Amiet 1960: Abb. 3b.

Die Interpretation des Bildthemas durch H. Frankforts ist nach wie vor die einzige, die berücksichtigt, daß es sich beim Bootsinsassen wahrscheinlich um den Sonnengott handelt.[365] Die Tatsache, daß die Sonne, obwohl sie im Westen untergeht, am nächsten Morgen im Osten erscheint, läßt sich innerhalb des Weltbildes des alten Orients nur durch eine unterirdische Reise erklären.[366] Altorientalische Texte bieten jedoch bislang nur indirekte Hinweise auf diesen Mythos.[367] So wurde Šamaš als Richter der Ober- und Unterwelt verehrt.[368] Auch hatte er eine wichtige Funktion im Totenkult und bei der Abwehr von Dämonen, als deren Heimat man sich die Unterwelt dachte.[369]

Schließlich finden sich im Gilgameš-Epos wichtige Hinweise auf die Reise des Sonnengottes. Der Held folgt nämlich dem „Weg des Šamaš" durch das Bergtor in die Unterwelt,[370] die er durchschreitet, bis er zum Haus der Schenkin gelangt, die am Ufer eines Meeres wohnt. Diese rät ihm ab, weiterzureisen:

„Überschreiter des Meeres ist nur Schamasch, der Held;
außer Schamasch, wer könnte das Meer überschreiten?"[371]

Unklar bleibt, ob es sich bei diesem Meer um den unterirdischen Süßwasserozean *apsû* handelt.[372]

Problematisch bleibt auch weiterhin die Deutung der anderen zur inhaltlichen Gruppe I gehörenden Motive. Ein besseres Verständnis des frühakkadischen Textes ARET 5 6, von dem Tafeln in Ebla und Abu Ṣalābīḫ gefunden wurden, verspricht hierbei künftige Erkenntnisse. Es handelt sich um eine Hymne an Šamaš, in der seine Reise in einem Boot, ein Stier (ÉREN+X) und ein Löwe (PIRIG.TUR) erwähnt werden.[373] Steinkeller äußerte die Vermutung, es könnte sich bei den beiden letzteren um den menschengesichtigen Stier und den menschenköpfigen Löwen handeln.[374]

Die Vorstellung von einer nächtlichen Reise der Sonne durch die Unterwelt ist im Vorderen Orient auch außerhalb Mesopotamiens belegt.

Aus Kleinasien ist von den Hethitern bekannt, daß sie einen „Sonnengott der Oberwelt" von einem „Sonnengott der Unterwelt" unterschieden.[375] In einer Hymne an die Sonne heißt es: „Herauf kommst du Himmels-Sonne aus dem Meere und trittst an den Him-

---

[365] So auch Mayer-Opificius 2002.

[366] So auch Goetze 1957: 138.

[367] S. Kramer bezweifelte, daß bei den Sumerern die Vorstellung existierte, der Sonnengott bewege sich nachts durch die Unterwelt, und zitierte Textstellen, aus denen hervorgehe, er schlafe nachts Kramer 1961: 41f. Das Verbreitungsgebiet von Rollsiegelbildern der inhaltlichen Gruppe I liegt jedoch in Babylonien und nicht in Sumer; es handelt sich also beim dargestellten Mythos um keinen „sumerischen".

[368] Heimpel 1986: 146f.

[369] Bottero 1983: 201ff.

[370] „… den Weg des Schamasch [verfolgt er]." Gilgameš-Epos Tafel IX, IV 46. Übersetzung bei Hecker 1994.

[371] Gilgameš-Epos Tafel X, II 23-24.

[372] Edzard 1965: 38.

[373] Steinkeller 1992: 257f.

[374] Steinkeller 1992: 258-266.

[375] Goetze 1957: 137.

mel".[376] A. Goetze sieht hierin eine Widerspiegelung kosmologischer Vorstellungen[377], die den mesopotamischen über den *apsû* entsprechen könnten.

Aus Ägypten ist die Vorstellung des in einem Boot durch die Unterwelt fahrenden Sonnengottes detailliert in Wort und Bild überliefert.[378] Malereien in Gräbern des neuen Reiches zeigen parallel zu der Darstellung auf den mesopotamischen Rollsiegeln eine Sphinx vor dem Boot.[379]

2.6 Siegel, deren Zugehörigkeit zum Thema zweifelhaft ist

Im Folgenden sollen einige Siegelbilder diskutiert werden, deren Zugehörigkeit zum Thema umstritten ist.

2.6.1 Zweifelhafte Siegel des Katalogs

Die Darstellung eines Gottschiffes auf der Siegelabrollung 54 wurde von H. P. Martin 1988 nicht erkannt oder geleugnet[380], obwohl P. Amiet sie bereits 1961 als dieses Thema darstellend interpretiert hatte.[381] Daher resultiert wohl auch Martins Datierung des Siegelbildes nach FDI.[382] Diese Datierung ist jedoch sehr unwahrscheinlich, da es sich um ein zweizoniges Siegelbild handelt. Zweizonige Siegelbilder mit einem Ornament-Band als Bildtrenner sind aus dieser Periode nicht belegt.[383]

Das Siegelbild 56 wurde in der Literatur unterschiedlich gedeutet. Während Amiets Umzeichnung des Photos der Originalabrollung ein Gottschiff wiedergibt[384], ist dies bei derjenigen Martins nicht der Fall.[385] Letzte Gewißheit läßt sich über die Darstellung nicht erhalten, da nicht nur ungewiß ist, ob ein Gottschiff wiedergegeben werden sollte, sondern auch weil die anderen Motive ohne Parallele innerhalb des zu behandelnden Themas sind. Aufgrund einer größtmöglichen Vollständigkeit wurde es dennoch in den Katalog aufgenommen und eine Umzeichnung angefertigt. Demnach befindet sich ein Insassen und ein kubischer Gegenstand, aus dem eine kleine Figur hinausschaut, in einem Gottschiff. Vor diesem steht ein Vierbeiner aus dessen Rücken senkrechte Linien ausgehen.

2.6.2 Nicht in den Katalog aufgenommene Siegel

Die folgenden Siegelbilder wurden in der Literatur wahrscheinlich fälschlicherweise als zum Gottschiff-Thema gehörend bezeichnet.

---

[376] Goetze 1957: 137.

[377] Goetze 1957: 137, Anm. 4.

[378] Brunner 1986: 13f., 91f.

[379] Demisch 1977: Abb. 37, 57.

[380] Martin 1988: Nr. 164.

[381] Amiet 1961: Abb. 1409.

[382] Martin 1988: 69f.

[383] Daß es sich um den unteren Teil eines zweizonigen Siegelbildes handelt, wird bei der Beschreibung des Stückes durch die Ausgräber ausdrücklich erwähnt: Heinrich/Andrae 1931: 56h.

[384] Amiet 1961: Abb. 1410.

[385] Martin 1988: 278, Nr. 560.

Das Siegel IM 10920 wurde erstmals von P. Amiet beschrieben.[386] Er sah den „dieu-bateau" dargestellt, der von einer Prozession von sechs Leuten begleitet werde. Dieser Deutung schloß sich C. Qualls an.[387] Vermutlich ist jedoch ein Streitwagen abgebildet; die Deichsel ist deutlich sichtbar. Der Streitwagen findet sich öfters in der Begleitung mehrerer schreitender Figuren, das Gottschiff wird jedoch nie von mehr als zwei Figuren eskortiert.[388]

Um einen Streitwagen handelt es sich auch bei der Siegelabrollung M.2769, die von A. Parott als den „dieu-bateau" darstellend beschrieben wurde.[389] Deutlich ist der Wagenschild zu erkennen.

Amiet veröffentlichte 1961 seine Umzeichnung 1436, die er anderen Darstellungen von Gottschiffen hinzugesellte.[390] Nach einer Betrachtung des Photos der Originalabrollung erscheint es aber sehr unwahrscheinlich, daß ein Gottschiff dargestellt sein sollte.[391] Der anthropomorphe Oberkörper der Umzeichnung ist nicht zu entdecken. Die Abbildung eines stehenden und eines sitzenden Passagiers als auch von mehreren schreitenden Figuren paßt ebenfalls nicht zu dieser Deutung. Es handelt sich eher um die Darstellung eines „natürlichen" Bootes.

[386] Amiet 1955: Abb. 9.
[387] Qualls 1981: Nr. 313.
[388] Kapitel 2.1, Motiv X; Kapitel 2.3 V.
[389] Parrot 1967: 275; von Qualls übernommen: Qualls 1981: Nr. 336.
[390] Von Qualls übernommen: Qualls 1981: Nr. 277.
[391] Bleibtreu 1981: Nr. 12.

3   Das Bildthema „Zikkurratbau"

3.1   Die Untersuchung der Motive und die Bildung von Typen

3.1.1   Motiv I: Das architektonische Motiv und das Objekt über ihm

Allen im Katalog aufgenommenen Siegeln ist das Vorhandensein eines architektonischen Motivs gemeinsam. Da es verschiedentlich als Zikkurrat gedeutet wurde, gibt es dem im Folgendem zu untersuchenden Thema seinen Namen. Über dem architektonischen Motiv befindet sich in der Regel ein von zwei Personen gehaltenes Objekt. Bei der Darstellung des architektonischen Motivs und des Objektes lassen sich die folgenden Typen unterscheiden.

IA
Der Typ IA besteht aus einem architektonischen Motiv in der Form eines Kegels mit stumpfem Abschluß oder eines Dreiecks mit abgeschnittener Spitze. Das Objekt schwebt über dem architektonischen Motiv. Er taucht in verschiedenen, annähernd viereckigen Formen auf.

IA1
(Siegel: 82, 84, 91-92, 94-95, 100-101, 103, 105, 112)
Das architektonische Motiv hat die Form eines Kegels mit stumpfer Spitze. Innerhalb dieses Kegels befinden sich mehrere parallele Reihen von senkrecht verlaufenden Einkerbungen oder kurzen Linien, die durch horizontale Linien getrennt sind. Eine Ausnahme bildet Siegel 112. Die Anzahl dieser Reihen ist unterschiedlich. Auf Siegel 95 ist nur eine Reihe zu erkennen. Da die Kegel auf den Siegeln 84 und 91 sehr hoch gezogen sind, finden sich in ihnen entsprechend mehr, nämlich sechs bzw. neun Reihen.
Die Objekte über dem architektonischen Motiv der Siegel 84, 91 und 92 haben die Form von Quadraten mit geraden Seiten. Die Siegel 82, 95 und 101 hingegen weisen Objekte mit konkaven Seiten auf. Sowohl die Quadrate mit geraden als auch eines mit konkaven Seiten können innerhalb ihrer Fläche ein Kreuz aufweisen. Die Linien, die dieses Kreuz bilden, gehen dabei von den Eckpunkten des Quadrates aus. Auf Siegel 91 findet sich im Zentrum des Objektes ein weiteres, kleineres Quadrat. Die von den Eckpunkten des Objektes ausgehenden Linien schneiden sich in diesem Fall nicht, sondern führen nur bis zu den entsprechenden Eckpunkten des kleinen Quadrates.
Auf der Umzeichnung des Siegels 84 ist ebenfalls ein solches kleines Quadrat zu erkennen. Es ist daher zu vermuten, daß sich auch die Linien, die zu seinen Eckpunkten führten, ursprünglich auf dem Siegelbild befanden.
Auf den Siegeln 94 und 105 haben die Objekte eine ähnliche Kegelform wie das architektonische Motiv.

IA2
(Siegel 85, 87, 89-90, 94, 102, 106)
Die Darstellung der architektonischen Motive unterscheidet sich von der obigen nur durch ihren waagerechten Abschluß. Ansonsten weisen auch sie die gleichen horizonta-

len Reihen von kurzen Linien auf. Nur auf der Siegelabrollung 90 scheinen sie nicht erhalten zu sein.

Die Darstellung der Innenzeichnung des Objektes über dem architektonischen Motiv auf Siegel 106 entspricht genau der auf Siegel 91. Über dem architektonischen Motiv der Siegelabrollung 90 findet sich nur noch das Kreuz der Innenzeichnung. Die Begrenzungslinien des dazu gehörenden Objekts haben sich nicht erhalten.

Ansonsten finden sich alle Formen von Objekten wieder, die auch IA2 aufwies.

IA3
(Siegel: 83, 98)
Diese beiden architektonischen Motive weisen nicht wie die anderen schräg nach innen geneigte Seiten auf, sondern ihre verlaufen senkrecht. Hierdurch entsteht der Eindruck einer sehr massigen Form, deren oberer Abschluß leicht konvex gestaltet ist. In ihrer Innenzeichnung entspricht die Form den anderen vorgestellten. Beide architektonischen Motive sind die einzigen, über denen keine Objekte erscheinen.

IA4
(Siegel: 88, 107, 113)
Diese architektonischen Motive entsprechen zwar in ihrer Kegelform denen der Ausprägung IA1, unterscheiden sich aber von diesen durch die Innenzeichnung, die durch eine schräge Schraffur erfolgt.

Das Objekt über dem architektonischen Motiv auf Siegel 88 weist die bereits bekannte quadratische Form auf. Das Objekt des Siegels 107 hingegen hat die Form eines mit der Schmalseite nach unten über dem architektonischen Motiv schwebenden Rechtecks. Es weist außerdem eine Innenzeichnung auf, bei der durch ein weiteres kleineres Rechteck zwei kurze horizontale Linien gezogen sind. Über dem architektonischen Motiv des Sieges 113 hängt ebenfalls ein Rechteck, jedoch mit den Längsseiten nach unten weisend.

IA5   Sonderform
(Siegel: 99)
Das architektonische Motiv auf Siegel 99 weist die gleiche Kegelform wie die Ausprägungen IA1 und IA4 auf. Innerhalb des Kegels findet sich jedoch die einzigartige Darstellung von radial angeordneten, die Begrenzungslinie des Kegels berührenden Linien.

Über dem architektonischen Motiv findet sich die ebenfalls einzigartige Darstellung von sieben übereinander angebrachten horizontalen Balken. Ganz offensichtlich entsprechen sie den sich im Kegel befindenden. Es besteht andererseits kein Grund zur Annahme, hier seien andere Objekte als auf den bereits behandelten Siegeln des Themas dargestellt. Dagegen spricht die Ähnlichkeit der Form des architektonischen Motivs und die Anordnung der übrigen Einzelmotive, die mit denen der Ausprägungen IA1-IA4 übereinstimmen. Vielmehr können wir vermuten, daß das Objekt über dem architektonischen Motiv aus einer anderen Perspektive abgebildet wurde. Erschien es bis dahin in Aufsicht, ist hier seine Schmalseite abgebildet. Da die Darstellung einer Schmalseite etwas dürftig gewesen wäre, bildete man gleich sieben Schmalseiten des Objekts ab.

IB

Das architektonische Motiv des Typs IB hat die Form eines Dreiecks, das durch zwei Balken begrenzt wird. Das Objekt über dem architektonischen Motiv wird stets als Kugelbohrung wiedergegeben und kann in das architektonische Motiv integriert sein.

IB1

(Siegel: 76, 78-80, 108)

Das architektonische Motiv dieser Ausprägung hat die Form eines Dreiecks, das durch zwei Balken begrenzt wird. In der Regel werden die Linien dieser Balken nur bis kurz unter den Punkt, an dem sie sich träfen, gezogen. Auf dem Siegel 108 schneiden sie sich jedoch. Durch die Schnittstelle und über die Enden der Linien sind zwei zusätzliche Balken gezogen.

Innerhalb des architektonischen Motivs sind die gleichen Reihen von senkrechten kurzen Linien oder Kerben angebracht wie auf Typ IA. Es finden sich jedoch nie mehr als vier Reihen. Das Objekt über dem architektonischen Motiv, bei Typ IA als Viereck gestaltet, wird bei Typ B immer als Kugelbohrung wiedergegeben.

Während es im Falle des Typs IA über dem architektonischen Motiv schwebte, findet es sich auf den Siegeln 76, 78 und 80 zwischen den das architektonische Motiv begrenzenden Balken. Nur auf Siegel 108 fehlt es.

IB2

(Siegel: 74-75, 77, 81, 109-110)

Zu der Gestaltung des architektonischen Motivs der Ausprägung IB1 treten Leitern an seinen Seiten hinzu.[392] Die Siegel 74, 75 und 77 weisen zwei seitliche Leitern auf. Stehen sie auf den Siegeln 74 und 77 schräg, wie gegen das architektonische Motiv angelehnt, erscheinen sie auf Siegel 75 in aufrechter Position.

Nur eine, schräg angelehnte Leiter weisen die Siegel 81, 109 und 110 auf. In allen drei Fällen befindet sie sich auf der rechten Seite.

Die architektonischen Motive der Siegel 75, 77 und 109 weisen die gleichen horizontalen Reihen aus Kerben auf, wie die Ausprägung IB1. Auf den Siegeln 74, 81 und 110 fehlen sie jedoch. Im Falle der Siegel 81 und 110 finden sich horizontale Linien, auf Siegel 74 vertikale Linien innerhalb der architektonischen Motive.

Auf allen Beispielen der Ausprägung IB2 ist das Objekt über dem architektonischen Motiv durch eine Kugelbohrung gebildet. Stets berührt es das architektonische Motiv oder steckt zwischen den Seitenbalken bzw. der Leiter.

Um das architektonische Motiv des Siegels 75 herum sind neun zusätzliche Kugelbohrungen angebracht.

IC

(Siegel: 96, 111)

Der Typ IC stellt eine Mischform zwischen den Typen IA und IB dar. Während die Formen der architektonischen Motive denen des Typs IA entsprechen, sind die Objekte über ihm als Kugelbohrungen wiedergegeben. Neben dem architektonischen Motiv auf Siegel 96 steht außerdem eine Leiter.

---

[392] Daß es sich tatsächlich um Leitern handelt, zeigen frühsumerische und ein akkadisches Siegel. Auf diesen klettern Personen an identisch gestalteten Gegenständen. Amiet 1972: Nr. 663, 930; Boehmer 1965: Abb. 303.

ID
(Siegel: 93)
Dieser Typ wird nur durch ein Beispiel vertreten. Das architektonische Motiv des Siegels 93 ist in der Gestalt dreier übereinander angebrachter kugelförmiger Gebilde dargestellt. In diese Kugeln wurden senkrechte Linien gezogen.

3.1.2 Motiv II: Zwei das architektonische Motiv flankierende, stehende anthropomorphe Figuren

Bei der Gestaltung dieses Einzelmotivs lassen sich die folgenden Typen unterscheiden.
IIA
(Siegel: 82, 84-92, 94-95, 99-103, 105-107, 111-113)
Die beiden anthropomorphen Figuren halten das Objekt über das architektonische Motiv. Hierbei gilt die Regel, daß die rechte Hand der linken Figur stets unter das Objekt faßt, während die Hand des angewinkelten linken Armes das Objekt oben hält. Bei der rechten Figur verhält es sich umgekehrt.
Die anthropomorphen Figuren tragen weder eine Hörnerkrone noch sonst eine Kopfbedeckung, sind also als Menschen aufzufassen. Ihre Kleidung besteht auf frühdynastischen Siegeln aus einem Zotten- oder einem glatten Rock. Auf dem akkadischen Siegel 101 tragen sie jedoch einen kurzen Wickelrock und auf den Siegeln 102 und 103 ein Faltengewand. Das Faltengewand wird von R. M. Boehmer als ein Göttergewand bezeichnet.[393] Die beiden flankierenden Figuren scheinen aber weder auf Siegel 102 noch auf Siegel 103 mit einer Hörnerkrone versehen zu sein.

IIB
(Siegel: 74-81, 108-110)
Die beiden Figuren halten nicht das Objekt, sondern ihre Hände greifen ins Leere oder berühren die Balken des architektonischen Motivs. Die Figuren sind ebenfalls ohne Hörnerkrone abgebildet, außerdem fehlt ihnen die Angabe von Kleidung.

3.1.3 Motiv III: Die hintereinanderschreitenden anthropomorphen Figuren

IIIA
Die hintereinanderschreitenden Figuren halten einen Gegenstand über ihrem Kopf.

IIIA1
(Siegel: 95, 101, 107)
Der Gegenstand ist von rechteckiger Form. Auf Siegel 95 entspricht der Gegenstand, den die hintereinanderschreitenden Figuren über ihrem Kopf halten, genau der Form des Objektes über dem architektonischen Motiv. Siegel 95 ist jedoch das einzige Beispiel für diese Übereinstimmung. Auf Siegel 107 unterscheiden sich die kissenförmigen Gegenstände, die von den hintereinanderschreitenden Figuren gehalten werden, von dem Objekt über dem architektonischen Motiv.

---

[393] Boehmer 1971: 467f.

IIIA2
(Siegel: 88-89, 91-92, 94, 96, 98-99, 105-106, 111-112)
In der Mehrzahl der Fälle ist der Gegenstand über dem Kopf der hintereinander- schreitenden Figuren in Form einer Kugelbohrung dargestellt.

IIIA3
(Siegel: 101)
Auf Siegel 101 ist die Darstellung der hintereinanderschreitenden Figuren auf eine reduziert. Diese hält einen rechteckigen Gegenstand mit einer konvexen oberen Seite über dem Kopf. Dies entspricht der Form des Objektes über dem architektonischen Motiv auf den Siegeln 94 und 105, nicht jedoch der des Objektes auf Siegel 101 selbst.

Typ IIIB
(Siegel: 74-76, 78-81, 108, 110)
Die hintereinanderschreitenden Figuren halten keine Gegenstände über ihrem Kopf. Ihre Hände greifen ins Leere.

3.1.4   Motiv IV: Die sitzende anthropomorphe Figur

Dieses Motiv weist eine Fülle von Merkmalen auf. Um diese übersichtlich zu untersuchen, sollen die verschiedenen Teile des Motivs getrennt untersucht werden.
Es sind dies:

IVA   Die Hörnerkrone
IVB   Die Frisur
IVC   Die Kleidung
IVD   Der gehaltene Gegenstand
IVE   Ihr Sitz
IVF   Vom Arm ausgehende Strahlen

IVA   Die Hörnerkrone
IVA1   Sitzende ohne Hörnerkrone
(Siegel: 76, 83, 86?, 88, 89?, 91, 93, 98r, 99-100, 102, 106-107, 110, 112)

IVA2   Sitzende mit Hörnerkrone
(Siegel: 82, 84?, 85, 92, 94-96, 98, 105, 108, 111?)
Die sitzende anthropomorphe Figur kann im Unterschied zu den anderen auf den Siegeln des Themas auftauchenden Figuren eine Hörnerkrone tragen. So gekennzeichnet ist sie als Gottheit zu erkennen.
Die Hörnerkrone entspricht in der Regel der Hörnerkrone IA1a des Gottschiffes bzw. IIA1aα seines Insassen: Zwei Hörner ragen unmittelbar aus dem Kopf der Gottheit. Die sitzende Gottheit auf Siegel 94 trägt die Hörnerkrone mit dem Pflanzenmotiv, die sonst nur vom Gottschiff und seinem Insassen getragen wird.[394] Finden sich bei diesen aber nicht mehr als zwei rautenförmige Elemente übereinander angeordnet, sind es auf Siegel 94 vier.

---

[394] Merkmal IA1c und IIA1aγ.

IVB Die Frisur

Sitzende Figuren ohne Hörnerkrone sind in der Regel auch ohne eine Angabe der Frisur dargestellt. Nur eine von zwei sitzenden auf Siegel 98 trägt einen Bart. Vor allem im Vergleich mit dem „Gottschiff" und seinem göttlichen Insassen, die sehr häufig einen Bart tragen können, ist dies auffällig. Jedoch ist kein zweizoniges Siegel bekannt, auf dem ein bärtiger Gott im Gottschiff im oberen Register und eine bartlose Gottheit vor dem architektonischen Motiv in der unteren Bildzone gemeinsam erscheinen. Auf gut erhaltenen Siegelbildern, die beide Themen zeigen, ist auch der Gott im Gottschiff bart-los dargestellt.[395]

Auf dem akkadischen Siegel 102 ist der Kopf der sitzenden Figur in einem schlechten Erhaltungszustand. Man erkennt aber noch am Hinterkopf einen Teil eines Stirnbandes und einen hinter diesem hervorkommenden und nach oben führenden Zopf. Mit der Hilfe anderer Siegel des akkadischen Stils ist es möglich, die Haartracht der sitzenden Figur zu rekonstruieren. Es handelt sich um eine Frisur, bei der ein nach hinten fallender Zopf nach oben durch ein Stirnband geführt wird, so daß sein Ende nach oben hin ab-steht. Nach G. Selz ist diese Frisur das entscheidende Kennzeichen bei der Darstellung von Frauen. Weibliche Gottheiten hingegen trügen gewöhnlich einen Zopf.[396] Ein sol-cher Zopf kann von den als Gottheiten gekennzeichneten Figuren getragen werden (Sie-gel 94-95, 98, 105). Auf den Siegeln 94 und 98 endet er in einer Locke. Bei der Gottheit des Siegels 95 steht der Zopf waagerecht vom Kopf ab und knickt dann senkrecht nach oben.

IVC Die Kleidung

In den meisten Fällen ist es üblich, den unteren Teil des Gewandes durch senkrechte Linien als Zottenrock zu kennzeichnen. Dies ist nicht nur die allgemeine Bekleidung der stehenden Figuren, sondern auch die Kleidung des Insassen des Gottschiffes. In einigen Fällen ist auch das Gesäß mit Linien versehen, was beim Gott im Gottschiff nie der Fall ist. Auf den in frühdynastischem Stil geschnittenen Siegeln 91 und 94 ist der untere Teil des Gewandes mit waagerechten Linien versehen, zwischen denen senkrechte Linien angebracht sind. Hier handelt es sich zweifellos um die Darstellung eines Falbelrockes oder -gewandes. Die Darstellung eines Falbelrockes erscheint auf Siegeln des Gott-schiff-Themas erst auf Siegeln des akkadischen Stils. Auf Siegel 91 ist die mit einem Falbelgewand bekleidete Figur ohne Hörnerkrone, auf Siegel 94 mit Hörnerkrone darge-stellt.[397]

Die Figur des akkadischen Siegels 102 trägt ein Schalgewand, dessen Saum in für die Akkad-Zeit typischer Weise mit Troddeln oder Fransen verziert ist.[398] Dieses Gewand wird in der Regel von Menschen getragen, taucht aber auch an dem als Gott gekenn-zeichneten Insassen des Gottschiffes auf Siegel 71 auf.

---

[395] Siegel 105-110.

[396] Selz 1983: 498, 540.

[397] Zur Bedeutung des Falbelrockes gilt das für Merkmal IIA2cγ gesagte.

[398] Beispiele für die Rundplastik finden sich bei Strommenger 1960: Taf. 9-12. Strommengers Unterscheidung zwischen „Wickelgewand" und „Togagewand", die für die Rundplastik von chronologischer Bedeutung zu sein scheint, läßt sich auf Rollsiegelbilder aufgrund ihrer geringen Größe nicht anwenden.

IVD   Der gehaltene Gegenstand
Sowohl die sitzenden Figuren mit als auch diejenige ohne Hörnerkrone haben stets einen Arm erhoben.
In der Hand können sie die folgenden Gegenstände halten:

IVD1   Eine Pflanze
IVD2   Einen Gegenstand, der als Kugelbohrung wiedergegeben ist
IVD3   Einen kubischen Gegenstand
IVD4   Ein Trinkrohr, das zu einem Gefäß führt

IVD1   Eine Pflanze
(Siegel: 83-84, 94, 102, 108)
Die Sitzenden der Siegel 94, 102 und 108 halten Gegenstände in die Höhe, die durch eine senkrechte Achse gebildet sind, von der ausgehend Linien schräg nach oben führen. Es handelt sich wahrscheinlich um die Darstellung von Pflanzen.
Zur Bedeutung dieser Pflanzen ergeben sich zwei Interpretationsmöglichkeiten. Zum einen könnte es sich um die „Wedel" handeln, die in der frühdynastischen Kunst von sitzenden Bankett-Teilnehmern in der Hand gehalten werden.[399] G. Selz unterschied hierbei für die FDII-Periode einen „Palmwedel", der von Männern gehalten wird, von einer „Datteltraube", die nur bei der Darstellung von Frauen erscheint.[400] Diese als „Würdezeichen" interpretieten Wedel[401] werden fast immer seitlich neben der Hüfte gehalten und hängen hinter dem Griff nach unten. Nur selten wird der „Wedel" bei einem Banket erhoben.[402]
Es kann sich also bei der Pflanze, die von den neben dem „Zikkurratbau" Sitzenden in die Höhe gehalten wird auch um ein Symbol handeln, das explizit auf das Thema des Siegelbildes Bezug nimmt.[403] Hierfür spricht der Umstand, daß auch auf weiteren Zikkurratbau-Siegeln Pflanzen vorkommen.
Auf den Siegeln 83 und 84 steht eine Pflanze vor den sitzenden Figuren senkrecht auf dem Boden, die im Falle von Siegel 83 aus ineinandergeschachtelten Rauten besteht. Der obere Teil dieser Pflanze neigt sich den sitzenden Figuren entgegen, von denen die eine mit und die andere ohne Hörnerkrone dargestellt ist.

IVD2   Ein Gegenstand, der als Kugelbohrung wiedergegeben ist
(Siegel: 88-89, 99, 105)
Auf drei Siegeln hält die sitzende Figur einen Gegenstand in die Höhe, der als Kugelbohrung wiedergegeben ist. Auf den Siegeln 88 und 105 entspricht er der Darstellung der Gegenstände, die die hintereinanderschreitenden Figuren über ihren Köpfen tragen. Bei der Kugelbohrung auf Siegel 99 kann es sich um keinen großen Gegenstand handeln, da sie sich hier in der geöffneten Hand der sitzenden Figur befindet. Die Kugelbohrung entspricht auch nicht den Gegenständen, die die hintereinander schreitenden

---

[399] Auf Weihplatten: Boese 1971: Taf. I.1, II.2, III.3, V.2, IX.1, IX.2, XII.2, XIII.3, XIV.3, XVII.1, XXV.1. Auf Rollsiegeln: Selz 1983: 111, Anm. 1. In der Rundplastik: Frankfort: 1939a.
[400] Selz 1983: 110f.
[401] Selz 1983: 112.
[402] Bei einem „Wedel", der ungewöhnlicherweise aus einem Griff und Tierhaar zu bestehen scheint: Dolce 1978: Taf. XVIII, K94; auf einem Rollsiegel: Amiet 1961: Abb. 1168.
[403] Dieser Interpretation wird von Selz 1983 der Vorzug gegeben: 422 Anm. 12.

Figuren auf diesem Siegel über ihren Köpfen tragen. Letztere sind deutlich größer. Für die Deutung der Kugelbohrung bietet sich in diesem Falle eine Trinkschale oder ein Becher an.

IVD3   Ein kubischer Gegenstand
(Siegel: 106, 107)
Auf den beiden Siegeln 106 und 107 halten Sitzende ohne Hörnerkrone einen kubischen Gegenstand in die Höhe. Die Ecken dieses Gegenstandes sind auf Siegel 106 spitz, auf Siegel 107 hingegen abgerundet. Seine Darstellung auf Siegel 106 entspricht weder der des gehaltenen Gegenstandes über dem architektonischen Motiv noch den Gegenständen, die die hintereinanderschreitenden Figuren über ihren Köpfen tragen.
Auf Siegel 107 ist dies jedoch der Fall: Der gleiche eiförmige Gegenstand erscheint sowohl in den Händen von zwei sitzenden als auch über den Köpfen von schreitenden Figuren.

IVD4   Ein Saugrohr, das zu einem Gefäß führt
(Siegel: 76, 85?, 89, 92, 94-95, 98, 100?, 112)
Sowohl Gottheiten als auch nicht als solche gekennzeichnete Figuren können aus einem Gefäß mit Hilfe eines Saugrohres trinken. Bei der Darstellung des Gefäßes sind in der Regel seine drei Elemente, der Standring, der Bauch und der Hals, wiedergegeben. Auf Siegel 98 scheint der Gott aus einem ballonförmigen Gefäß zu trinken, während eine vor ihm stehende Figur einen zweiten solchen Ballon über diesen hält. Auf Siegel 100 hält die sitzende Figur zwar einen Gegenstand in der Hand, der vermutlich ein Trinkrohr darstellen sollte, es fehlt jedoch das Gefäß.

IVE   Die Sitze
Die Darstellung der Sitze entspricht in der Regel denen des Gottschiff-Themas. So findet sich die Darstellung der kreuzförmigen Verstrebung als auch die „Kistenform" wieder.
Einzigartig innerhalb unseres Themenkreises sind die „Sitze" der Götter auf den Siegeln 94 und 98. Der Gott des Siegels 94 scheint auf dem Rücken einer vornübergeneigten menschlichen Figur zu sitzen. Unterhalb dieser ist ein Halbkreis zu sehen, in den senkrechte Linien geschnitten sind. Auf Siegel 98 thront der Gott auf dem Rücken eines liegenden Tieres. Auf dem Rücken von Tieren thronende Götter scheinen erst am Ende der frühdynastischen Glyptik aufzutauchen.[404]

IVF   Vom Arm ausgehende Strahlen
Zusammen mit zwei weiteren erscheint auf Siegel 107 eine sitzende Figur ohne Hörnerkrone, aus deren Unterarm drei Linien senkrecht nach oben ausgehen. Dies erinnert an die Darstellung der Linien am Gott im Gottschiff auf den frühdynastischen Siegeln 10, 11, und 25.
Obwohl die Figur keine Hörnerkrone trägt, ist sie durch dieses Merkmal vermutlich als Gottheit charakterisiert.

---

[404] Amiet 1961: Abb. 1356, 1358, 1363.

Mehrere sitzende Figuren

In der Regel findet sich nur eine sitzende Figur in einer „Zikkuratbau"-Szene. Hiervon weichen die Siegel 98 und 107 ab.

Auf Siegel 98 ist eine aus dem Saugrohr trinkende Gottheit als auch ihr gegenübersitzender Mann mit Bart dargestellt. Die Fläche vor letzterem ist beschädigt, es läßt sich aber noch der obere Teil eines Saugrohres erkennen, das er in der Hand hält.

Auf Siegel 107 sind drei Figuren ohne Hörnerkrone dargestellt. Zwei von diesen heben mit einem Arm einen kissenförmigen Gegenstand in die Höhe, die dritte ist diejenige von deren Hand Strahlen oder vegetative Triebe ausgehen.

Zusammenfassung der Merkmale des Einzelmotivs IV

Folgende Beobachtungen sollen nochmals betont werden:

1. Sowohl Figuren mit als auch ohne Hörnerkrone halten die gleichen Gegenstände in den Händen.

2. Sind einzelne sitzende Personen dargestellt, tragen sie niemals einen Bart.

3. Die einzige bärtige Figur trägt keine Hörnerkrone, sitzt aber einer als Gottheit gekennzeichneten bartlosen gegenüber.

4. In einem Fall können wir aufgrund der Haartracht auf die Darstellung einer Frau schließen, in drei weiteren Fällen auf die Darstellung von weiblichen Gottheiten.

3.1.5   Motiv V: Der sitzenden Person zugewandte Figuren

(Siegel: 76, 82, 85, 91, 95?, 96, 98, 100, 105-106, 112)

Auf den Siegeln 76 und 112 trinkt eine stehende Figur mit einem eigenen Saugrohr aus dem gleichen Gefäß wie die sitzende Figur, die ohne Hörnerkrone dargestellt ist.

Auf Siegel 85 machen sich zwei stehende Personen an dem Gefäß zu schaffen, das vor einer Gottheit steht. Ob die über dem Gefäß der Gottheit auf Siegel 95 stehende Figur inhaltlich zu der unteren Bildzone gehört, ist unsicher. Stehende Figuren mit einem wie zum Gruß erhobenem Arm finden sich auf den Siegeln 82, 105 und 106 vor Gottheiten und Figuren ohne Hörnerkrone. Sollte die für das Siegel 105 angefertigte Umzeichnung zutreffen, trägt die Figur vor der Gottheit auf Siegel 105 einen Bart und Haarknoten. Dies erinnert an das Siegel 98, auf dem eine bärtige Figur einer mit Hörnerkrone gekennzeichneten gegenübersitzt.

Auf Siegel 91 steht eine Figur hinter dem Sitz.

3.1.6   Motiv VI: Ein Tier

Auf den Siegeln 91 und 96 wird ein Tier von einem seitlich neben ihm gehenden Menschen geführt. Auf ersterem steht es dem thronenden Gott gegenüber, im zweiten Fall entfernt es sich von der sitzenden Figur.

Das Tier des Siegels 96 ist durch ein gebogenes Horn gekennzeichnet. Dem Tier auf Siegel 91 hingegen fehlt das Horn. Unterhalb seines Kopfes befinden sich senkrechte Linien. Dies ist ein Merkmal, das ansonsten nur beim menschenköpfigen Löwen des Gottschiff-Themas zu finden ist.

3.1.7   Motiv VII: Eine Pflanze

Die Darstellung von Pflanzen scheint auf Siegeln des Zikkurratbau-Themas eine besonders wichtige Bedeutung zu besitzen. Nicht nur die Sitzenden können eine Pflanze in der Hand halten, sondern sie finden sich auch auf vier weiteren Siegeln.

Aufrecht stehende Pflanzen sind sowohl auf den Siegeln 82, 96 und 111 in frühdynastischen Stilen als auch auf den Siegelbildern 101 und 103 dargestellt, die in akkadischen Stilen hergestellt sind. Auf dem Siegel 89 liegt eine Pflanze vor einem Sitzenden flach auf dem Boden.

3.2   Die Kombination der Motive

Im Folgenden sollen durch die Kombination der Motive Gruppen von Siegeln gebildet werden.

In Matrix II werden die Motive I, II und III in die sie wiedergebenden Typen aufgeschlüsselt. Da eine Typeneinteilung bei den Motiven IV, V und VI nicht möglich war und auch nicht sinnvoll ist, werden diese nur durch ihre römischen Ziffern gekennzeichnet.

In der Regel weisen Siegel mit dem „Zikkurratbau-Thema" stets Motiv I (das architektonische Motiv und das Objekt über ihm), Motiv II (zwei das architektonische Motiv flankierende, anthropomorphe Figuren) und Motiv III (hintereinanderschreitende anthropomorphe Figuren) auf. Die Mehrzahl der Siegel zeigt auch Motiv IV (eine sitzende anthropomorphe Figur), während die Motive V-VII seltener dargestellt sind.

Deutlich treten auf Matrix II zwei unterschiedliche Gruppen von Siegeln hervor, die jeweils unterschiedliche Typen der Motive I-III abbilden (Motivgruppe I und Motivgruppe II). Es handelt sich daher nicht um unterschiedliche inhaltliche Gruppen, sondern um stilistische Unterschiede.

	IB	IIB	IIIB	IV	V	VII	IC	VI	IIIA	IIA	IA	
77	X											
75	X	X	X									
80	X	X	X									
79	X	X	X									
78	X	X	X									
81	X	X	X									
109	X	X	X									Motivgruppe I
110	X	X	X	X								
108	X	X	X	X								
76	X	X	X	X	X							
74	X	X	X			X						
96				X	X	X	X	X	X	X		
111				X	X	X	X		X	X		
83		X	X	X	X						X	
98		X		X	X				X		X	
113			X?						X	X	X	
91				X	X			X	X	X	X	
82				X	X	X			X	X	X	
112				X	X				X	X	X	
105				X	X				X	X	X	
106				X	X				X	X	X	Motivgruppe II
85				X	X					X	X	
100				X	X					X	X	
88				X		X			X	X	X	
99				X					X	X	X	
95				X					X	X	X	
92				X					X	X	X	
94				X					X	X	X	
89				X					X	X	X	
107				X					X	X	X	
84				X					?	X	X	
86				X						X	X	
102				X						X	X	
101						X			X	X	X	
87										X	X	

Abb. 6: Die Bildung der Motivgruppen I und II

3.3   Die Bildung von Stilgruppen und deren Datierung

Stilgruppe I

Siegel: 74-81, 108-110
Siegelkomposition: 10x zweizonig, 1x einzonig
Verbreitung: 2x Mâri, 1x Tell Agrab, 1x Tell Suliemeh, 1x Nippur
Datierung: FDIIIb und später

Die Siegel der Stilgruppe I gehören zur Motivgruppe I:
Die Siegel weisen stets das architektonische Motiv des Typs IB auf. Sind hintereinanderschreitende Figuren dargestellt, tragen diese niemals Gegenstände über ihren Köpfen. Die das architektonische Motiv flankierenden Figuren halten niemals ein Objekt über dieses. Sitzende Figuren und Diener sind auf Siegeln dieser Gruppe die Ausnahme. Tiere oder Pflanzen finden sich nicht.
Die Siegel der Stilgruppe I weisen, außer Siegel 108, eine sehr einheitliche Herstellungstechnik auf. Das wichtigste verwendete Werkzeug ist der Kugelbohrer. Nicht nur der gehaltene Gegenstand über dem architektonischen Motiv ist auf diese Weise dargestellt, sondern auch alle Körper anthropomorpher Figuren sind durch übereinander angeordnete Kugelbohrungen gestaltet. Meistens markieren zwei Kugelbohrungen den Unter- und Oberkörper der betreffenden Figur. In diesen Fällen wird der Kopf durch den Stichel gezeichnet. Er erhält dabei eine runde bis karoförmige Form. Augäpfel sind nur auf Siegel 75 angegeben. Der Hals kann als ein Strich gezeichnet werden.
Andere Figuren werden durch drei Kugelbohrungen dargestellt. Die oberste bildet dabei den Kopf.[405]
Auf Siegel 78 weisen einige Figuren sogar vier übereinander angeordnete Kugelbohrungen auf. Die vierte Bohrung ist vielleicht der Versuch einer Wiedergabe der Gegenstände, die die schreitenden Figuren der Stilgruppe II über ihren Köpfen tragen. Im gleichen Sinne dürften auch die scheinbar willkürlich über den Köpfen der Schreitenden angebrachten Kugelbohrungen auf Siegel 74 zu deuten sein.
In den meisten Fällen werden die Kugelbohrungen nicht weiter bearbeitet. In einigen Fällen hat man jedoch versucht, durch Nacharbeiten mit dem Stichel einen weicheren Übergang zwischen den Bohrungen zu erreichen.[406] Auch wurde teilweise die untere Hälfte der untersten Kugelbohrung erweitert, um einen Rocksaum darzustellen.[407]
Die Arme und Beine der Figuren werden in einer sehr charakteristischen Weise als an die Kugelbohrungen angefügte Striche dargestellt.
Abschließend sei auf das für die Siegel dieser Stilgruppe verwendete einheitliche Material hingewiesen. Es handelt sich in allen Fällen um Muschel.
Es wurde bereits darauf hingewiesen, daß auf dem Bauch liegende Capriden mit untergeschlagenen Beinen, wie sie sich auf den Siegeln 79-81 finden, gleichermaßen ein Charakteristikum für die frühakkadischen Siegel der „Tigris-Gruppe" als auch für späte Siegel innerhalb der frühdynastischen Glyptik sind. Ebenfalls erwähnt wurde der Umstand, daß der Gebrauch des Kugelbohrers in FDIIIb zunahm. Kugelbohrungen an den Schnauzen und Gelenken der Tiere, sowie die Schraffierung des Gehörns tauchen erst auf Siegeln dieser Periode auf. Diese Merkmale finden sich aber auch auf den Siegeln 77-81.

---

[405] Siegel 79-81.
[406] Siegel 76-77, 109.
[407] Siegel 77, 81.

Die Fundsituation widerspricht einer Entstehung der Stilgruppe I in FDIIIb nicht.

Die Fundsituation:

Siegel	Ort	Fundstelle, Schicht	Datierung der Schicht
74	Suliemeh	Schicht IV	Neusumerisch (?)
75	Mâri	„Schatzfund"	FDIIIb
76	Mâri	„Schatzfund"	FDIIIb
80	Nippur	Area WA, Level V	Altbabylonisch

Stilgruppe II
Die Siegel der Stilgruppe II gehören zur Motivgruppe II:
Auf den Siegeln dieser Gruppe halten stets zwei Figuren ein Objekt über das architektonische Motiv des Typs IA. Die hintereinanderschreitenden Figuren tragen in der Regel einen Gegenstand über ihren Köpfen. Ausnahmen hiervon bilden nur die Siegelbilder 113 und 83. Auf den meisten Stücken findet sich das Motiv der sitzenden Figur. Es können Tiere und Pflanzen hinzukommen.
Das architektonische Motiv des Typs IC findet sich auf Siegeln, deren andere Motive denen der Stilgruppe II entsprechen.
Die Herstellungstechnik der Stilgruppe II ist im Gegensatz zur Stilgruppe I nicht einheitlich. Die Stilgruppe II läßt sich daher folgendermaßen unterteilen:

IIA
Siegel: 82-90, 105-106
Siegelkomposition: 5x einzonig, 5x zweizonig
Verbreitung: 3x Kiš, 2x Ḫafaǧi, 1x Tell Asmar
Datierung: FDIIIa-FDIIIb

Die Stilgruppe IIA ist neben der akkadischen die einzige, deren Siegel einzonig sein können.
Der Rumpf der stehenden oder schreitenden Figuren wird durch einige senkrechte, tief eingeschnittene Linien gestaltet, die den Zottenrock darstellen. Oberhalb des Zottenrokkes ist meist ein schräg nach unten oder waagerecht verlaufender Balken für den Oberarm angebracht. Dieser ragt manchmal hinten über den Köperumriß hinaus. Der Unterarm ist stets als vom Oberarm abgewinkelt dargestellt. Hinter dem Arm der dem Betrachter zugewandten Seite findet sich meist auch der andere wiedergegeben. Im Gegensatz zum Stil der Gruppe I finden wir also eine ansatzweise perspektivische Darstellung vor.
Die Köpfe werden in einfacher Karoform oder durch rundliche Umrißlinien mit großen Augenhöhlen dargestellt. Oft wird dabei die von der Schädeldecke ausgehende Linie über diejenige gezogen, die sich auf der Höhe des Mundes befindet. Auf diese Weise wird die Nase dargestellt.[408]
Die Figuren der Siegel 89 und 105 weisen die Angabe von Augäpfeln auf.
Die Stilgruppe IIA der Zikkurratbau-Siegel entspricht der Stilgruppe IE der Siegel, die das Gottschiff darstellen. Letztere wurde nach FDIIIb datiert. Ein frühes Beispiel für die

---

[408] Siegel 82, 105-106.

Stilgruppe IIA stammt aber bereits aus einer Schicht in Ḥafaǧi, die der Ausgräber H. Frankfort nach „EDIIIa" datiert.

Die Fundsituation:

Siegel	Ort	Fundstelle, Schicht	Datierung der Schicht
82	Ḥafaǧi	Houses 2	FDIIIa
106	Kiš	„A"-Friedhof	FDIIIb

IIB
Siegel: 91, 92, 111
Siegelkomposition: 3x zweizonig
Verbreitung: 1x Mâri, 1x Tell Suliemeh
Datierung: FDIIIb und später

Die Körper der Figuren sind durch zwei übereinander angebrachte Kugelbohrungen gebildet. Auf die unteren Kugelbohrungen wurden dann senkrechte Striche gesetzt, um Zottenröcke darzustellen. An den oberen Kugelbohrungen wurden die Schultern nachgearbeitet und Arme aufgezeichnet.

Die Fundsituation:

Siegel	Ort	Fundstelle, Schicht	Datierung der Schicht
111	Mâri	„Schatzfund"	FDIIIb
92	Suliemeh	Schicht IV	Neusumerisch (?)

IIC
Siegel: 94-97, 112-113
Siegelkomposition: 6x zweizonig
Verbreitung: 1x Ištšali, 1x Tell Asmar, 1x Tell Suliemeh, 1x Nippur, 1x Susa
Datierung: FDIIIb und später

Auch zur Herstellung dieser Siegel wurde der Kugelbohrer verwendet. Auf den Siegeln 94-95, 97 und 113 sind die Kugelbohrungen jedoch stark nachgearbeitet. Dabei entstehen Darstellungen von kurzen glatten Röcken mit leicht konkav geschwungenem unterem Saum. Senkrechte Striche als Angabe von Zotten finden sich in der Regel nicht.
Auf den Siegeln 96 und 112 wurden die Kugelbohrungen weniger gut nachgearbeitet. Ihr Stil erinnert daher zunächst an die Stilgruppe I. Der Unterschied zeigt sich jedoch in der Gestaltung der Arme. Sie sind nicht als Striche an die Bohrungen angefügt, sondern auf die Bohrungen gesetzt. Der Rumpf der sitzenden Figuren ist außerdem mit dem Stichel nachgearbeitet.
Auf dem Siegel 96 ist in der oberen Bildzone ein Tierkampf und daneben ein nackter Held abgebildet, der links einen Leoparden und rechts eine Schlange hält. Während der Tierkampf keine eindeutige Datierung zuläßt, finden sich Darstellungen von nackten Helden, bei denen auf die gleiche Weise wie auf Siegel 96 breite Oberschenkel in linear

gestaltete Unterschenkel übergehen, auf inschriftlich gesicherten Stücken der Periode FDIIIb.[409]

Die Fundsituation:

Siegel	Ort	Fundstelle, Schicht	Datierung der Schicht
94	Suliemeh	Schicht IV	Neusumerisch (?)
95	Ištšali	Kititum I oder II	Isin-Larsa-Zeit
97	Nippur	NT, Level II	Frühakkadisch
113	Asmar	Street outside Northern Palace (35,00m)	Spätakkadisch

IID
Siegel: 98-100
Siegelkomposition: 3x zweizonig
Verbreitung: ?
Datierung: FDIIIb

Der Stil dieser Siegel zeichnet sich durch eine sehr füllige Gestaltung der Figuren aus. Dies wird vor allem an dem massigen Körper der sitzenden Figur deutlich. Aber auch die Köpfe sind auf eine besondere Art gebildet. Sie werden nicht durch eine einheitlich breite Umrißlinie eingefaßt, wie bei den anderen, sondern ihr unterer Teil ist breiter gestaltet. Auf Siegel 99 läuft sie nach vorne spitz zu, so daß der Eindruck eines Kinns entsteht. Vor der Augenhöhle ist stets, wenn auch auf unterschiedliche Weise, die Nase angegeben.
Interessanterweise weichen die Siegel 99 nicht nur im Stil von den anderen Siegeln ab. Auf Siegel 99 ist eine Sonderform des architektonischen Motivs zu finden, und auf Siegel 100 findet sich eine Leiter, die nur in diesem Fall nicht direkt neben dem architektonischen Motiv, sondern zwischen einer flankierenden und der sitzenden Figur steht. In der oberen Bildzone des Siegels 99 sind die Tierfiguren vollständig aufgerichtet wiedergegeben. Neben ihnen steht ein nackter Held, der wie der auf Siegel 96 die „Einschnürung" der Unterschenkel aufweist. Die gleichen Merkmale weisen Siegel auf, die Inschriften von Königen der FDIIIb-Periode tragen.[410]
Auf Siegel 100 sind in der oberen Bildzone abermals auf dem Bauch liegende Capriden dargestellt, die Kugelbohrungen an den Gelenken aufweisen. Die starke Markierung der Umrißlinie des linken Capriden sowie die Innenzeichnung aus vertikalen Linien finden sich in der gleichen Weise auf Siegeln der „Tigris-Gruppe" wieder. Das Siegel 100 rückt somit in zeitliche Nähe zu akkadischen Siegeln.

Stilgruppe III
Siegel: 101-103, 104?
Siegelkomposition: 3x einzonig, 1x fraglich

---

[409] Hansen 1987: Taf. XIV, Abb. 17b.
[410] Hansen 1987: Taf. XIV, Abb. 17b.

Verbreitung: 1x Susa, 1x Nippur, 1x Mâri?
Datierung: Akkadisch I

Die Siegel der Stilgruppe III gehören ebenfalls zur Motivgruppe II, fassen aber Siegel
des akkadischen Stils zusammen. Ihre Charakteristika wie die „akkadische Armhaltung"
oder die detaillierte und naturalistische Darstellung der Figuren wurden 1975 ausführlich
durch R. M. Boehmer behandelt.
Die beiden akkadischen Siegel 101 und 102 stellen den „Zikkurratbau" in einer reduzierten Variante dar. Ob dies auf eine Tendenz innerhalb der Entwicklung des Bildthemas schließen läßt, ist aufgrund der geringen Anzahl akkadischer Siegel unsicher.
Auf dem veröffentlichten Tonklumpen ist das Siegelbild 103 dreimal abgerollt worden.
Daher gibt die Umzeichnung das ursprüngliche Siegelbild wahrscheinlich vollständig
wieder. Die reduzierte Darstellung des Themas, die aufrecht stehende Palme und das
Faltengewand der Figuren verbinden das Stück mit den akkadischen Siegeln 101 und
102. Für eine Datierung nach Akkadisch I spricht auch die Einzonigkeit des Siegels.
Auf der ebenfalls unvollständig erhaltenen Siegelabrollung 104 ist direkt neben dem
architektonischen Motiv das Gewand der sitzenden Figur zu erkennen.
Eine Umzeichnung von Amiet gibt auf der anderen Seite des architektonischen Motivs
eine stehende Figur wieder.[411] Diese ist auf dem Originalphoto der Grabungspublikation
nicht zu erkennen. Die reduzierte Bildkomposition, das Faltengewand der sitzenden
Figur und ihr Sitz sprechen für eine Zuordnung zur Stilgruppe III.

Die Fundsituation:

Siegel	Ort	Fundstelle, Schicht	Datierung der Schicht
103	Nippur	NT, Level II	Frühakkadisch

Ein Unikat
Das Siegel 93 weist nicht nur eine einzigartige Gestaltung des architektonischen Motivs
auf, es weicht auch im Bildaufbau von den anderen Siegeln ab. Zwar findet sich eine
sitzende Figur, aber die rechte das architektonische Motiv flankierende Figuren ist von
diesem abgewandt. Hinter der sitzenden Figur erscheinen zwei schreitende Figuren,
diese tragen aber keine Gegenstände auf ihrem Kopf.

3.4 Die Kombination mit anderen Bildthemen

3.4.1 Einzonige Siegel

(Siegel: 74, 82-84, 86-87, 101-103)
Auffällig ist, daß auf einzonigen Siegeln vielgliedrige Kompositionen mit mehreren
Sitzenden, Tieren und Pflanzen fehlen. Gerade die reduzierten Darstellungen des „Zikkurratbau-Themas" finden sich hier wieder.
Da es innerhalb der Glyptik des akkadischen Stils, abgesehen von den Siegeln der „Tigris-Gruppe", keine zweizonige Bildaufteilung gibt, überrascht es nicht, daß die Stücke
101-103 ebenfalls einzonig sind.

---

[411] Amiet 1981: Abb. 1789.

3.4.2   Zweizonige Siegel

Bis auf das Fragment der Siegelabrollung 97 erscheint das „Zikkurratbau-Thema" immer in der unteren Bildhälfte.

Die beiden Bildzonen der Rollsiegel können durch eine oder zwei durchgehende, horizontal die mittlere Höhe des Siegels einnehmende Linien voneinander getrennt sein. Daneben gibt es zweizonige Siegel ohne Trennungslinie. Bei diesen sind jedoch in der Regel die beiden Bildhälften eindeutig voneinander unterscheidbar. Eine Ausnahme bildet das Siegel 95, auf dem die Köpfe der Figuren der unteren Bildzone in die obere Bildhälfte hineinragen. Eine stehende Figur kann weder der einen noch der anderen Zone eindeutig zugeordnet werden. Ähnlich verhält es sich mit dem Siegel 94. Der Kopf der thronenden Gottheit ragt aus dem unteren Bildfeld in das obere hinein. Über diesem befindet sich ein Halbkreis, von dem kurze Striche nach oben führen. Obwohl in der oberen Bildzone angebracht, gehört er doch wohl zum Gott der unteren Bildzone.

Auf der oberen Bildhälfte sind die folgenden Darstellungen angebracht:

I   Das Gottschiff
(Siegel: 105-113)
Dieses Thema ist das am häufigsten mit der Zikkurratbau-Szene kombinierte.
Auf den drei Siegel mit der Zikkurratbau-Szene der Gruppe I ist das Thema des Gottschiffes unvollständig dargestellt. Siegel 108 und 109 bilden das Gottschiff-Thema der inhaltlichen Gruppe II, Siegel 110 der inhaltlichen Gruppe IB ab.
Auf den Siegeln, die das Zikkurratbau-Thema der Gruppe II darstellen, ist das Gottschiff-Thema detaillierter und ausführlicher dargestellt. Aber auch bei diesen erscheint nur einmal eine zur inhaltlichen Gruppe IA gehörende Szene, nämlich auf dem qualitativ hochwertigen Stück 107.
Die oberen Bildzonen der Siegel 88 und 89 sind zu schlecht erhalten bzw. veröffentlicht als daß man die dort angebrachte Darstellung deutlich genug erkennen könnte.
Es ist möglich, daß auf Siegel 89 eine Wagenszene dargestellt war. Sollte das Gottschiff-Thema angebracht gewesen sein, wäre dies der einzige Fall mit dem Motiv des Tisches.

II   Andere Bootsszenen
(Siegel: 92, 94)
Auf dem Siegel 92 ist eine Bankettszene in einem Boot dargestellt. Daneben ist ein Baum und ein Kasten für eine Siegelinschrift angebracht.
Das Siegel 94 stellt ein Boot dar, dessen Bug in einem Tierkopf endet. Im Boot stehen vier Figuren, die Stäbe oder Pflanzen vor sich halten. Dem Boot sitzt – ähnlich dem Siegel 44 – eine Figur gegenüber. Hinter der sitzenden Figur ist ein liegender Capride abgebildet. Der erwähnte Halbkreis über dem Kopf der Gottheit des Zikkurratbau-Themas gehört wohl inhaltlich zu dieser.

III   Ein Adler hält zwei Tiere gepackt.
(Siegel: 78-80, 93, 99)
Das heraldische Motiv des Adlers, der zwei links und rechts von ihm liegende Tiere gepackt hält, erscheint häufig innerhalb der frühdynastischen Glyptik. Es fällt auf, daß es dreimal mit der Zikkurratbau-Szene der Gruppe I kombiniert wird.
Die Tiere dieser Siegel sind in einer sehr charakteristischen Weise gestaltet. Die Beine sind meistens untergeschlagen. Ihre Oberschenkel und die Gelenke sind durch Kugel-

bohrungen wiedergegeben. Auf Siegel 99 findet sich neben dem Motiv des Adlers eine dreigliedrige Tierkampf-Szene.

Bis auf Siegel 93, das auch in anderer Hinsicht eine Ausnahme darstellt, ist der Adler stets so angeordnet, daß er sich genau über dem architektonischen Motiv befindet.

IV   Liegende Capriden
(Siegel: 81)
Drei hintereinanderliegende Capriden sind auf dem Siegel 81 abgebildet. Sie entsprechen in ihrer Darstellungsweise den Tieren, die der Adler auf den oben vorgestellten Siegeln der Gruppe I gepackt hält.

V   Tierkampf-Szenen
(Siegel: 74, 91, 96, 98)
Die Darstellungen auf den oberen Bildzonen dieser Siegel unterscheiden sich stark voneinander.

Siegel 74
Die obere Bildhälfte ist wie die untere sehr schlecht erhalten. Trotzdem läßt sich ein Tierkampf erkennen, der einen Aufbau wie der des Siegels 91 aufweist. Zwei überkreuzstehende Löwen beißen je einem Tier in die Kehle. Dieser Szene nähern sich von links und rechts je zwei Figuren.

Siegel 91
Auch auf diesem Siegel fallen zwei überkreuzstehende Löwen je ein Tier an. Von links nähern sich dieser Szene ein aufrecht schreitender Leopard und ein Held. Von rechts kommen zwei Helden, von denen einer eine Frisur oder Kappe in Form dreier vom Kopf abstehender Balken trägt.

Siegel 96
Zwei überkreuzstehende Löwen beißen je einem Tier in die Kehle. Daneben befindet sich eine um 90 Grad gedrehte Gestalt eines nackten bärtigen Helden, der mit der linken Hand einen Leoparden an einem Hinterlauf in die Höhe hält. Mit der rechten hält er eine Schlange gepackt.

Siegel 98
Zwei sich gegenüberliegende menschengesichtige Stiere, zwischen denen sich ein Skorpion befindet, werden von Löwen angefallen. Den rechten Löwen greift ein nackter Held mit hochstehenden Haaren im Knielauf an, indem er ihm eine Lanze in den Rücken bohrt. Neben dieser Szene ist ein „Legendenkasten" angebracht. Die obere und die untere Bildzone dieses Siegels sind so aufgebaut, daß ihr jeweiliger Mittelpunkt, von dem aus sich die Szenen aufbauen, nämlich das architektonische Motiv und der durch einen Skorpion ausgefüllte Raum zwischen den beiden menschengesichtigen Stieren, übereinander stehen.

VI   Pflanzen
(Siegel: 75)
Wie bereits bei der Vorstellung der Motive festgestellt wurde, spielen Pflanzen sowohl in der Hand der sitzenden Figuren als auch allein stehend eine wichtige Rolle innerhalb

der Zikkurratbau-Szene. Es ist daher möglich, daß die in der oberen Bildzone des Siegels 75 abgebildeten, vielleicht lange Palmenzweige darstellenden Motive inhaltlich zu der unteren Szene gehören.

VII Sonne, Mond und zwei Skorpione
(Siegel: 85)
Das Sonnensymbol befindet sich genau über dem architektonischen Motiv. Einen Skorpion wiesen auch die Siegel 98 und 95 in der oberen Bildzone auf.

VIII Ein Tisch
(Siegel: 76, 77, 95)
Das rechteckige Objekt mit eingezeichnetem Kreuz wurde bereits als die in Mâri, Mittelmesopotamien und Susa verbreitete Darstellung eines Tisches gedeutet. Auf Siegel 76 findet sich eine Bankettszene neben dem Tisch. In einem U-förmigen Behälter befindet sich ein durch zwei übereinander angeordnete Kugelbohrungen dargestelltes Gefäß. Ein zweites Gefäß wird von einem Diener zu zwei sich gegenüber sitzenden Figuren getragen, die aus einem dritten zwischen ihnen stehenden Gefäß trinken.

3.5   Zur Deutung des Bildthemas

Im Gegensatz zum Thema des Gottschiffes herrschte bei der Deutung des Themas des „Zikkurratbaus" unter den Assyriologen von Anfang an Einigkeit darüber, daß keine übernatürliche Begebenheit, sondern ein realer kultischer Vorgang bildlich wiedergegeben wurde. Innerhalb dieses kultischen Vorganges spielt das architektonische Motiv die zentrale Rolle.
Schwierigkeiten ergeben sich bei der Interpretation des architektonischen Motivs, des über ihm befindlichen Gegenstandes und der sitzenden Figur.
Die ersten Deutungen sahen den Bau einer Zikkurrat wiedergegeben. Nach E. Mackay plazieren auf Siegel 106 zwei Personen einen Ziegel auf ihre Spitze. Drei weitere Personen trügen Lehm oder weitere Ziegel herbei.[412]
Th. Dombart gesellte 1929 dasselbe Siegel in eine Reihe von altorientalischen Bildwerken, in denen er Darstellungen mehrstöckiger Zikkurrati sah. Besonders auffällig ist hierbei die Ähnlichkeit zwischen der Abbildung von Zikkurrati auf neuassyrischen Rollsiegeln mit den architektonischen Motiven unseres Bildthemas. Neben dem Bauvorgang sah Th. Dombart in der sitzenden Figur einen „Bauherrn oder Polier" dargestellt, der Wasser oder Mörtel in Tonkrüge fülle, die von „Handlangern" zum Turm getragen würden.[413]
Eine abweichende Interpretation des architektonischen Motivs lieferte H. H. von der Osten 1939. Er vermutete „... granaries, against which ladders lean," dargestellt.[414]
H. Frankfort bevorzugte weiterhin die Deutung als „temple tower", auch wenn er Zweifel äußerte, ob nicht ein „agricultural rite such as the heaping of corn before the god"[415] wiedergegeben sei. Bei der Errichtung des Bauwerkes setzten die flankierenden Figuren entweder einen Ziegel oder ein ganzes Stockwerk oben auf. Die Szene links neben dem

---

[412] Mackay 1925: 62, Nr. 17.
[413] Dombart 1929: 226.
[414] Von der Osten 1939: 37ff.
[415] Frankfort 1939: 76, Anm. 2.

„temple tower" des Siegels 98 stelle einen nackten Diener dar, der einer sitzenden Gottheit einen plankonvexen Ziegel reiche, damit der ihn prüfe und messe.[416]
Einen plankonvexen Ziegel hielten auch die flankierenden Figuren des Siegels 95 über die „Zikkurrat".[417]
Zweifel an der Deutung als Zikkurrat äußerte P. Amiet erstmals 1951 und verwies auf die Darstellung von „Altären" auf frühsumerischen Bildträgern.[418] Im gleichen Artikel findet sich erstmals die Ansicht, bei den Siegeln, die für die vorliegende Arbeit zur Stilgruppe I zusammengefaßt wurden, sei ein unterschiedlicher Bildinhalt wiedergegeben. Auf diesen Siegeln sei der Bau der „Zikkurrati" fertiggestellt. Das Objekt, das während des Baus über sie gehalten wurde sei integriert, und die hintereinanderschreitenden Figuren trügen nicht länger Baumaterial herbei.[419]. Diese Ansicht wird von Amiet bis 1981 beibehalten, nicht erkennend, daß es sich um einen stilistischen, nicht um einen inhaltlichen Unterschied handelt.
Die sitzenden Figuren wurden von P. Amiet als Architekten gedeutet, die das Material begutachteten. Hierbei übersah er anscheinend, daß die sitzenden Personen Hörnerkronen tragen können.
Im gleichen Jahr interpretierten M. Lambert und R. J. Tournay das bislang als Ziegel oder Stockwerk aufgefaßte Objekt über dem architektonischen Motiv als das Schriftzeichen BARAG=*parrakku*.[420] Dieses hat die Bedeutung „Gottesthron", „Heiligtum".[421] Ähnlichkeit ergibt sich aber nur mit denjenigen gehaltenen Gegenständen, die ein eingraviertes Kreuz aufweisen.
Auch Lambert/Tournay erkannten nicht die stilistisch begründete Eigenheit der Stilgruppe I und vermuteten, das dort wiedergegebene Objekt über dem architektonischen Motiv sei das Schriftzeichen ŠÁR mit der Bedeutung „Gesamtheit".[422] Tatsächlich ist die unterschiedliche Gestaltung des Motivs aber auf unterschiedliche Werkzeuge bei der Herstellung der Siegelbilder zurückzuführen.
E. D. van Buren stimmte 1952 der Deutung des Objekts über dem architektonischen Motiv als BARAG-Zeichen zu, brachte die ganze Szene aber gleichzeitig mit einer schriftlichen Quelle, dem Gudea Zylinder, in Verbindung.[423] Demnach sei über dem architektonischen Motiv ein Stern als Zeichen des Wohlwollens der Göttin Nisaba gegenüber dem Bau eines Tempels dargestellt.[424] Jedoch scheint van Buren nicht alle architektonischen Motive als Tempel gedeutet zu haben, in manchen sah sie Schilfhütten abgebildet und verwies auf ähnliche Motive auf frühgeschichtlichen Siegeln.
1952 bezeichnete P. Amiet bei der Beschreibung der Siegel 105 und 108 abermals die architektonischen Motive als „tour a étages" und „ziqqurat", obwohl er bereits 1951 Zweifel an dieser Interpretation hatte. 1953 trennte er sich jedoch endgültig von der Vorstellung, eine Zikkurrat sei dargestellt. Fortan bevorzugte er die Deutung des architektonischen Motivs als „espèce d'estrade" oder „autel gigantique".[425] Ausschlaggebend

[416] Frankfort 1939: 76; so auch Selz 1983: 422, Anm. 11.
[417] Frankfort 1955: Beschreibung zu Abb. 901.
[418] Amiet 1951: 85f.
[419] Amiet 1951: 85.
[420] Lambert/Tournay 1951: 36.
[421] Labat 1976: Nr. 344.
[422] Lambert/Tournay 1951: 37.
[423] Van Buren 1952: 68ff.
[424] Van Buren 1952: 71.
[425] Amiet 1953a, 1953b, 1955, 1961.

für diese Meinungsänderung war zum einen, daß Amiet die Deutung des Objekts über dem architektonischen Motiv als BARAG-Zeichen übernahm, dessen Anbringung über einem Altar ihm sinnvoller erschien als über einer Zikkurrat. Des weiteren sah P. Amiet vergleichbare „Hochaltäre" auf Bildwerken von der Frühgeschichte bis zur Akkad-Zeit dargestellt. Deren Deutung ergibt sich für die frühgeschichtlichen Bildträger dadurch, daß Beter auf ihnen stehen.

1955 fügte P. Amiet als Argument den kleinen Maßstab der architektonischen Motive hinzu. Diese könnten keine Zikkurrati sein, da die Leitern bis an ihre Spitzen reichen.

Auch 1961 lehnte P. Amiet die Deutung des architektonischen Motivs als Zikkurrat ab, betonte aber stärker dessen unterschiedliche Gestaltung und hielt anscheinend mehrere Deutungen für möglich bzw. vermutete unterschiedliche Gebäude seien dargestellt. So erinnern ihn die architektonischen Objekte der Siegel 87, 101 und 102 an Heuschober.[426] Diese Interpretation wandte er 1966 auch bei der Beschreibung des Siegels 96 an, wobei er nun annahm, daß es sich beim dargestellten Thema um eine „fête de la moisson caractérisée par l'érection d'une grande meule de gerbes de blé" handele.[427] Auch bei dieser Interpretation ist der Vergleich mit Motiven auf frühgeschichtlichen Siegeln ausschlaggebend.

Keinen Widerspruch zwischen den Deutungen als Hochtempel bzw. Zikkurrat und Heuschober sah G. Selz 1981 und verwies darauf, daß auch die Ernte im Überschwemmungsgebiet Mesopotamiens auf einem Unterbau gelagert werden mußte. Vermutlich sei hierin überhaupt der Ursprung der Architekturform der Zikkurrati zu suchen. Das Thema stelle mehrere zeitlich aufeinanderfolgende Handlungen zusammen: „Heranschaffen von Baumaterial für einen Tempel, dessen Fertigstellung zugleich durch den über der Aufschüttung befindlichen Gegenstand und den zur Einweihung Trinkenden vorausgesetzt wird."[428] G. Selz deutete das Objekt über dem architektonischen Motiv auf Siegel 107 als das Schriftzeichen É (Haus).[429]

Im Folgenden sollen die unterschiedlichen Deutungen anhand von Darstellungen architektonischer Motive innerhalb anderer Bildthemen diskutiert werden. Es sind dies:

1. Schilfhütte
2. Hochaltar
3. Zikkurrat
4. Silo

1. Schilfhütte
Auf frühgeschichtlichen Bildträgern findet sich die Darstellung einer von Herdentieren umlagerten Hütte von konvexer Form, deren Fassade in zu parallelen Reihen zusammengefaßten senkrechten Linien gegliedert ist (Abb. 7).[430]

---

[426] Amiet 1961: 182.
[427] Amiet 1966: 209.
[428] Selz 1981: 423.
[429] Selz 1981: 422.
[430] Auf Siegelbildern: Amiet 1961: Abb. 629, 632; auf Steinschale: Orthmann 1985: Taf. 71b.

Abb. 7: Frühgeschichtliches Siegelbild aus Ḫafaǧi[431]

Um eine „Nischengliederung der Fassade verschiedener Stockwerke" kann es sich aufgrund der Größenverhältnisse, die durch die Türen und Tiere angegeben werden, nicht
handeln. Die Fassadenstruktur erklärt sich, im Vergleich mit heute noch üblicher Bau-
weise, als durch das Baumaterial Schilf bedingt.[432]
Ähnlichkeit mit dieser Hütte weisen die architektonischen Motive der Siegel des Katalogs vom Typ IA1 und IA2 auf.

2. Hochaltar
Auf der berühmten Alabastervase aus Uruk und mehreren frühgeschichtlichen Siegelbildern sind Beter auf einem mehrstufigen Podest zu sehen (Abb. 8)[433].

Abb. 8: Frühgeschichtliche Siegelabrollung aus Uruk[434]

Diese werden in der Regel von Tieren auf dem Rücken getragen. Eine Ähnlichkeit mit
architektonischen Motiven des Katalogs ergibt sich nur teilweise. Zwar sind hier wie
dort vertikale Striche zu parallelen Reihen zusammengefaßt, die Vorderfront der „Altä-
re" fällt jedoch steil ab. Dies ist bei den immer symmetrisch aufgebauten architektonischen Motiven des Katalogs nie der Fall.

---

[431] Umzeichnung bei Amiet 1961: Abb. 629A.
[432] Staatliche Museen zu Berlin 1992: Abb. 10.
[433] Amiet 1961: Abb. 644, 652-655.
[434] Umzeichnung bei Amiet 1961: Abb. 654.

3. Zikkurrat\Hochtempel

Auf mittel- und neuassyrischen Rollsiegeln finden sich Personen vor einem architektonischen Motiv, das größer als diese dargestellt ist (Abb. 9).[435]

Abb. 9: Mittelassyrisches Siegelbild aus Assur[436]

Es besteht aus mehreren sich nach oben verjüngenden „Stockwerken", die eine vertikale
Schraffierung aufweisen. Das Motiv wird als eine Zikkurrat mit einer in Nischen geglie-
derten Fassade gedeutet.[437]
Diese Deutung scheint unumstritten zu sein, weil aus der Zeit dieser Siegelbilder die
Existenz von realen Zikkurrati gesichert ist. Probleme beim Vergleich mit den Siegeln
des Katalogs bereitet die große zeitliche Entfernung.
Vergleichbare architektonische Objekte finden sich aber auch bereits in frühgeschichtli-
cher Zeit. Auf einer Siegelabrollung aus Susa steht ein Tempel auf einer breiteren Plattform (Abb. 10).

Abb. 10: Frühgeschichtliche Siegelabrollung aus Susa[438]

Auf einer Siegelabrollung aus Choga Misch sind sogar Reste eines architektonischen
Motivs zu erkennen, dessen drei Stockwerke sich nach oben hin verjüngen und dessen
Fassade ebenfalls mit einer Nischengliederung versehen ist (Abb. 11).

---

[435] Ein weiteres Beispiel in Umzeichnung bei Dombart 1929: Abb. 7.
[436] Umzeichnung: Dombart 1929: Abb. 5; Photo: Orthmann 1985: Taf. 272a.
[437] Dombart 1929; Boehmer 1985: 353.
[438] Umzeichnung bei Amiet 1961: Abb. 659.

Abb.11: Frühgeschichtliche Siegelabrollung aus Choga Misch[439]

Auf den Stockwerken dargestellte menschliche Figuren lassen klar die Größenverhältnisse des architektonischen Objekts erkennen: Es handelt sich um ein großes Gebäude,
auf keinen Fall um einen Altar.
Auf dem Akkad-zeitlichen „Diskus der Enḫeduanna" stehen die Priesterin und drei
weitere Figuren vor einem architektonischen Objekt, dessen vier Stockwerke sich nach
oben hin verjüngen (Abb. 12).

Abb. 12: Reliefierte Scheibe, akkadisch [440]

Zwischen den Menschen und diesem Objekt befindet sich ein oben verbreiterter Zylin-
der auf den die erste Person in einem hohen Bogen Wassser aus einer Kanne gießt.
Dieser bildlichen Darstellung wurde eine Inschrift hinzugefügt. Sie lautet:
„Enḫeduanna, wahre Frau von Nanna, Gattin von Nanna, Tochter von Sargon, König
von Kiš, hat im Tempel von Inana-za-za in Ur, einen Altar errichtet und hat ihm den
Namen ‚Altar, Tisch des An' gegeben"[441]
P. Amiet glaubt im vierstöckigen Objekt den Altar zu sehen.[442] Als Altar kann aber nur
der Gegenstand vor dem architektonischen Motiv gelten, auf dem deutlich sichtbar eine
Opferung stattfindet.[443] Bei dem vierstöckigen Objekt kann es sich demzufolge um
keinen Altar handeln, denn was sollte ein Altar vor einem Altar? Es handelt sich vielmehr um den Gegenstand der Verehrung selbst. Als solches ist es entweder ein Symbol
des Gottes oder dessen Behausung, das heißt der Tempel.

---

[439] Umzeichnung bei Delougaz/Kantor 1968: Taf. X, d.
[440] Umzeichnung bei Amiet 1961: Abb. 1483.
[441] Übersetzung nach P. Amiet 1985: 195.
[442] P. Amiet 1985: 195f.
[443] Der Begriff „Altar" geht auf lat. *altaria*, Brandstätte, Opferherd, zurück und bezeichnet
eine natürliche oder künstliche Erhebung, die zur Darbringung eines Opfers und zur
Kommunion mit den Göttern diente.

Die ganze Szene entspricht derjenigen auf Abb. 9. Wenn das dort dargestellte, in Stock-werke gegliederte Objekt als Zikkurrat gedeutet wird, kann dies auch für das akkadische gelten.

Die vorgestellten Bauwerke, die alle durch deutliche Rücksprünge getrennte Stockwerke aufweisen, finden kaum Entsprechungen bei den architektonischen Motiven der Siegel des Katalogs. Bei den wenigen Beispielen, auf denen solche Rücksprünge zu erkennen sind scheint es sich um einen eher zufälligen Effekt als um eine bewußte Kennzeichnung zu handeln (Siegel 85, 86, 105).

4. Silo
Ein Siegelbild im protoelamischen Stil, zeigt Tiere in menschlicher Haltung an ver-schiedenen Waren hantieren (Abb. 13).

Abb. 13: Protoelamisches Siegelbild[444]

Zur Interpretation dieses und verwandter Siegel ist es notwendig deren Herkunft zu erklären. Sie leiten sich von frühsumerischen Siegelbildern ab, die menschliche Aktivi-täten in wirtschaftlichen Bereichen zeigen. Diese Siegel hatten zweifellos eine Bedeu-tung in der Wirtschaftsverwaltung. Auf späteren elamischen Siegeln sind die Menschen durch Tiere ersetzt, die die gleichen Handlungen verrichten. Die auf Abb. 14 am rechten Bildrand in drei Reihen übereinander angeordneten Objekte müssen daher mit wirt-schaftlichen, nicht mit kultischen Vorgängen in Verbindung stehen.
Das rechte der beiden Objekte in der unteren Reihe entspricht dem Motiv ID der Siegel des Katalogs. Das Objekt daneben entspricht sehr genau der Gestaltung des architektoni-schen Motivs vom Typ IA1, IA2, IA3, und IC. Dasjenige der mittleren Reihe ähnelt hingegen eher dem Typ IB.
Über den Charakter des Objektes in der oberen Reihe, und damit auch der anderen, gibt das Siegelbild der Abb.14 Auskunft. Hier erweist es sich als ein Gebäude, an dem auf einer Leiter eine Figur emporsteigt. Unklar ist, ob ein Bauvorgang gezeigt wird, oder ob es sich um das Auffüllen eines Speichers handelt.
Für die Darstellung eines Speichers spricht die gewölbte Decke, die auf einen Rundbau schließen läßt.[445]

---

[444] Umzeichnung bei Amiet 1961: Abb. 568.
[445] So auch Dittmann 1986: 337.

Abb. 14: Protoelamische Siegelabrollung aus Susa[446]

R. Dittmann faßte verwandte Siegelbilder zu einem Thema zusammen, das er mit „building represantations with storage activities" bezeichnete. Dieses Bildthema erscheint auf Tontafeln und Kugeln vergesellschaftet mit Siegelbildern, die das Thema der Herde und Manufakturszenen wiedergeben. Dittmann schließt daraus auf eine verwaltungstechnische Zusammenarbeit einer „Storage unit" mit Behörden die für die industrielle Anfertigung von Waren und für die Landwirtshaft zuständig sind.[447]
Die Form der „Speicher" mit gewölbter Decke entspricht nicht nur der Form der Motive IA1, IA3, IA4 und IA5 und IC, auch die Kugelbohrungen des Motivs IB stellen, dem Stil dieser Siegel entsprechend, vielleicht einen schematisierten runden Abschluß dieser Gebäude dar. Für die Objekte über dem architektonischen Motiv der anderen Siegel finden sich auf den frühgeschichtlichen Bildern ebenfalls Entsprechungen, deren Sinn unklar bleibt, die jedoch in irgendeiner Weise als Aufsatz auf verschiedene Arten von architektonischen Objekten dienten (Abb. 15).[448]

Abb. 15: Frühsumerische Siegelabrollung aus Susa[449]

Zusammenfassung
Für die Interpretation des architektonischen Motivs erscheinen die Deutungen als Zikkurrat bzw. als Tempel einerseits und als „Silo" andererseits gleichermaßen möglich, die

[446] Amiet 1972: Nr. 930.
[447] Dittmann 1986: 337ff.
[448] Amiet 1961: Abb. 267-269; Amiet 1966: Abb. 42; Amiet 1971: Nr. 658.
[449] Amiet 1971: Nr. 655.

Form des architektonischen Motivs macht aber letzteres wahrscheinlicher. Sollte es sich um den Bau eines Tempels handeln, ist der Interpretation durch G. Selz nichts hinzuzufügen: Baumaterial wird herbeigetragen, und über dem Tempel wird ein Symbol wiedergegeben, der auf den Charakter des Gebäudes Bezug nimmt. Die anwesende sitzende anthropomorphe Figur gibt sich auf ungefähr der Hälfte aller Siegel als Gottheit zu erkennen, so daß es sich wohl auch auf denjenigen Siegeln, auf denen sie ohne Hörnerkrone dargestellt ist, um eine solche handelt.[450] Diese Gottheit ist wahrscheinlich in allen Fällen als weiblich aufzufassen.

Auf einigen Siegeln finden sich Hinweise auf eine am Fest teilnehmende bärtige Figur, die die Gottheit bedient oder ihr im Symposion gegenübersitzt. Diese ist vielleicht als der König zu deuten.

Das auf einigen Siegeln herbeigeführte Tier ist sicherlich im Rahmen des Festes zur Opferung bestimmt.

Falls es sich bei dem architektonischen Objekt um einen Silo handelt, stellt sich die Frage, ob die hintereinanderschreitenden Figuren tatsächlich Baumaterial oder nicht vielmehr die Waren oder Naturalien herbeischaffen, die gelagert werden sollen. Bei der dargestellten Szene handelte es sich dann um eine Art „Erntedankfest", bei der eine Fruchtbarkeitsgöttin als anwesend gedacht wurde. Zu dieser Deutung paßt die häufige Darstellung von Pflanzen, die von der Gottheit in der Hand gehalten werden oder isoliert neben der Szene stehen. Auch auf akkadischen Siegelbildern ist die Gottheit, die durch die aus ihr wachsenden Getreidehalme als „Erntegottheit" gekennzeichnet ist, fast immer weiblich. Vermutlich ist es mehr als ein Zufall, daß mit dem Verschwinden des „Zikkurratbau-Themas" das Thema der Getreidegöttin, die auf einem Kornhaufen sitzt, in das Bildrepertoire der altorientalischen Glyptik Einzug hält.[451]

Der altakkadische Text ARET 7, der in Ebla gefunden wurde, kann vielleicht bei der Identifizierung dieser Getreidegöttin helfen. Er wurde etwa zu der Zeit niedergeschrieben, aus der die frühen Siegelbilder des „Zikkurratbau-Themas" stammen. Zudem vermutet Lambert, die Tontafel stamme nicht aus Ebla, sondern aus Mâri oder Kiš, Orten also, in denen zahlreiche dieser Siegelbilder gefunden wurden.[452] In dem Text heißt es:

8.2
The emmer of Nisaba became excellent.
9.5-7
... the tablet of the gods.
Sumer, the dais of the lands, got in a rich harvest.
It (?) asks (for?) the tablet, the tablet which controls the
treasures/storehouse of Nisaba.
10.1-5
..., Nisaba, the young woman, is (or: caused to be) upon them.
she put ... clay (IM.TUM) upon clay.
The al_6-gar (instrument), the trees, and the orchards, the ME of Ea,

---

[450] Hierzu G. Selz: „Dieses Schwanken hat seine Ursachen in der in FDII sich ankündigenden und in FDIIIb grundsätzlich fußfassenden Wiedergabe von Göttern: Zum einen werden sie anthropomorph gesehen, zum anderen herrscht noch Unsicherheit, wie sich menschliche Verhaltensweisen auf göttliche Wesen übertragen lassen"; Selz 1981: 423.

[451] Boehmer 1965: Abb. 533-534 (männliche Gottheiten); Abb. 532, 536-538, 540-541 (weibliche Gottheiten).

[452] Lambert 1992.

the young woman caused to be there.
She put grass ...[453]

Obwohl der Text sehr schwer verständlich ist, bringen ihn die Erwähnung der Getreidegöttin Nisaba, ihres Speichers und eines Festes im Zusammenhang mit Bautätigkeiten in
einen Bezug zum „Zikkuratbau-Thema" auf gleichzeitigen Rollsiegeln.

---

[453] Krebernik 1992: 92-93.

4   Die Kombination der Bildthemen „Gottschiff" und „Zikkurratbau"

4.1 Die Korrelation der Stilgruppen

	Gottschiff	„Zikkurratbau
FDII	IA	-
FDII/III	IB	-
FDIIIa	IC	-
	-	IIA
FDIIIb	IC	-
	ID	-
	IE	IIA
	IF	I, IIB, IIC
	IG	IID
	IH	-
Akkadisch	IIA	-
	IIB	III

Abb. 16: Die Korrelation der Stilgruppen. Die Stilgruppen innerhalb einer Zeile entsprechen sich.

4.2   Zu einer verbindenden Deutung der beiden Bildthemen

Da beide Themen häufiger miteinander kombiniert auf einem Siegel erscheinen als mit irgendeinem anderen Thema, hat man häufig versucht, sie in eine inhaltliche Beziehung zu setzen. Voraussetzung hierfür war stets, daß die gehäufte Kombination auf keinen Zufall beruhe.

P. Amiet schloß aus der Beobachtung, daß der Gott im Gottschiff als männlich und die Gottheit neben der Zikkurrat als weiblich aufzufassen sei, den Schluß, die Vorbereitung zu einer „heiligen Hochzeit" sei dargestellt. Der männliche Gott fahre durch ein Sternenmeer, um zu seiner, neben einem Heiligtum wartenden, Gemahlin zu gelangen.[454]

Diese Interpretation wurde 1952 von E. D. van Buren übernommen und von P. Amiet bis 1961 nicht aufgegeben.[455]

In jüngerer Zeit hat C. Qualls ebenfalls versucht, die Themen „Gottschiff" und „Zikkurratbau" inhaltlich in Beziehung zu setzten. Auch sie glaubt, die Reise einer Gottheit zu einer anderen zu sehen, bringt diese jedoch mit rituellen „Götterreisen" in Beziehung.[456]

Ein Argument für einen inhaltlichen Zusammenhang der beiden Bildthemen auf einem Siegel scheint die regelmäßige Anbringung des Gottschiff-Themas in der oberen und des „Zikkurratbaus" in der unteren Hälfte zu sein. Die Darstellung des „Zikkurratbaus" erscheint aber auf zweizonigen Siegeln, mit einer Ausnahme, immer in der unteren Bildzone. Zudem können nicht nur die beiden behandelten Themen , sondern – wie die nach-

---

[454] Amiet 1951: 86f.
[455] Amiet 1961: 186.
[456] Qualls 1981: 277ff.

folgende Zusammenstellung zeigt– alle wichtigen Bildthemen der frühdynastischen Zeit miteinander kombiniert werden.

	Tierkampf	Bankett	Herde	Heraldischer Vogel	Gott-schiff	„Zikkur-ratbau"
Tierkampf	a	b	c	d	e	f
Bankett		g	h	i	j	k
Herde			l	m	n	o
Adler				-	p	q
Gottschiff					-	r
„Zikkurat-bau"						-

Abb. 17: Die Kombination von Bildthemen in der frühdynastischen Glyptik

Abbildungsnachweise:[457]

a: Amiet 1961: Abb. 957-963, 1064-1066
b: Selz 1981: Abb. 186, 271-282
c: Amiet 1961: Abb. 986, 989
d: Amiet 1961: Abb. 1243
e: Siegel: 11-14, 30, 37, 39
f: Siegel: 74, 91, 96, 98
g: Selz 1981: Taf. XVIII-XX
h: Selz 1981: Abb. 95, 181, 183, 262, 264, 266 etc.
i: Selz 1981: Abb. 179, 187-189, 192-194, Taf. XXIV
j: Siegel: 32, 57
k: Siegel: 76-77, 95
l: Amiet 1961: Abb. 1048, 1050, 1052, 1136-1137
m: Amiet 1961: Abb. 1047, 1226, 1228, 1237
n: Siegel: 27-29
o: Siegel: 81
p: Siegel: 58-64
q: Siegel: 78-80, 93, 99
r: Siegel: 105-113

Statt eines inhaltlichen Zusammenhanges soll im Folgenden eine andere Erklärung für die gemeinsame Darstellung der beiden Bildthemen angeboten werden. In den Kapiteln 2.5 und 3.5 wurde als zur Zeit wahrscheinlichste Interpretation vorgeschlagen, den Gott im Gottschiff als Šamaš und den „Ziqquratbau" als ein Fest zu Ehren der Göttin Nisaba zu deuten. Auffälligerweise handelt es sich bei diesen beiden Gottheiten um diejenigen, denen zwei der ältesten akkadischen literarischen Texte gewidmet sind.[458] Diese Texte haben ihren Ursprung im Verbreitungsgebiet der behandelten Siegelbilder und sind mit ihnen gleichzeitig. Wenn es sich nicht nur um einen Zufall hinsichtlich der Textfunde handelt, deutet sich somit an, dass Šamaš und Nisaba als zwei der wichtigsten Gottheiten in der zweiten Hälfte des dritten Jahrtausends am mittleren Euphrat angesehen wur-

---

[457] Die folgende Zusammenstellung ist natürlich nicht vollständig, ein solcher Versuch würde den Rahmen der vorliegenden Arbeit sprengen.
[458] Krebernik 1992, Lambert 1992.

den. Da die Rollsiegel unter anderem auch die Funktion eines Amulettes hatten, hätte es somit nahe gelegen, sich des Schutzes beider Gottheiten durch ihre Darstellung auf einem Rollsiegel zu versichern.

5 Die Materialien der Rollsiegel

	heller Stein	Sandstein	Kalkstein weiß	Muschel	Alabaster	Marmor	Lapis	Kalkstein braun	Kalzit	Serpentin	schwarzer Stein
IA	1	1	2		1						
IB	1						1				
IC	1		1	2	1	2		1			
ID	1			1	1						
IE			2	2		1		1	1		
IF			1	8			?				
IG				1	1						
IIA			1	6	2?						
IIB			1	2						1	2

Abb. 19: Die Materialien der Siegel mit der Darstellung des Gottschiffes
(geordnet nach Stilgruppen)

	Muschel	weißer Kalkstein	Marmor	brauner Kalkstein	Aragonit	Alabaster
I	9					
IIA	5	3	1			
IIB	3					
IIC	2	4				
IID	1			1	1	
III			1			1

Abb. 20: Die Materialien der Siegel mit der Darstellung des „Zikkurratbaus"
(geordnet nach Stilgruppen)

6 Katalog

Der Katalog der Siegelbilder soll über folgende Punkte Auskunft geben:

I.   Der Fundort. Falls es von Bedeutung oder bekannt ist, wird auch die Fundstelle angegeben.
II.   Der Aufbewahrungsort. Falls bekannt, wird auch die jeweilige Registraturnummer angegeben.
III. Angaben über veröffentlichte Photos des Bildträgers. Oft lassen unterschiedliche Photos auch unterschiedliche Einzelheiten erkennen. Für die Anfertigung der Umzeichnungen war in einigen Fällen das Betrachten von mehr als einem Photo notwendig.
IV.   Die Gattung des Bildträgers. Hierbei ist zwischen Rollsiegeln und Siegelabrollungen zu unterscheiden.
V.   Die Maße des Bildträgers in cm.
VI.   Das Material des Bildträgers. Hierbei ist der Katalog auf die Angaben in der Literatur angewiesen, die sich oft widersprechen.

Siegelbilder mit der Darstellung des Themas „Gottschiff"

1
I.   Mâri; „Exterieur du temple, maison secteur Est"
II.   Paris; Louvre, AO 18356
III. Parrot 1956: Taf. LXVI, M 545; Amiet 1983: Abb. 14
IV.   Rollsiegel
V.   3,6 x 1,9 cm
VI.   Weißer Stein

2
I.   Ḫafaǧi; „Houses 4"
II.   Philadelphia; UM 38.10.112
III. Frankfort 1955: Abb. 306
IV.   Rollsiegel
V.   4,5 x 2,8 cm
VI.   Alabaster

3
I.   Mâri; „Exterieur du temple, maison secteur Est"
II.   Aleppo; M 588
III. Parrot 1956: Taf. LXVI, M 588
IV.   Rollsiegel
V.   3,8 x 2,2 cm

VI.   Brüchiger rosa Sandstein

4
I.   Ḫafaǧi; „Houses 2"
II.   Bagdad; IM 15420
III. Frankfort 1955: Abb. 339
IV.   Rollsiegel
V.   2,8 x1,6 cm
VI.   Kalkstein

5
I.   Ḫafaǧi; Houses II
II.   Chicago; Oriental Institute Museum: A 11482
III. Frankfort 1955: Abb. 331
IV.   Rollsiegel
V.   2,2 x 1,1 cm
VI.   Lapislazuli

6
I.   Ḫafaǧi; Oval II
II.   Bagdad; IM 15459
III. Frankfort 1955: Abb. 267
IV.   Rollsiegel
V.   2,3 x 1,5 cm
VI.   Halbdurchsichtiger Stein

7
I.   Tell Asmar
II.   Chicago; Oriental Institute
        Museum: A 17152
III.   Frankfort 1955: Abb. 484
IV.   Rollsiegel
V.   3,1 x 1,5 cm
VI.   Kalkstein

8
I.   Ḫafaǧi
II.   Bagdad IM 42555
III.   Frankfort 1955: Abb. 366
IV.   Rollsiegel
V.   3,0 x 1,4 cm
VI.   Weißer Kalkstein

9
I.   Ḫafaǧi; Oval II
II.   Chicago; Oriental Institute
        Museum: A 11494
III.   Frankfort 1955: Abb. 270
IV.   Rollsiegel
V.   2,7 x 1,2 cm
VI.   Weißer Stein

10
I.   Ḫafaǧi; Houses I
II.   Bagdad; IM 14659
III.   Frankfort 1955: Abb. 354
IV.   Rollsiegel
V.   2,7 x 2,0 cm
VI.   Alabaster

11
I.   Tell Asmar; „Earlier Nort-
        hern Palace"
II.   Bagdad; IM 18957
III.   Frankfort 1955: Abb. 499
IV.   Rollsiegel
V.   3,2 x 2,2 cm
VI.   Kalkstein

12
I.   Kunsthandel
II.   New Haven; Yale Univer-
        sity

III.   von der Osten 1934: Abb.
        47; Buchanan 1981: Abb.
        345
IV.   Rollsiegel
V.   2,9 x 1,7 cm
VI.   Marmor

13
I.   Ur; PG 1079
II.   Philadelphia; UM 30.12.24
III.   Wooley 1934: Taf. 203 No.
        137
IV.   Rollsiegel
V.   3,6 x 2,4
VI.   Muschel? (Wooley 1934),
        glasierter Steatit? (Qualls
        1981: Nr. 286)

14
I.   Mâri; „Exterieur du temple,
        maison secteur Est"
II.   Aleppo; M 752
III.   Parrot 1956: Taf. LXVI, M
        752
IV.   Rollsiegel
V.   2,6 x 1,3 cm
VI.   Beigefarbener Stein

15
I.   Kunsthandel
II.   Paris; Louvre, AO 6671
III.   Delaporte 1923: Taf. 69.12
IV.   Rollsiegel
V.   2,1 x 1,0 cm
VI.   Weißer Marmor

16
I.   Kunsthandel
II.   New Haven; Yale Univer-
        sity: NBC 9119
III.   Buchanan 1981: Abb. 346
IV.   Rollsiegel
V.   2,8 x 1,7 cm
VI.   Hellbrauner Kalkstein

17

I.	Fara
II.	Berlin; VA 6367
III.	Heinrich/Andrae 1931: Taf. 65h
IV.	Antike Siegelabrollung

18

I.	Ḫafaği; „Grave 167"
II.	Bagdad
III.	Frankfort 1955: Abb. 335
IV.	Rollsiegel
V.	4,2 x 2,8 cm
VI.	Kalkstein

19

I.	Ur; „Pit X", Grab 93
II.	Bagdad?
III.	Legrain 1951: Taf. 7,91
IV.	Rollsiegel
V.	3,5 x 2,0 cm
VI.	Muschel

20

I.	Ur; PG 1054
II.	Bagdad
III.	Wooley 1934: Taf. 192 No. 12; Orthmann 1985: Taf. 132a
IV.	Rollsiegel
V.	3,6 x 2,3 cm
VI.	Lapislazuli

21

I.	Kunsthandel
II.	Bagdad; IM 13916
III.	Van Buren 1935a: Abb. 8
IV.	Rollsiegel
V.	3,0 x 1,5 cm
VI.	Grauer Marmor

22

I.	Kiš; „Grave 23"
II.	Bagdad; IM 2076
III.	Mackay 1925: Taf. VI.15
IV.	Rollsiegel
V.	1,9 x 1,1 cm
VI.	Muschel

23

I.	Kiš; „In the plano-convex building on the south side of the Great Court."
II.	Bagdad; IM 1945
III.	Amiet 1955: Abb. 8; Umzeichnung: Amiet 1961. Abb. 1416
IV.	Rollsiegel
V.	2,5 x 1,3 cm
VI.	Weißer Stein

24

I.	Kunsthandel
II.	Paris; Louvre: AO 18356
III.	Umzeichnung bei Amiet 1981: Abb. 1780
IV.	?
V.	?
VI	?

25

I.	Kiš
II.	Oxford; Ashmolean Museum: 1928. 459
III.	Buchanan 1966: Abb. 257
IV.	Rollsiegel
V.	3,5 x 1,9 cm
VI.	Weißer Kalkstein

26

I.	Kiš; „Grave 121"
II.	Oxford; Ashmolean Museum: 1925.96
III.	Buchanan 1966: Abb. 258
IV.	Rollsiegel
V.	1,95 x 1,3 cm
VI.	Hellgrauer Kalzit

27

I.	Kunsthandel
II.	New York; Pierpont Morgan Library
III.	Porada 1948: Abb. 129
IV.	Rollsiegel
V.	2,1 x 1,2 cm
VI.	Weißer Marmor

28
I.   Kunsthandel
II.   Privatsammlung
III.   Amiet 1981: Abb. 1777
IV.   ?
V.   ?
VI.   ?

29
I.   Kiš; „Grave 74"
II.   Oxford; Ashmolean Museum 1925.97
III.   Mackay 1929: Taf. XLI.5; Buchanan 1966: Abb. 256
IV.   Rollsiegel
V.   2,2 x 1,4 cm
VI.   Hellbrauner Kalkstein

30
I.   Kiš
II.   Oxford; Ashmolean Museum 1930.137
III.   Buchanan 1966: Abb. 221
IV.   Rollsiegel
V.   4,3 x 1,5 cm
VI.   Weißer Kalkstein

31
I.   Kiš
II.   Bagdad; IM 2479
III.   Umzeichnung bei Amiet 1961: Abb. 1400
IV.   Rollsiegel
V.   ?
VI.   ?

32
I.   Susa
II.   Paris; Louvre
III.   Delaporte 1923: Taf. 23.10
IV.   Rollsiegel
V.   1,8 x 0,9 cm
VI.   Lapislazuli

33
I.   Tell Asmar?
II.   Brüssel
III.   Speelers 1943: Nr. 855

IV.   Rollsiegel
V.   ?
VI.   ?

34
I.   Tell Suliemeh
II.   Bagdad; IM 97769
III.   Al Gailani-Warr 1982: Abb. 7
IV.   Rollsiegel
V.   3,5 x 1,7 cm
VI.   Weißer Kalkstein

35
I.   Kunsthandel
II.   New York; Pierpont Morgan Library
III.   Porada 1948: Abb. 127
IV.   Rollsiegel
V.   4,1 x 2,6 cm
VI.   Muschel

36
I.   Kunsthandel
II.   New Haven; Yale University: NCBS 864
III.   Buchanan 1981: Abb. 348
IV.   Rollsiegel
V.   3,2 x 1,9 cm
VI.   Muschel

37
I.   Kunsthandel?
II.   ?
III.   Amiet 1981: Abb. 1778
IV.   „Moulage au Louvre"
V.   ?
VI.   ?

38
I.   Kunsthandel
II.   New York; Pierpont Morgan Library
III.   Porada 1948: Abb. 126E
IV.   Rollsiegel
V.   2,2 x 1,6
VI.   Rosafarbener Marmor

39
I.   Kunsthandel
II.   New Haven; Yale University
III.   von der Osten 1934: Abb. 48; Buchanan 1981: Abb.347
IV.   Rollsiegel
V.   2,9 x 1,3 cm
VI.   Muschel

40
I.   Kunsthandel
II.   Paris; Louvre: AO 10920
III.   Nougayrol 1973: Abb. 210
IV.   Rollsiegel
V.   4,3 x 2,8 cm
VI.   Muschel

41
I.   Kunsthandel
II.   ?
III.   Bleibtreu 1981: Nr. 13
IV.   Obere Hälfte eines Rollsiegels
V.   2,2 x 2,46 cm (unvollständig)
VI.   Gehäuse einer Meeresschnecke

42
I.   Bani Surmaḫ; „Tomb 14"
II.   Teheran
III.   Vanden Berghe 1968: Abb. 40
IV.   Rollsiegel
V.   2,2 x 0,9 cm
VI.   Kalzit

43
I.   Kunsthandel
II.   Brüssel
III.   Speelers 1943: Nr. 681
IV.   Rollsiegel
V.   3,0 x 1,4 cm
VI.   Alabaster

44
I.   Kunsthandel
II.   London; BM 89412
III.   Wiseman 1962: Taf. 27.e
IV.   Rollsiegel
V.   3,1 x 1,1 cm
VI.   Muschel

45
I.   Kunsthandel
II.   Berlin; VA 2952
III.   Moortgat 1940: Nr. 145; Strommenger 1962: Taf. 64
IV.   Rollsiegel
V.   5,1 x 1,77 cm
VI.   Muschel

46
I.   Tell Brak
II.   Oxford; Ashmolean Museum: 1939.332
III.   Umzeichnung und Photo: Buchanan 1966: Nr. 802
IV.   Mehrere Siegelabrollungen

47
I.   Tell Brak
II.   ?
III.   Umzeichnung bei Matthews 1991: SS 585
IV.   Mindestens drei Fragmente einer Tür-Siegelung
V.   4,4 x 2,4 cm (unvollständig)

48
I.   Tell Brak
II.   Oxford; Ashmolean Museum: 1939.332
III.   Moorey/Gurney 1978: Abb. 6
IV.   Siegelabrollung
V.   Höhe: 3,5cm (unvollständig)

49
I.   Tell Brak
II.   Oxford: Ashmolean Muse-
         um: 1939.332
III.   Umzeichnung bei Bucha-
         nan 1966: Nr. 801
IV.   Siegelabrollung

50
I.   Tell Brak
II.   A3000:4:41 (TB 15044)
III.   Matthews, Matthews,
         McDonald 1995: Abb.
         13.14
IV.   Siegelabrollung
V.   2,0 x 5,0 x 1,8 cm

51
I.   Tell Brak
II.   REG 4610, TB11043
III.   Matthews 1997: Tafel XI,
         Nr. 81
IV.   Siegelabrollung
V.   „22(ext.) x 37 (ext.)"

52
I.   Fara
II.   Berlin; VA 6493
III.   Umzeichnung bei Hein-
         rich/Andrae 1931: Taf. 58d
IV.   Siegelabrollung

53
I.   Fara
II.   Berlin; VA 6555
III.   Umzeichnung bei Hein-
         rich/Andrae 1931: Taf. 65l
IV.   Siegelabrollung

54
I.   Fara
II.   Berlin; VA 6580?
III.   Umzeichnung bei Hein-
         rich/Andrae 1931: Taf. 56h
IV.   Siegelabrollung

55
I.   Ḫafaği; „Houses 2"

II.   Bagdad
III.   Frankfort 1955: Abb. 342
IV.   Rollsiegel
V.   3,0 x 1,6 cm
VI.   Kalkstein

56
I.   Fara
II.   Istanbul; C 6266
III.   Heinrich/Andrae 1931: Taf.
         63p
IV.   Rollsiegel
V.   3,0 x 2,3 cm
VI.   Gipsstein

57
I.   Kunsthandel
II.   Sammlung de Clerq?
III.   Boehmer 1965: Abb. 471
IV.   Rollsiegel
V.   5,1 x 2,0 cm
VI.   Muschel

58
I.   Tell Harmal
II.   Bagdad; IM 51090
III.   Umzeichnung bei Amiet
         1961: Abb. 1497
IV.   Rollsiegel
V.   ?
VI.   ?

59
I.   Ḫafaği; Oberfläche
II.   Chicago; Oriental Insitute
         Museum: A 17706
III.   Frankfort 1955: Abb. 381
IV.   Rollsiegel
V.   4,4 x 1,5 cm
VI.   Muschel

60
I.   Kunsthandel
II.   Sammlung de Clerq?
III.   Boehmer 1965: Abb. 468
IV.   Rollsiegel
V.   5,2 x 2,2 cm
VI.   Weißer Marmor

61
I.   Susa; Ville Royal
II.   Teheran
III.   Amiet 1972: Nr. 1568
IV.   Rollsiegel
V.   4,8 x 2,1 cm
VI.   Kalkstein

62
I.   Kunsthandel
II.   Oxford; Ashmolean Museum: 1949.881
III.   Buchanan 1966: Abb. 288
IV.   Rollsiegel
V.   4,8 x 1,9 cm
VI.   Muschel

63
I.   Kunsthandel
II.   Toronto; Royal Ontario Museum
III.   The Land of the Bible Archaeology Foundation 1981: Abb. 41
IV.   Rollsiegel
V.   5,02 x 1,96 cm
VI.   Muschel

64
I.   Kiš?
II.   Bagdad; IM 30364
III.   Amiet 1955: Abb. 11; Boehmer 1965: Abb. 470
IV.   Rollsiegel
V.   4,0 x 1,6 cm
VI.   Muschel

65
I.   Kiš
II.   Oxford; Ashmolean Museum: 1930.395
III.   Photos und Umzeichnung: Buchanan 1966: Abb. 290
IV.   Siegelabrollung

66
I.   Tello
II.   Paris; Louvre: AO 22390

III.   Amiet 1976: Abb. 76
IV.   Rollsiegel
V.   4,2 x 2,0 cm
VI.   Kalkstein

67
I.   Kunsthandel
II.   Kopenhagen; 8778
III.   Ravn 1960: Nr.21
IV.   Rollsiegel
V.   3,0 x 2,5 cm
VI.   Serpentin

68
I.   Kunsthandel
II.   Buffalo; Museum of Science: C13150
III.   Boehmer 1965: Abb. 474
IV.   Rollsiegel
V.   2,2 x 1,4 cm
VI.   Schwarzer Stein

69
I.   Tell Asmar
II.   Bagdad; IM 15627
III.   Frankfort 1934: Taf. III.(e)
        Frankfort 1955: Abb. 516
IV.   Rollsiegel
V.   3,2 x 2 cm
VI.   Muschel

70
I.   Tell Asmar
II.   Chicago; Oriental Institute Museum: A 8596
III.   Frankfort 1955: Abb. 479
IV.   Rollsiegel
V.   3,0 x 1,7 cm
VI.   Schwarzer Stein

71
I.   Kunsthandel
II.   London; BM 134762
III.   Boehmer 1965: Abb. 476; Collon 1982: Abb. 145
IV.   Rollsiegel
V.   4,1 x 2,5 cm
VI.   Serpentin

72		73	
I.	Kunsthandel	I.	Tell Asmar; Houses IVa
II.	Bagdad; IM 11497	II.	Chicago; Oriental Institute
III.	Frankfort 1939: Taf. XIX.f;		Museum: A 11396
	Boehmer 1965: Abb. 478	III.	Frankfort 1955: Abb. 621
IV.	Rollsiegel	IV.	Rollsiegel
V.	?	V.	3,7 x 2,1 cm
VI.	?	VI.	Muschel

Siegelbilder mit der Darstellung des Themas „Zikkurratbau"

74		VI.	Muschel
I.	Tell Suliemeh		
II.	Bagdad; IM 87776	**78**	
III.	Al Gailani-Warr 1982:	I.	Kunsthandel
	Abb. 9	II.	Liverpool; School Of Ar-
IV.	Rollsiegel		cheology And Oriental
V.	3,4 x 1,9 cm		Studies: RWH 10
VI.	Muschel	III.	Dalley 1972: Taf. L, No.11
		IV.	Rollsiegel
75		V.	5,0 x 2,5 cm
I.	Mâri	VI.	Muschel
II.	Damaskus; 2423		
III.	Parrot 1968: Taf. 20	**79**	
	M.4451; Kühne 1980: Nr.	I.	Kunsthandel
	19	II.	Ehemals Sammlung Ne-
IV.	Rollsiegel		well
V.	3,05 x 1,9 cm	III.	Von der Osten 1934: Nr. 46
VI.	Muschel	IV.	Rollsiegel
		V.	3,9 x 2,0 cm
76		VI.	Muschel
I.	Mâri		
II.	Damaskus; 2415	**80**	
III.	Parrot 1968: Taf. 19	I.	Nippur; „Area WA, Locus
	M.4445; Kühne 1980: Nr.		22, Level V"
	18	II.	?
IV.	Rollsiegel	III.	Gibson 1978: Abb. 15.2
V.	3,6 x 2,0 cm	IV.	Rollsiegel
VI.	Muschel	V.	4,95 x 2,4 cm
		VI.	Muschel
77			
I.	Kunsthandel		
II.	Ehemals New York;		
	Sammlung Brett		
III.	Von der Osten 1936: Nr. 13		
IV.	Rollsiegel		
V.	4,3 x 2,3 cm		

81
I.   Kunsthandel
II.   Paris; Louvre
III.   Umzeichnung bei Amiet
        1961: Abb. 1458
IV.   Rollsiegel
V.   ?
VI.   ?

82
I.   Ḥafaği; „Houses 2"
II.   Bagdad
III.   Frankfort 1955: Abb. 341
IV.   Rollsiegel
V.   3,0 x 1,8 cm
VI.   Kalkstein

83
I.   Kunsthandel
II.   London; BM 89838
III.   Wiseman 1962: Taf.27a
IV.   Rollsiegel
V.   2,9 x 2,4 cm
VI.   Gips

84
I.   Kiš
II.   Bagdad; IM 10951
III.   Photo bei Amiet 1955:
        Abb. 5, Umzeichnung bei
        Amiet 1961: Abb. 1456
IV.   Rollsiegel
V.   2,4 x 1,9 cm
VI.   Kalkstein

85
I.   Kunsthandel
II.   Bagdad; IM 14341
III.   Photo bei Amiet 1955:
        Abb. 6; Umzeichnung bei
        Amiet 1961: Abb. 1459
IV.   Rollsiegel
V.   2,8 x 1,6 cm

86
I.   Kiš
II.   Bagdad; IM 10964

III.   Umzeichnung bei Amiet
        1961: Abb. 1462
IV.   Rollsiegel
V.   ?
VI.   ?

87
I.   Kunsthandel
II.   Bagdad; IM 33294
III.   Photo bei Amiet 1955:
        Abb. 4; Umzeichnung bei
        Amiet 1961: Abb. 1464
IV.   Rollsiegel
V.   1,7 x 0,9 cm
VI.   Muschel

88
I.   Ḥafaği; Oberfläche
II.   Bagdad
III.   Frankfort 1955: Abb. 383
IV.   Rollsiegel
V.   2,5 x 1,5 cm
VI.   Muschel

89
I.   Kiš
II.   Bagdad; IM 2079
III.   Photo bei Amiet 1955:
        Abb. 7; Umzeichnung bei
        Amiet 1961: Abb. 1445
IV.   Rollsiegel
V.   3,0 x 1,6 cm
VI.   Muschel

90
I.   Umm-el-Jerab
II.   Oxford; Ashmolean Museum: 1932.342e
III.   Umzeichnung bei Buchanan 1966: Nr. 243
IV.   Siegelabrollung

91
I. Kunsthandel
II. ?
III. Delaporte 1910: Taf. V.49
IV. Rollsiegel
V. 5,0 x 2,5 cm
VI. Muschel

92
I. Tell Suliemeh
II. Bagdad; IM 87774
III. Al Gailani-Warr 1982: Abb. 8
IV. Rollsiegel
V. 3,8 x 2,3 cm
VI. Muschel

93
I. Adab?
II. Haskell Museum
III. Williams 1927: 217 No. 7
IV. Rollsiegel
V. 3,1 x 1,5 cm
VI. Kalzit

94
I. Tell Suliemeh
II. Bagdad; IM 87789
III. Al Gailani-Warr 1982: Abb. 10
IV. Rollsiegel
V. 3,9 x 2,1 cm
VI. Kalkstein

95
I. Ištšali; Kititum I o. II
II. Chicago; Oriental Institute Museum: A 16975
III. Frankfort 1955: Abb. 901
IV. Rollsiegel
V. 3,6 x 2,3 cm
VI. Weißer Stein

96
I. Susa
II. Teheran; 127
III. Amiet 1966: Abb. 155; Amiet 1972: Nr. 1450

IV. Rollsiegel
V. 4,1 x 2,2 cm
VI. Amiet 1966: „Muschel"; Amiet 1972: „Weißer Kalkstein"

97
I. Nippur; NT43 II1
II. ?
III. McCown 1978: Taf. 65.14
IV. Siegelabrollung
V. H: ca.3 cm (unvollständig)

98
I. Tell Asmar; Oberfäche
II. Bagdad
III. Frankfort 1955: Abb. 758
IV. Rollsiegel
V. 4,6 x 3,2 cm
VI. Kalkstein

99
I. Kunsthandel
II. New Haven; Yale University: YBC 9717
III. Buchanan 1981: Abb. 341
IV. Rollsiegel
V. 4,5 x 2,0 cm
VI. Kalkstein

100
I. Kunsthandel
II. Toronto; Royal Ontario Museum
III. The Land of the Bible Archaeology Foundation 1981: Abb. 20
IV. Rollsiegel
V. 3,68 x 1,81 cm
VI. Aragonit

101
I. Susa
II. Paris, Louvre: Sb 1088
III. Amiet 1972: Nr. 1569
IV. Rollsiegel
V. 3,1 x 1,9 cm
VI. Alabaster

102
I.   Kunsthandel
II.   ?
III.   Delaporte 1910: Taf. IX,
        Abb. 82.
IV.   Rollsiegel
V.   3,8 x 1,8 cm
VI.   Weißer Marmor

103
I.   Nippur; NT41 II2
II.   ?

III.   McCown 1978: Taf. 65.7
IV.   Siegelabrollung
V.   H: ca. 2,5 cm

104
I.   Mâri
II.   ?
III.   Parrot 1959: Taf.L 243
IV.   Siegelabrollung auf Ge-
        fäßverschluß

Siegelbilder mit der Darstellung der Themen „Gottschiff" und „Zikkurratbau"

105
I.   Tell Asmar
II.   Bagdad
III.   Frankfort 1955: Abb. 551
IV.   Rollsiegel
V.   3,1 x 1,5 cm
VI.   Muschel

106
I.   Kiš; „A-Cementary"
II.   ?
III.   Mackay 1925: Taf. 6 Nr.
        17
IV.   Rollsiegel
V.   2,8 x 1,35 cm
VI.   Muschel

107
I.   Kunsthandel
II.   Genfer Privatsammlung
III.   Amiet 1972: Taf. 196c
IV.   Rollsiegel
V.   3,1 x 1,9 cm
VI.   Kalkstein

108
I.   Tell Agrab
II.   Bagdad
III.   Frankfort 1955: Abb. 895
IV.   Rollsiegel
V.   3,9 x 2,1 cm
VI.   Muschel

109
I.   Kunsthandel
II.   Ehemals New York;
        Sammlung Brett
III.   von der Osten 1936: Abb.
        14
IV.   Rollsiegel
V.   3,2 x 1,7 cm
VI.   Muschel

110
I.   Kunsthandel
II.   Paris; Louvre: AO 6605
III.   Delaporte 1923: Taf. 70.5
IV.   Rollsiegel
V.   3,3 x 1,9 cm
VI.   Muschel

111
I.   Mâri
II.   Damaskus?
III.   Parrot 1968: M. 4442
IV.   Rollsiegel
V.   4,0 x 2,0 cm
VI.   Muschel

112
I.   Kunsthandel
II.   New York; Pierpont Mor-
        gan Library
III.   Porada 1948: Abb. 128
IV.   Rollsiegel

V.	3,7 x 1,75 cm	II.	?
VI.	Muschel	III.	Umzeichnung bei Frankfort
113			1955: Abb. 513
I.	Tell Asmar	IV.	Siegelabrollung

Unveröffentlichte Siegelbilder

Die folgenden Siegelbilder, enthalten, nach Angaben in der Literatur, die Darstellung des Gottschiffes. Photographien wurden jedoch entweder nicht veröffentlicht oder sind mir nicht zugänglich. Diese Siegelbilder sind daher mit * gekennzeichnet. Unter Punkt III. wird im Folgendem auf die Literatur verwiesen, in der das jeweilige Stück erwähnt wird.

114*

I.	Ḫafaği, Houses 1
II.	Chicago; Oriental Institute Museum A 9113
III.	Frankfort 1955: 54, KH I 130
IV.	Fragment eines Rollsiegels
V.	2,9 x 1,9
VI.	Weißer Stein

115*

I.	Mâri; Ištartempel
II.	Aleppo
III.	Parrot 1956: 192, M. 1066
IV.	Rollsiegel
V.	2,9 x 1,5 cm
VI.	Bitumen

116*

I.	Kunsthandel
II.	Bagdad; IM 26187
III.	Amiet 1955: 57, Anm.69 „un cylindre avec, en particulier, une etoile tenant lieu de passenger a bord du dieu bateau"
IV.	Rollsiegel
V.	?
VI.	Elfenbein

117*

I.	Kunsthandel
II.	New York; Metropolitan Museum Of Art: 59.209.1
III.	Qualls 1981: 188, Nr.332. „Upper register: A boat whose prow-figure is obscured by damage moves toward the right. Preceding the boat is a large felid whose head is no longer extant. Between the felid and the boat, a bird-man also walks to the right." Im unteren Register ist ein Tierkampf wiedergegeben.
IV.	Rollsiegel
V.	2,8 x 1,3 cm
VI.	Weißer Kalkstein

118*

I.	Kunsthandel
II.	?
III.	Qualls 1981: 190, Nr.338.

119*

I.	Kunsthandel
II.	?
III.	Qualls 1981: 190, Nr.339.

7   Literatur

Amiet, P.
1951   La ziggurat d'après les cylindres de l'époque dynastique archaïque. RA 45,
            80ff.
1952a   Deux représentations nouvelle de la ziggurat. Sumer 8, 78ff.
1952b   L'homme-oiseau dans l'art mésopotamienne. Or. 21, 149ff.
1953a   Ziggurats et „Culte en hauter" des origines a l'époque d'akkad. RA47, 23ff.
1953b   Problèmes d'ikonographie mésopotamienne (1). Brèves communications,
            RA47, 181ff.
1953c   Le taureau androcephale. Sumer 9, 233ff.
1955   Notes d'archeologie mésopotamienne à propos de quelques cylindres inédits
            du Musée de Bagdad. Sumer 11, 50ff.
1960   Notes sur le Repertoire iconographique de Mari a l'époque du Palais. Syria
            37, 215ff.
1961   La glyptique mesopotamienne Archaique. Paris.
1963   La glyptique syrienne archaique. Syria 40, 59ff.
1966   Elam. Auvers-Sur-Oise.
1972   Glyptique susienne. 2 Bd. MDAI XLIII.
1976   L'art d'Agadé au Musée du Louvre. Paris.
1981   La glyptique mesopotamienne archaique II. Paris.
1983   La glyptique de mari: Etat de la question. M.A.R.I. 4, 475ff.
1985   Altakkadische Flachbildkunst. In: Der alte Orient (Hrsg.: W. Orthmann),
            193ff. Berlin.

Asher Greve, J. M. / Stern, W. B.
1986   Practical Advices for collecting Data on Cylinder Seals. Akkadica 49, 17ff.

Becker, A.
1985   Neusumerische Renaissance? Wissenschaftsgeschichtliche Untersuchung
            zur Philologie und Archäologie. BaM. 16, 229ff.

Behm-Blanke, M. R.
1979   Das Tierbild in der altmesopotamischen Rundplastik. BaF. I, Mainz.

Biggs, L
1974   Inscriptions from Tell Abu Salabikh. OIP 99. Chicago.

Bleibtreu, E.
1981   Rollsiegel aus dem vorderen Orient. Katalog. Wien.

Boehmer, R. M.
1965   Die Entwicklung der Glyptik während der Akkad-Zeit.
            Untersuchungen zur Assyrologie und Vorderasiatischen Archäologie Bd. 4.
            Berlin.
1969   Zur Glyptik zwischen Mesilim und Akkad-Zeit (Early Dynastic III). ZA 59,
            261ff.

1971   Götterdarstellungen. RLA Bd. 3, 466ff.
1978   Früheste altorientalische Darstellungen des Wisents. BaM. 9, 18ff.
1985   Glyptik von der alt- bis zur spätbabylonischen Zeit. In: Der alte Orient
            (Hrsg.: W. Orthmann) 336ff. Berlin.

Börger-Klähn, J.
1980   Die Stellung Mesilims und der mit ihm verbundene Stilbegriff. BaM. 11,
            33ff.

Boese, J.
1971   Altmesopotamische Weihplatten. Untersuchungen zur Assyriologie und
            Vorderasiatischen Archäologie, Bd. 6. Berlin.
1978   Mesanepada und der Schatz von Mari. ZA 68, 6ff.

Bonnet, H.
1952   Reallexikon der Ägyptischen Religionsgeschichte. Berlin.

Borchardt, L.
1913   Das Grabdenkmal des Königs Sʿaḫu-re. Bd. II: Die Wandbilder. Leipzig.

Bottero, J.
1983   Les morts et l'au-delà dans les rituels en accadien contre l'action des
            „revenants". ZA 73, 154ff.

Braun-Holzinger, E. A.
1984   Figürliche Bronzen aus Mesopotamien. PBF I.4. München.
1993   Die Ikonographie des Mondgottes in der Glyptik des III. Jahrtausend v.
            Chr. 119-135. ZA 83.

Brunner, H.
1986   Grundzüge einer Geschichte der altägyptischen Literatur. Grundzüge Bd. 8,
            Darmstadt.

Buchanan, B.
1966   Catalogue of Ancient Near Eastern Seals in the Ashmolean Museum. Vol.I.
            Cylinder Seals. Oxford.
1981   Early Near Eastern Seals in the Yale Babylonian Collection. New Ha-
            ven/London.

Coche-Zivie, L. M.
1984   Sphinx. In: Lexikon der Ägyptologie (Hrsg.: W.Helck/W.Westendorf).
            Wiesbaden.

Collon, D.
1982   Catalogue of the Western Asiatic Seals in the British Museum. Cylinder
            Seals II. London.
1997   Moon, Boats and Battle. In: Sumerian Gods and their Representations
            (Hrsg.: I. L. Finkel, M. J. Geller), 11-17. Groningen.

Dalley, S.
1972   Seals from the Hutchinson Collection. Iraq 34, 125ff.

Deimel, P.A.
1931   Sumerische Tempelwirtschaft zur Zeit Urukaginas und seiner Vorgänger.
            An.Or. 2.

Delaporte, L.
1910   Catalogue des cylindres orientaux et de cachets assyro-babyloniens, perses et
            syro-cappadociens de la bibliotheque nationale. Paris.
1920   Catalogue des cylindres cachets et pierres gravées de style oriental. I.-
            Fouilles et missions. Paris.
1923   Catalogue des cylindres, cachets et pierres gravées de style oriental,
            Musee du Louvre II: Acquisitions. Paris.

Delougaz, P.
1952   Pottery from the Diyala Region. OIP 63. Chicago.

Delougaz, P./Kantor, H.
1968   New Evidence for the Prehistoric & Protoliterate culture development of
            Khuzestan. In: The Memorial Volume of the Vth international Congress of
            Iranian Art and Archeology. Vol.1.

Demisch, H.
1977   Die Sphinx. Stuttgart.

Dittmann, L.
1967   Stil, Symbol, Struktur. München.

Dittmann, R.
1986   Seals, Sealing and Tablets. In: Ğamdat Naṣr–Period or Regional Style?
            (Hrsg.: U. Finkbeiner/ W. Röllig) Beihefte zum Tübinger Atlas des Vorde-
            ren Orients, Reihe B Nr. 62, 332ff.

Dolce, R.
1978   Gli intarsi mesopotamici dell època protodinastica. Rom.

Dombart, Th.
1929   Alte und neue Ziqqurrat-Darstellungen zum Babelturm-Problem. AfO. 5,
            220ff.

Edzard, D.O.
1965   Götter und Mythen im Vorderen Orient. In: Wörterbuch der Mythologie I.
            (Hrsg.: D. W. Haussig). Stuttgart.
1997   Gudea and his Dynasty. RIME 3/1, Toronto, Buffalo, London.

Frankfort, H.
1934   Gods and Myths on Sargonid Seals. Iraq 1, 2ff.

1939   Cylinder Seals. London.
1939a   Sculpture of the Third Millenium B.C. from Tell Asmar and Khafajah. OIP
            44, Chicago.
1955   Stratified Cylinder Seals from the Diyala-Region. OIP 72. Chicago.

Gailani-Warr, L. al
1982   Cylinder Seals from Tell Suliemeh-Himrin. Sumer 38, 68ff.

Gibson, Mc. u.a.
1972   The City and Area Of Kish. Florida.
1975   Excavations at Nippur. Eleventh Season. OIC 22.
1978   Excavation at Nippur Twelfth Season. OIC 23.

Gibson, Mc.
1982   A Re-evaluation of the Akkad Period in the Diyala Region on the Basis of
            Recent Excavations at Nippur and in the Hamrin. AJA 86, 531ff.

Gockel, W.
1982   Die Stratigraphie und Chronologie der Ausgrabungen des Diyala Gebietes
            und der Stadt Ur in der Zeit von Uruk/Eanna IV bis zur Dynastie von Ak-
            kad. Rom.

Goetze, A.
1957   Kleinasien. In: Kulturgeschichte des alten Orient. (Hrsg.: H. Bengtson)
            3. Abschnitt, Erster Unterabschnitt.

de Graeve, M.-C.
1981   The Ships of the Ancient Near East. Leuven.

Green, A. R.
1985   A Note on the „Scorpian-man" and Pazuzu. Iraq 47, 75ff.
1986   The Lion-Demon in the Art of Mesopotamia and Neighbouring Regions.
            BaM. 17, 141ff.

Hansen, D. P.
1971   Early Dynastic I Sealings from Nippur. In: Studies presented to G. M. A.
            Hanfmann.
1985   Frühsumerische und Frühdynastische Flachbildkunst. In: Der alte
            Orient. (Hrsg.: W. Orthmann). Berlin, 179ff.
1987   The Fantastic World of Sumerian Art; Seal Impressions from Ancient
            Lagaš. In: Monsters and Demons In The Ancient And Medieval Worlds.
            (Hrsg.: A. E. Farkas, P. O. Harper, E. B. Harrison). Mainz.

Hecker, K.
1994   Das akkadische Gilgamesch-Epos. In: Mythen und Epen II (Hrsg.. K. Hek-
            ker, W. G. Lambert, G. G. W. Müller, W. von Soden, A. Ünal), TUAT III/4,
            646ff. Gütersloh.

Heimpel, W.
1986   The Sun at Night and the Doors of Heaven In Babylonian Texts. JCS. 38, 127ff.

Heinrich, E./Andrae, W.
1931   Fara. Berlin.

Hilzheimer, M.
1924   Der Wisent in Mesopotamien. Der Naturforscher I.8. Berlin.

Hrouda, B.
1977   Isin-Ischan Bachriyat I. Die Ergebnisse der Ausgrabungen 1973-1974. München.

Hrouda, B./Karstens, K.
1967   Zur inneren Chronologie des Friedhofes „A" in Ingharra/Chursagkalama bei Kiš. ZA 58, 256ff.

Hruška, B.
1984   Die Bodenbearbeitung und Feldbestellung im altsumerischen Lagas. Ar.Or. 52, 150ff.
1985a   Der Umbruchpflug in den archaischen und altsumerischen Texten. Ar.Or. 53, 46ff.
1985b   Von Rindern gezogene Geräte in der mesopotamischen Landwirtschaft des 3. Jahrtausends v. u. Z. AoF 12, 246ff.

Huot, J.-L.
1978   The Man-Faced Bull L.76.17 Of Larsa; Archeology Study. Sumer 34 No.1-2, 104ff.

Jequier, G.
1940   Le Monuments Funéraire de Pepi II. TomeIII: Le Approches Du Temple. Fouilles a Saqqarah.

Kantor, H.J.
1984   The Ancestry of the Divine Boat (Sirsir?). JNES 43.4, 277ff.

Karg, N.
1984   Untersuchungen zur älteren frühdynastischen Glyptik Babyloniens. Mainz.

Kelly-Buccelati, M.
1977   Towards a Quantitative Analysis of Mesopotamian Sphragistics. Mesopotamia 12, 41ff.

Kolbe, D.
1981   Die Reliefprogramme religiös-mythologischen Charakters in neuassyrischen Palästen. Europäische Hochschulschriften, Reihe XXXVIII Bd. 3.

Kramer, S.N.
1961   Sumerian Mythology. New York.

Krebernik, M.
1992   Mesopotamian Myths at Ebla: ARET 5, 6 and ARET 5, 7. In: Literature and Literary Language at Ebla (Hrsg.: P. Fronzaroli). Quaderni Di Semitistica 18, 63 ff. Florenz.

Kühne, H.
1980   Das Rollsiegel in Syrien. Ausstellungskataloge der Stadt Tübingen 11. Tübingen.

Labat, R.
1976   Manuel d'épigraphie akkadienne (nouvelle édition, revue et corrigée par F. Malbran-Labat). Paris.

Lambert, M.
1952   La periode presargonique. Sumer 8, 57 ff.

Lambert, W. G.
1992   The Language of ARET V 6 and 7. In: Literature and Literary Language at Ebla (Hrsg.: P. Fronzaroli). Quaderni Di Semitistica 18, 41 ff.
1994   Enuma elisch. In: Mythen und Epen II (Hrsg.. K. Hecker, W. G. Lambert, G. G. W. Müller, W. von Soden, A. Ünal), TUAT III/4, 565 ff. Gütersloh.
1997   Sumerian Gods: Combining the Evidence of Texts and Art. In: Sumerian Gods and their Representations (Hrsg.: I. L. Finkel, M. J. Geller), 1-10. Groningen.

Lambert, M./Tournay, R.J.
1951   Rezension zu A. Parrot: Ziggurats et Tour de Babel. RA 45, 33 ff.

Landsberger, B.
1934   Die Fauna des alten Mesopotamien nach der 14.Tafel der Serie HAR-RA=hubullu. ASAW 42,4. Leipzig.
1950   Assyrologische Notizen: Der Schiffergott Sirsir. In: Die Welt des Orients 1, 362 ff.

Langdon, S.
1924   Excavation at Kish Volume I (1923-1924). Paris.
1934   Excavation at Kish Volume II (1925-1930). Paris.

Legrain, L.
1936   Archaic Seal Impressions. Ur Excavations Volume III. Philadelphia.
1951   Seal Cylinders. Ur Excavations Volume X. Philadelphia.

Lenzen, H. J.
1966   Gedanken über die Entstehung der Zikkurrat. Iranica Antiqua 6, 25 ff.

McCown, D. E., u.a.
1978   Nippur II; The North Temple and Sounding E. OIP 97. Chicago.

Mackay, E.
1925   Report on the Excavation of the „A" Cementery at Kish, Mesopotamia.
            Part I. Chicago.
1929   A Sumerian Palace and the „A" Cementery at Kish, Mesopotamia Part II.
            Chicago.

Mallowan, M. E. L.
1947   Excavations at Brak and Chagar Bazar. Iraq 9, 1ff.

Martin, H. P.
1988   Fara: A Reconstruction of the Ancient Mesopotamien City of Shuruppak.
            Birmingham.

Matthews, D. M.
1990   Principles of Composition in Near Eastern Glyptic of the last Second
            Millenium B. C. Orbis Biblicus Et Orientalis, Series Archaeologica 8.
1991   Tell Brak 1990: The Glyptik. Iraq 53, 147ff.
1997   The Early Glyptic of Tell Brak; Cylinder Seals of third Millennium Syria.
            OBO Series Archaeologica 15. Fribourg/Göttingen.

Matthews, R.J/Matthews, W./McDonald, H.
1995   Excavations at Tell Brak, 1994. Iraq 57, 177ff.

Mayer-Opificius, R.
2002   Götterreisen im Alten Orient. In: Ex Mesopotamia Et Syria Lux. Festschrift
            für Manfried Dietrich. (Hrsg.: O. Loretz, K. A. Metzler, H. Schaudig),
            AOAT 281, 369ff. Münster.

Meyer, J.-W./Pruß, A.
1994   Anthropomorphe Terrakotten. In: Ausgrabungen in Halawa 2. Die
            Kleinfunde von Tell Halawa A (Hrsg.: J.-W. Meyer/ A. Pruß), 13ff.

Moon, J.
1981   Some New Early Dynastic Pottery from Abu Salabikh. Iraq 43, Part I, 47ff.

Moorey, P. R. S.
1970   Cementery at Kish: Grave Groups and Chronology. Iraq 32, 86ff.
1978   Kish Excavations 1923-1933. Oxford.

Moorey, P. R. S./Gurney, O. G.
1978   Ancient Near Eastern Cylinder Seals acquired by the Ashmolean Museum,
            Oxford 1963-1973. Iraq 40, 41ff.

Moortgat, A.
1935   Frühe Bildkunst in Sumer. MVAEG 40.3.

1940   Vorderasiatische Rollsiegel. Berlin.
1949   Tammuz. Berlin.

Moortgat, A./Moortgat-Correns, U.
1974   Archäologische Bemerkungen zu einem Schatzfund im Vorsargonischen
            Palast in Mari. Iraq 36, 155ff.
1978   Tell Chuera in Nordost-Syrien. Vorläufiger Bericht über die
            Grabungskampagne 1976. Schriften der Max Freiherr von Oppenheim-
            Stiftung 11.

Moortgat-Correns, U.
1959   Bemerkungen zur Glyptik des Diyala-Gebietes. OLZ LIV 7/8, 341ff.
1968   Die ehemalige Rollsiegel-Sammlung Erwin Oppenländer. BaM 4, 232ff.
1971   Glyptik. RLA Bd.3, 440ff.

Nagel, W.
1959   Datierte Glyptik in frühdynastischer Zeit. Or. 28, 141ff.

Nagel, W./Strommenger, E.
1968   Reichsakkadische Glyptik und Plastik im Rahmen der mesopotamisch-
            elamischen Geschichte. Berliner Jahrbuch für Vor- und Frühgeschichte 8,
            137ff.

Nissen, H. J.
1966   Zur Datierung des Königsfriedhofes von Ur. Bonn.
1977   Aspects of the Development of Early Cylinder Seals. In: Seals and Sealing
            in the ancient Near East. (Hrsg.: M. Gibson/ R. D. Biggs) B.M. 6, 15f.
1983   Grundzüge einer Geschichte der Frühzeit des Vorderen Orients. Grundzüge
            Bd. 52, Darmstadt.
1986   „Sumerian" VS. „Akkadian" Art: Art and Politics in Babylonia of the third
            Millenium B.C. In: Insight through Images (Hrsg.: M. Kelly-Buccellati).
            Bib. Mes. 21, 189f. Malibu.

Oates, D./Oates, J.
1991   Excavations at Tell Brak 1990-91. Iraq 53, 127ff.

Oates, J.
1984   Tell Brak and Chronology: The Third Millenium. M.A.R.I. 4, 137ff.

Orthmann, W.
1970   Rezension zu Parrot 1968. AfO. 23, 97ff.
1985   Der alte Orient. PKG 18. Berlin.

Osten, H. H. von der
1934   Ancient Oriental Seals in the Collection of Mr. Edward Newell. OIP 22.
            Chicago.
1936   Ancient Oriental Seals in the Collection of Mrs. Agnes Baldwin Brett. OIP
            38. Chicago.

Parrot, A.
1950   Glyptique de Mari et mythologie orientale. Les origines lointaines du
            symbolisme évangélique. In: Studia Mariana. Documenta et Monumenta
            Orientis Antiqui 11 (Hrsg.: W. F. Albright; A. De Buck), Vol. IV., 111ff.
            Leiden.
1956   Mission archéologique de Mari I: Le temple d'Ishtar. Paris.
1958   Mission archéologique de Mari II: Le palais. Peintures murales.
1959   Mission archéologique de Mari II: Le palais. Documents et monuments.
1967   Mission archéologique de Mari III: Les temples d'Ishtarat et de Nini-Zaza.
1968   Mission archéologique de Mari IV: Le „trésor" d'Ur.

Porada, E.
1948   Corpus of Ancient Near Eastern Seals in North American Collections. Vol.
            I: The Collection of the Pierpont Morgan Library. Washington.
1965   The Relative Chronology of Mesopotamia (6000-1600 B.C.). In: Chronolo-
            gies in Old World Archeology (Hrsg.: R. W. Ehrich), 133ff. Chicago.

Qualls, C.
1981   Boats of Mesopotamia before 2000 B.C. Columbia.

Ravn, O. E.
1960   A Catalogue of Oriental Seals and Impressions in the Danish National
            Museum. Kopenhagen.

Rittig, D.
1977   Assyrisch babylonische Kleinplastik magischer Bedeutung vom 13.-6.
            Jh. v. Chr. Münchener Vorderasiatische Studien Bd.I. München.

Salah, S.
1979   Tell Sleimah. Sumer 35, 427ff.

Salonen, A.
1968   Agricultura Mesopotamica. Helsinki.
1971   Götterboot. RLA Bd.3, 463ff.

Seidl, U.
1989   Die babylonischen Kudurru-Reliefs. Orbis Biblicus et Orientalis 87. Frei-
            burg (Schweiz).

Selz, G.
1983   Die Bankettszene. Freiburger Altorientalische Studien 11. Wiesbaden.

Speelers, L.
1911   Catalogue des intailles et empreintes orientales des musees royaux du
            cinquantenaire. Brüssel.
1943   Catalogue des intailles et empreintes orientales des musees royaux d'art
            et d'histoire. Supplement. Brüssel.

Staatliche Museen zu Berlin (Hrsg.)
1992   Das Vorderasiatische Museum zu Berlin. Mainz.

Steinkeller, P.
1992   Early Semitic Literature and Third Millennium Seals with Mythological
            Motifs. In: Literature and Literary Language at Ebla (Hrsg.: P. Fronzaroli).
            Quaderni Di Semitistica 18, 243 ff. Florenz.

Strommenger, E.
1960   Das Menschenbild in der altmesopotamischen Rundplastik von Mesilim bis
            Hammurapi. BaM.1 (1960) 1ff.
1962   Fünf Jahrtausende Mesopotamien. München.
1964   Ur. München.

The Lands of the Bible Archaeology Foundation (Hrsg.)
1981   Archäologie zu Bibel. Katalog des Liebighaus, Museum Alter Plastik, 5.
            Juni-30. August 1981 (Frankfurt).

Thureau-Dangin, F.
1907   Die sumerischen und akkadischen Königsinschriften. Vorderasiatische Bibl.
            I,1. Leipzig.

Trümpelmann, L.
1988   Persepolis. AdA Bd. I; Ausstellungskataloge der Prähistorischen
            Staatssammlung München (Hrsg.: H. Dannheimer) Bd. 14. München.

Van Buren, E. D.
1935a   Entwined Serpents. AfO 10, 53ff.
1935b   A Problem of Early Sumerian Art. AfO 10, 237ff.
1952   The Building of a Temple Tower. RA 46, 65ff.
1953   An Investigation of a new Theory concerning the Bird-Man. Or. 22, 47ff.

Vanden Berghe, L.
1968   Belgische Opgravingen in Luristan. Phönix 14, 119ff.

Van Straten, R.
1989   Einführung in die Ikonographie. Berlin.

Watelin, L.
1934   Excavations at Kish. Vol. IV, 1925-1930. Paris.

Williams, M. F.
1927   The Collection of Western Asiatic Seals in Haskell Oriental Museum. The
            American Journal of Semitic Languages and Literatures XLIV, 232ff.

Wiseman, D. J.
1962   Catalogue of the Western Asiatic Seals in the British Museum. London.

Wooley, C. L.
1934   The Royal Cementery. Ur Excavations Volume II, 2Bd. Philadelphia.
1955   The Early Periods. Ur Excavations Volume IV. Philadelphia.

8 Indices

Wörter

Sumerisch/Sumerogramme

Akkadisch

Namen

Personennamen

Ortsnamen

Tafel I

1

2

3

4

5

6

7

8

9

10

11

12

13

14

15

16

17

18

19

20

21

22

23

24

25

26

27

28

29

30

31

32

33

34

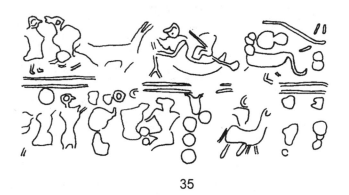

35

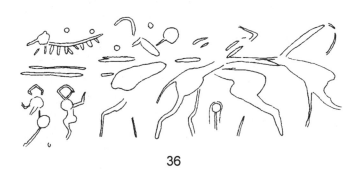

36

37

38

39

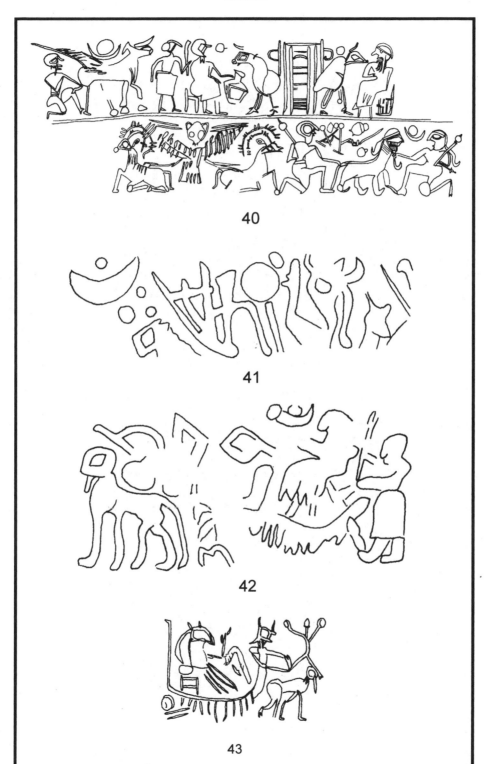

40

41

42

43

44

45

46

47

48

49

50

51

52

53

54

55

56

57

58

59

60

61

62

63

64

65

66

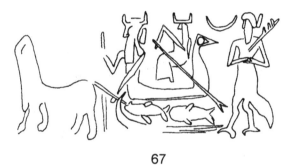

67

68

69

70

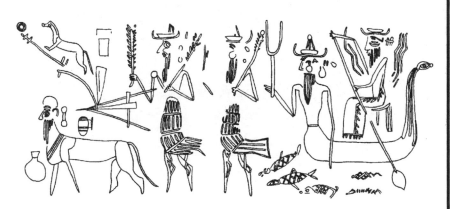

71

72

73

74

75

76

77

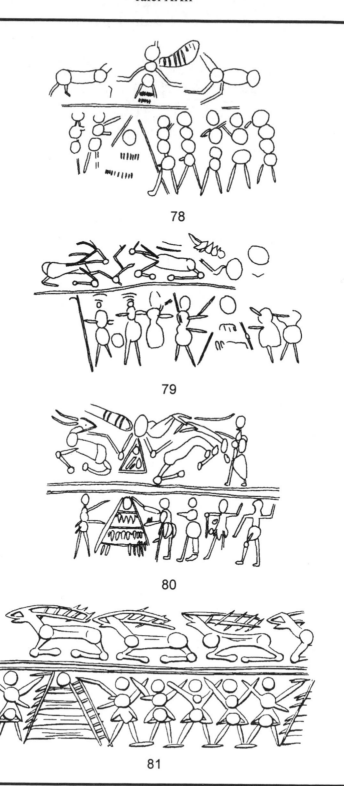

78

79

80

81

Tafel XXIII

82

83

84

85

86

87

88

89

90

91

92

93

94

95

96

97

Tafel XXVII

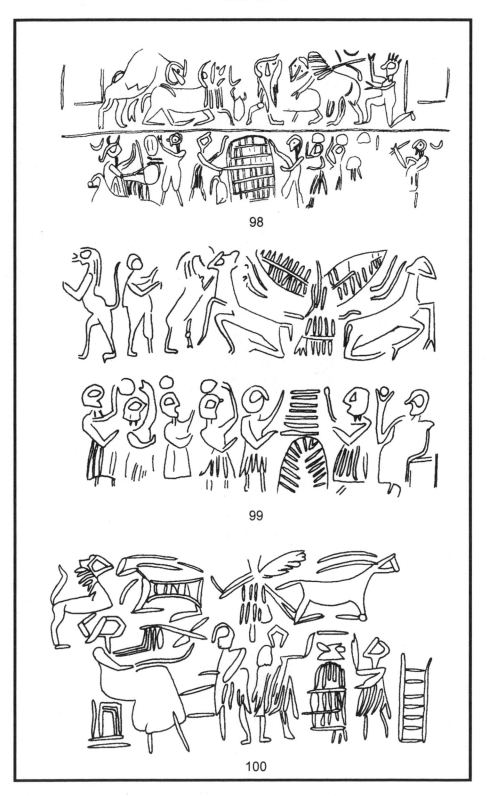

98

99

100

101

102

103

104

105

106

107

108

109

110

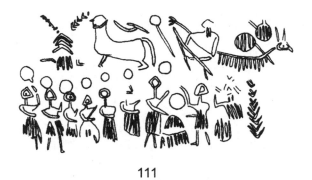

111

112

113

Ugarit-Verlag Münster

Ricarda-Huch-Straße 6, D-48161 Münster (www.ugarit-verlag.de)

Lieferbare Bände der Serien AOAT, AVO, ALASP(M), FARG, Eikon und ELO:

Alter Orient und Altes Testament (AOAT)

Herausgeber: Manfried DIETRICH - Oswald LORETZ

43 Nils P. HEEßEL, *Babylonisch-assyrische Diagnostik.* 2000 (ISBN 3-927120-86-3), XII + 471 S. + 2 Abb., ∈ 98,17.

245 Francesco POMPONIO - Paolo XELLA, *Les dieux d'Ebla. Étude analytique des divinités éblaïtes à l'époque des archives royales du IIIe millénaire.* 1997 (ISBN 3-927120-46-4), VII + 551 S., ∈ 59,31.

246 Annette ZGOLL, *Der Rechtsfall der En-ḫedu-Ana im Lied nin-me-šara,* 1997 (ISBN 3-927120-50-2), XII + 632 S., ∈ 68,51.

248 *Religion und Gesellschaft. Veröffentlichungen des Arbeitskreises zur Erforschung der Religions- und Kulturgeschichte des Antiken Vorderen Orients (AZERKAVO), Band 1.* 1997 (ISBN 3-927120-54-5), VIII + 220 S., ∈ 43,97.

249 Karin REITER, *Die Metalle im Alten Orient unter besonderer Berücksichtigung altbabylonischer Quellen.* 1997 (ISBN 3-927120-49-9), XLVII + 471 + 160 S. + 1 Taf., ∈ 72,60.

250 Manfried DIETRICH - Ingo KOTTSIEPER, Hrsg., *"Und Mose schrieb dieses Lied auf". Studien zum Alten Testament und zum Alten Orient. Festschrift Oswald Loretz.* 1998 (ISBN 3-927120-60-X), xviii + 955 S., ∈ 112,48.

251 Thomas R. KÄMMERER, *Šimâ milka. Induktion und Reception der mittelbabylonischen Dichtung von Ugarit, Emār und Tell el-'Amārna.* 1998 (ISBN 3-927120-47-2), XXI + 360 S., ∈ 60,33.

252 Joachim MARZAHN - Hans NEUMANN, Hrsg., *Assyriologica et Semitica. Festschrift für Joachim OELSNER anläßlich seines 65. Geburtstages am 18. Februar 1997.* 2000 (ISBN 3-927120-62-6), xii + 635 S. + Abb., ∈ 107,88.

253 Manfried DIETRICH - Oswald LORETZ, Hrsg., *dubsar anta-men. Studien zur Altorientalistik. Festschrift für W.H.Ph. Römer.* 1998 (ISBN 3-927120-63-4), xviii + 512 S., ∈ 72,60.

254 Michael JURSA, *Der Tempelzehnt in Babylonien vom siebenten bis zum dritten Jahrhundert v.Chr.* 1998 (ISBN 3-927120-59-6), VIII + 146 S., ∈ 41,93.

255 Thomas R. KÄMMERER - Dirk SCHWIDERSKI, *Deutsch-Akkadisches Wörterbuch.* 1998 (ISBN 3-927120-66-9), XVIII + 589 S., ∈ 79,76.

256 Hanspeter SCHAUDIG, *Die Inschriften Nabonids von Babylon und Kyros' des Großen.* 2001 (ISBN 3-927120-75-8), XLII + 766 S., ∈ 103,--.

257 Thomas RICHTER, *Untersuchungen zu den lokalen Panthea Süd- und Mittelbabyloniens in altbabylonischer Zeit (2., verb. und erw. Aufl.).* 2004 (ISBN 3-934628-50-8; Erstausgabe: 3-927120-64-2), XXI + 608 S., ∈ 88,--.

258 Sally A.L. BUTLER, *Mesopotamian Conceptions of Dreams and Dream Rituals.* 1998 (ISBN 3-927120-65-0), XXXIX + 474 S. + 20 Pl., ∈ 75,67.

259 Ralf ROTHENBUSCH, *Die kasuistische Rechtssammlung im Bundesbuch und ihr literarischer Kontext im Licht altorientalischer Parallelen.* 2000 (ISBN 3-927120-67-7), IV + 681 S., ∈ 65,10.

260 Tamar ZEWI, *A Syntactical Study of Verbal Forms Affixed by -n(n) Endings . . .* 1999 (ISBN 3-927120-71-5), VI + 211 S., ∈ 48,06.

261 Hans-Günter BUCHHOLZ, *Ugarit, Zypern und Ägäis - Kulturbeziehungen im zweiten Jahrtausend v.Chr.* 1999 (ISBN 3-927120-38-3), XIII + 812 S., 116 Tafeln, ∈ 109,42.

262 Willem H.Ph. RÖMER, *Die Sumerologie. Einführung in die Forschung und Bibliographie in Auswahl (zweite, erweiterte Auflage).* 1999 (ISBN 3-927120-72-3), XII + 250 S., ∈ 61,36.

263 Robert ROLLINGER, *Frühformen historischen Denkens. Geschichtsdenken, Ideologie und Propaganda im alten Mesopotamien am Übergang von der Ur-III zur Isin-Larsa Zeit* (ISBN 3-927120-76-6)(i.V.)

264 Michael P. STRECK, *Die Bildersprache der akkadischen Epik.* 1999 (ISBN 3-927120-77-4), 258 S., ∈ 61,36.

265 Betina I. FAIST, *Der Fernhandel des assyrischen Reichs zwischen dem 14. und 11. Jahrhundert v. Chr.*, 2001 (ISBN 3-927120-79-0), XXII + 322 S. + 5 Tf., € 72,09.

266 Oskar KAELIN, *Ein assyrisches Bildexperiment nach ägyptischem Vorbild. Zu Planung und Ausführung der „Schlacht am Ulai".* 1999 (ISBN 3-927120-80-4), 150 S., Abb., 5 Beilagen, € 49,08.

267 Barbara BÖCK, Eva CANCIK-KIRSCHBAUM, Thomas RICHTER, Hrsg., *Munuscula Mesopotamica. Festschrift für Johannes RENGER.* 1999 (ISBN 3-927120-81-2), XXIX + 704 S., Abb., € 124,76.

268 Yushu GONG, *Die Namen der Keilschriftzeichen.* 2000 (ISBN 3-927120-83-9), VIII + 228 S., € 44,99.

269/1 Manfried DIETRICH - Oswald LORETZ, *Studien zu den ugaritischen Texten I: Mythos und Ritual in KTU 1.12, 1.24, 1.96, 1.100 und 1.114.* 2000 (ISBN 3-927120-84-7), XIV + 554 S., € 89,99.

270 Andreas SCHÜLE, *Die Syntax der althebräischen Inschriften. Ein Beitrag zur historischen Grammatik des Hebräischen.* 2000 (ISBN 3-927120-85-5), IV + 294 S., € 63,40.

271/1 Michael P. STRECK, *Das amurritische Onomastikon der altbabylonischen Zeit I: Die Amurriter, die onomastische Forschung, Orthographie und Phonologie, Nominalmorphologie.* 2000 (ISBN 3-927120-87-1), 414 S., € 75,67.

272 Reinhard DITTMANN - Barthel HROUDA - Ulrike LÖW - Paolo MATTHIAE - Ruth MAYER-OPIFICIUS - Sabine THÜRWÄCHTER, Hrsg., *Variatio Delectat - Iran und der Westen. Gedenkschrift für Peter CALMEYER.* 2001 (ISBN 3-927120-89-8), XVIII + 768 S. + 2 Faltb., € 114,53.

273 Josef TROPPER, *Ugaritische Grammatik.* 2000 (ISBN 3-927120-90-1), XXII + 1056 S., € 100,21.

274 Gebhard J. SELZ, Hrsg., *Festschrift für Burkhart Kienast. Zu seinem 70. Geburtstage, dargebracht von Freunden, Schülern und Kollegen.* 2003 (ISBN 3-927120-91-X), xxviii + 732 S., € 122,--.

275 Petra GESCHE, *Schulunterricht in Babylonien im ersten Jahrtausend v.Chr.* 2001 (ISBN 3-927120-93-6), xxxiv + 820 S. + xiv Tf., € 112,48.

276 Willem H.Ph. RÖMER, *Hymnen und Klagelieder in sumerischer Sprache.* 2001 (ISBN 3-927120-94-4), xi + 275 S., € 66,47.

277 Corinna FRIEDL, *Polygynie in Mesopotamien und Israel.* 2000 (ISBN 3-927120-95-2), 325 S., € 66,47.

278/1 Alexander MILITAREV - Leonid KOGAN, *Semitic Etymological Dictionary. Vol. I: Anatomy of Man and Animals.* 2000 (ISBN 3-927120-90-1), cliv + 425 S., € 84,87.

279 Kai A. METZLER, *Tempora in altbabylonischen literarischen Texten.* 2002 (ISBN 3-934628-03-6), xvii + 964 S., € 122,--.

280 Beat HUWYLER - Hans-Peter MATHYS - Beat WEBER, Hrsg., *Prophetie und Psalmen. Festschrift für Klaus SEYBOLD zum 65. Geburtstag.* 2001 (ISBN 3-934628-01-X), xi + 315 S., 10 Abb., € 70,56.

281 Oswald LORETZ - Kai METZLER - Hanspeter SCHAUDIG, Hrsg., *Ex Mesopotamia et Syria Lux. Festschrift für Manfried DIETRICH zu seinem 65. Geburtstag.* 2002 (ISBN 3-927120-99-5), XXXV + 950 S. + Abb., € 138,--.

282 Frank T. ZEEB, *Die Palastwirtschaft in Altsyrien nach den spätaltbabylonischen Getreidelieferlisten aus Alalaḫ (Schicht VII).* 2001 (ISBN 3-934628-05-2), XIII + 757 S., € 105,33.

283 Rüdiger SCHMITT, *Bildhafte Herrschaftsrepräsentation im eisenzeitlichen Israel.* 2001 (ISBN 3-934628-06-0), VIII + 231 S., € 63,40.

284/1 David M. CLEMENS, *Sources for Ugaritic Ritual and Sacrifice. Vol. I: Ugaritic and Ugarit Akkadian Texts.* 2001 (ISBN 3-934628-07-9), XXXIX + 1407 S., € 128,85.

285 Rainer ALBERTZ, Hrsg., *Kult, Konflikt und Versöhnung. Veröffentlichungen des AZERKAVO / SFB 493, Band 2.* 2001 (ISBN 3-934628-08-7), VIII + 332 S., € 70,56.

286 Johannes F. DIEHL, *Die Fortführung des Imperativs im Biblischen Hebräisch.* 2004 (ISBN 3-934628-19-2), XIV + 409 S. (i.D.)

287 Otto RÖSSLER, *Gesammelte Schriften zur Semitohamitistik*, Hrsg. Th. Schneider. 2001 (ISBN 3-934628-13-3), 848 S., € 103,--.

288 A. KASSIAN, A. KOROLĔV†, A. SIDEL'TSEV, *Hittite Funerary Ritual šalliš waštaiš.* 2002 (ISBN 3-934628-16-8), ix + 973 S., € 118,--.

289 Zipora COCHAVI-RAINEY, *The Alashia Texts from the 14th and 13th Centuries BCE. A Textual and Linguistic Study.* 2003 (ISBN 3-934628-17-6), xiv + 129 S., € 56,--.

290 Oswald LORETZ, *Götter – Ahnen – Könige als gerechte Richter. Der "Rechtsfall" des Menschen vor Gott nach altorientalischen und biblischen Texten.* 2003 (ISBN 3-934628-18-4), xxii + 932 S., € 128,--.

291 Rocío Da RIVA, *Der Ebabbar-Tempel von Sippar in frühneubabylonischer Zeit (640-580 v. Chr.),* 2002 (ISBN 3-934628-20-6), xxxi + 486 S. + xxv* Tf., € 86,--.

292 Achim BEHRENS, *Prophetische Visionsschilderungen im Alten Testament. Sprachliche Eigenarten, Funktion und Geschichte einer Gattung.* 2002 (ISBN 3-934628-21-4), xi + 413 S., € 82,--.

293 Arnulf HAUSLEITER - Susanne KERNER - Bernd MÜLLER-NEUHOF, Hrsg., *Material Culture and Mental Sphere. Rezeption archäologischer Denkrichtungen in der Vorderasiatischen Altertumskunde. Internationales Symposium für Hans J. Nissen, Berlin 23.-24. Juni 2000.* 2002 (ISBN 3-934628-22-2), xii + 391 S., € 88,--.

294 Klaus KIESOW - Thomas MEURER, Hrsg., *„Textarbeit". Studien zu Texten und ihrer Rezeption aus dem Alten Testament und der Umwelt Israels. Festschrift für Peter WEIMAR zur Vollendung seines 60. Lebensjahres.* 2002 (ISBN 3-934628-23-0), x + 630 S., € 128,--.

295 Galo W. VERA CHAMAZA, *Die Omnipotenz Aššurs. Entwicklungen in der Aššur-Theologie unter den Sargoniden Sargon II., Sanherib und Asarhaddon.* 2002 (ISBN 3-934628-24-9), 586 S., € 97,--.

296 Michael P. STRECK - Stefan WENINGER, Hrsg., *Altorientalische und semitische Onomastik.* 2002 (ISBN 3-934628-25-7), vii + 241 S., € 68,--.

297 John M. STEELE - Annette IMHAUSEN, Hrsg., *Under One Sky. Astronomy and Mathematics in the Ancient Near East.* 2002 (ISBN 3-934628-26-5), vii + 496 S., Abb., € 112,--.

298 Manfred KREBERNIK - Jürgen VAN OORSCHOT, Hrsg., *Polytheismus und Monotheismus in den Religionen des Vorderen Orients.* 2002 (ISBN 3-934628-27-3), v + 269 S., € 76,--.

299 Wilfred G.E. WATSON, Hrsg., *Festschrift Nick WYATT.* 2004 (ISBN 3-934628-32-X)(i.V.)

300 Karl LÖNING, Hrsg., *Rettendes Wissen. Studien zum Fortgang weisheitlichen Denkens im Frühjudentum und im frühen Christentum. Veröffentlichungen des AZERKAVO / SFB 493, Band 3.* 2002 (ISBN 3-934628-28-1), x + 370 S., € 84,--.

301 Johannes HAHN, Hrsg., *Religiöse Landschaften. Veröffentlichungen des AZERKAVO / SFB 493, Band 4.* 2002 (ISBN 3-934628-31-1), ix + 227 S., Abb., € 66,--.

302 Cornelis G. DEN HERTOG - Ulrich HÜBNER - Stefan MÜNGER, Hrsg., *SAXA LOQUENTUR. Studien zur Archäologie Palästinas/Israels. Festschrift für VOLKMAR FRITZ zum 65. Geburtstag.* 2003 (ISBN 3-934628-34-6), x + 328 S., Abb., € 98,--.

303 Michael P. STRECK, *Die akkadischen Verbalstämme mit ta-Infix.* 2003 (ISBN 3-934628-35-4), xii + 163 S., € 57,--.

304 Ludwig D. MORENZ - Erich BOSSHARD-NEPUSTIL, *Herrscherpräsentation und Kulturkontakte: Ägypten - Levante - Mesopotamien. Acht Fallstudien.* 2003 (ISBN 3-934628-37-0), xi + 281 S., 65 Abb., € 68,--.

305 Rykle BORGER, *Mesopotamisches Zeichenlexikon.* 2004 (ISBN 3-927120-82-0), viii + 712 S., € 74,--.

306 Reinhard DITTMANN - Christian EDER - Bruno JACOBS, Hrsg., *Altertumswissenschaften im Dialog. Festschrift für WOLFRAM NAGEL zur Vollendung seines 80. Lebensjahres.* 2003 (ISBN 3-934628-41-9), xv + 717 S., Abb., € 118,--.

307 Michael M. FRITZ, *". . . und weinten um Tammuz". Die Götter Dumuzi-Ama'ušumgal'anna und Damu.* 2003 (ISBN 3-934628-42-7), 430 S., € 83,--.

308 Annette ZGOLL, *Die Kunst des Betens. Form und Funktion, Theologie und Psychagogik in babylonisch-assyrischen Handerhebungsgebeten an Ištar.* 2003 (ISBN 3-934628-45-1), iv + 319 S., € 72,--.

309 Willem H.Ph. RÖMER, *Die Klage über die Zerstörung von Ur.* 2004 (ISBN 3-934628-46-X), ix + 191 S., € 52,--.

310 Thomas SCHNEIDER, Hrsg., *Das Ägyptische und die Sprachen Vorderasiens, Nordafrikas und der Ägäis. Akten des Basler Kolloquiums zum ägyptisch-nichtsemitischen Sprachkontakt Basel 9.-11. Juli 2003.* 2004 (ISBN 3-934628-47-8), 527 S., € 108,--.

311 Dagmar KÜHN, *Totengedenken bei den Nabatäern und im Alten Testamtent. Eine religionsgeschichtliche und exegetische Studie.* 2004 (ISBN 3-934628-48-6) (i.V.)

312 Ralph HEMPELMANN, *„Gottschiff" und „Zikkurratbau" auf vorderasiatischen Rollsiegeln des 3. Jahrtausends v. Chr.* 2004 (ISBN 3-934628-49-4), viii + 154 S., + Tf. I-XXXI, Abb. (i.D.)

313 Rüdiger SCHMITT, *Magie im Alten Testament.* 2004 (ISBN 3-934628-52-4), xiii + 471 S., ∈ 94,--.

314 Stefan TIMM, *„Gott kommt von Teman . . ." Kleine Schriften zur Geschichte Israels und Syrien-Palästinas.* Hrsg. *von Claudia Bender und Michael Pietsch.* 2004 (ISBN 3-934628-53-2), viii + 274 S., ∈ 63,--.

Neuauflage:

257 Thomas RICHTER, *Untersuchungen zu den lokalen Panthea Süd- und Mittelbabyloniens in altbabylonischer Zeit* (2., verb. und erw. Aufl.). 2004 (ISBN 3-934628-50-8; Erstausgabe: 3-927120-64-2), XXI + 608 S., ∈ 88,--.

Elementa Linguarum Orientis (ELO)
Herausgeber: *Josef TROPPER - Reinhard G. LEHMANN*

1 Josef TROPPER, *Ugaritisch. Kurzgefasste Grammatik mit Übungstexten und Glossar.* 2002 (ISBN 3-934628-17-6), xii + 168 S., ∈ 28,--.

2 Josef TROPPER, *Altäthiopisch. Grammatik des Ge'ez mit Übungstexten und Glossar.* 2002 (ISBN 3-934628-29-X), xii + 309 S. ∈ 42,--.

Altertumskunde des Vorderen Orients (AVO)
Herausgeber: *Manfried DIETRICH - Reinhard DITTMANN - Oswald LORETZ*

1 Nadja CHOLIDIS, *Möbel in Ton.* 1992 (ISBN 3-927120-10-3), XII + 323 S. + 46 Taf., ∈ 60,84.

2 Ellen REHM, *Der Schmuck der Achämeniden.* 1992 (ISBN 3-927120-11-1), X + 358 S. + 107 Taf., ∈ 63,91.

3 Maria KRAFELD-DAUGHERTY, *Wohnen im Alten Orient.* 1994 (ISBN 3-927120-16-2), x + 404 S. + 41 Taf., ∈ 74,65.

4 Manfried DIETRICH - Oswald LORETZ, Hrsg., *Festschrift für* Ruth Mayer-Opificius. 1994 (ISBN 3-927120-18-9), xviii + 356 S. + 256 Abb., ∈ 59,31.

5 Gunnar LEHMANN, *Untersuchungen zur späten Eisenzeit in Syrien und Libanon. Stratigraphie und Keramikformen zwischen ca. 720 bis 300 v.Chr.* 1996 (ISBN 3-927120-33-2), x + 548 S. + 3 Karten + 113 Tf., ∈ 108,39.

6 Ulrike LÖW, *Figürlich verzierte Metallgefäße aus Nord- und Nordwestiran - eine stilkritische Untersuchung.* 1998 (ISBN 3-927120-34-0), xxxvii + 663 S. + 107 Taf., ∈ 130,89.

7 Ursula MAGEN - Mahmoud RASHAD, Hrsg., *Vom Halys zum Euphrat.* Thomas Beran *zu Ehren.* 1996 (ISBN 3-927120-41-3), XI + 311 S., 123 Abb., ∈ 71,07.

8 Eşref ABAY, *Die Keramik der Frühbronzezeit in Anatolien mit »syrischen Affinitäten«.* 1997 (ISBN 3-927120-58-8), XIV + 461 S., 271 Abb.-Taf., ∈ 116,57.

9 Jürgen SCHREIBER, *Die Siedlungsarchitektur auf der Halbinsel Oman vom 3. bis zur Mitte des 1. Jahrtausends v.Chr.* 1998 (ISBN 3-927120-61-8), XII + 253 S., ∈ 53,17.

10 *Iron Age Pottery in Northern Mesopotamia, Northern Syria and South-Eastern Anatolia.* Ed. Arnulf HAUSLEITER and Andrzej REICHE. 1999 (ISBN 3-927120-78-2), XII + 491 S., ∈ 117,60.

11 Christian GREWE, *Die Entstehung regionaler staatlicher Siedlungsstrukturen im Bereich des prähistorischen Zagros-Gebirges. Eine Analyse von Siedlungsverteilungen in der Susiana und im Kur-Flußbecken.* 2002 (ISBN 3-934628-04-4), x + 580 S. + 1 Faltblatt, ∈ 142,--.

Abhandlungen zur Literatur Alt-Syrien-Palästinas und Mesopotamiens (ALASPM)
Herausgeber: *Manfried DIETRICH - Oswald LORETZ*

1 Manfried DIETRICH - Oswald LORETZ, *Die Keilalphabete.* 1988 (ISBN 3-927120-00-6), 376 S., ∈ 47,55.

2 Josef TROPPER, *Der ugaritische Kausativstamm und die Kausativbildungen des Semitischen.* 1990 (ISBN 3-927120-06-5), 252 S., ∈ 36,30.

3 Manfried DIETRICH - Oswald LORETZ, *Mantik in Ugarit.* Mit Beiträgen von Hilmar W. Duerbeck - Jan-Waalke Meyer - Waltraut C. Seitter. 1990 (ISBN 3-927120-05-7), 320 S., ∈ 50,11.

5 Fred RENFROE, *Arabic-Ugaritic Lexical Studies.* 1992 (ISBN 3-927120-09-X). 212 S., ∈ 39,37.

6 Josef TROPPER, *Die Inschriften von Zincirli.* 1993 (ISBN 3-927120-14-6). XII + 364 S., ∈ 55,22.

7 *UGARIT - ein ostmediterranes Kulturzentrum im Alten Orient. Ergebnisse und Perspektiven der Forschung.* Vorträge gehalten während des Europäischen Kolloquiums am 11.-12. Februar 1993, hrsg. von Manfried DIETRICH und Oswald LORETZ.
Bd. I: *Ugarit und seine altorientalische Umwelt.* 1995 (ISBN 3-927120-17-0). XII + 298 S., ∈ 61,36.
Bd. II: H.-G. BUCHHOLZ, *Ugarit und seine Beziehungen zur Ägäis.* 1999 (ISBN 3-927120-38-3): **AOAT 261**.

8 Manfried DIETRICH - Oswald LORETZ - Joaquín SANMARTÍN, *The Cuneiform Alphabetic Texts from Ugarit, Ras Ibn Hani and Other Places. (KTU: second, enlarged edition).* 1995 (ISBN 3-927120-24-3). XVI + 666 S., ∈ 61,36.

9 Walter MAYER, *Politik und Kriegskunst der Assyrer.* 1995 (ISBN 3-927120-26-X). XVI + 545 S. ∈ 86,92.

10 Giuseppe VISICATO, *The Bureaucracy of Šuruppak. Administrative Centres, Central Offices, Intermediate Structures and Hierarchies in the Economic Documentation of Fara.* 1995 (ISBN 3-927120-35-9). XX + 165 S. ∈ 40,90.

11 Doris PRECHEL, *Die Göttin Išhara.* 1996 (ISBN 3-927120-36-7) — Neuauflage geplant in AOAT.

12 Manfried DIETRICH - Oswald LORETZ, *A Word-List of the Cuneiform Alphabetic Texts from Ugarit, Ras Ibn Hani and Other Places (KTU: second, enlarged edition).* 1996 (ISBN 3-927120-40-5), x + 250 S., ∈ 40,90.

Forschungen zur Anthropologie und Religionsgeschichte
(FARG)
Herausgeber: *Manfried DIETRICH - Oswald LORETZ*

27 Jehad ABOUD, *Die Rolle des Königs und seiner Familie nach den Texten von Ugarit.* 1994 (ISBN 3-927120-20-0), XI + 217 S., ∈ 19,68.

28 Azad HAMOTO, *Der Affe in der altorientalischen Kunst.* 1995 (ISBN 3-927120-30-8), XII + 147 S. + 25 Tf. mit 155 Abb., ∈ 25,05.

29 *Engel und Dämonen.* Hrsg. von Gregor AHN - Manfried DIETRICH, 1996 (ISBN 3-927120-31-6), XV + 190 S. - vergr.

30 Matthias B. LAUER, *"Nachhaltige Entwicklung" und Religion. Gesellschaftsvisionen unter Religionsverdacht und die Frage der religiösen Bedingungen ökologischen Handelns.* 1996 (ISBN 3-927120-48-0), VIII + 207 S., ∈ 18,41.

31 Stephan AHN, *Søren Kierkegaards Ontologie der Bewusstseinssphären. Versuch einer multidisziplinären Gegenstandsuntersuchung.* 1997 (ISBN 3-927120-51-0), XXI + 289 S., ∈ 23,52.

32 Mechtilde BOLAND, *Die Wind-Atem-Lehre in den älteren Upaniṣaden.* 1997 (ISBN 3-927120-52-9), XIX + 157 S., ∈ 18,41.

33 *Religionen in einer sich ändernden Welt. Akten des Dritten Gemeinsamen Symposiums der THEOLOGISCHEN FAKULTÄT DER UNIVERSITÄT TARTU und der DEUTSCHEN RELIGIONSGESCHICHTLICHEN STUDIENGESELLSCHAFT am 14. und 15. November 1997.* Hrsg. von Manfried DIETRICH, 1999 (ISBN 3-927120-69-3), X + 163 S., 12 Abb., ∈ 16,87.

34 *Endzeiterwartungen und Endzeitvorstellungen in den verschiedenen Religionen. Akten des Vierten Gemeinsamen Symposiums der THEOLOGISCHEN FAKULTÄT DER UNIVERSITÄT TARTU und der DEUTSCHEN RELIGIONSGESCHICHTLICHEN STUDIENGESELLSCHAFT am 5. und 6. November 1999.* Hrsg. von Manfried DIETRICH, 2001 (ISBN 3-927120-92-8), IX + 223 S., ∈ 16,87.

35 Maria Grazia LANCELLOTTI, *The Naassenes. A Gnostic Identity Among Judaism, Christianity, Classical and Ancient Near Eastern Traditions.* 2000 (ISBN 3-927120-97-9), XII + 416 S., ∈ 36,81.

36 *Die Bedeutung der Religion für Gesellschaften in Vergangenheit und Gegenwart. Akten des Fünften Gemeinsamen Symposiums der* THEOLOGISCHEN FAKULTÄT DER UNIVERSITÄT TARTU *und der* DEUTSCHEN RELIGIONSGESCHICHTLICHEN STUDIENGESELLSCHAFT *am 2. und 3. November 2001.* Hrsg. von Manfried DIETRICH - Tarmo KULMAR, 2003 (ISBN 3-934628-15-X), ix + 263 S., ∈ 46,--.

37 *Die emotionale Dimension antiker Religiosität.* Hrsg. von Alfred KNEPPE - Dieter METZLER, 2003 (ISBN 3-934628-38-9), xiii + 157 S., ∈ 46,--.

38 Marion MEISIG, *Ursprünge buddhistischer Heiligenlegenden. Untersuchungen zur Redaktionsgeschichte des Chuan^4 tsih^2 pêh^2 yüan^2 king^1.* 2004 (ISBN 3-934628-40-0), viii + 182 S., ∈ 53,--.

39 Dieter METZLER, *Kleine Schriften zur Geschichte und Religion des Altertums und deren Nachleben.* Hrsg. von Tobias Arand und Alfred Kneppe. 2004 (ISBN 3-934628-51-6), ix + 639 S. mit Abb., ∈ 98,--.

Eikon
Beiträge zur antiken Bildersprache
Herausgeber: *Klaus STÄHLER*

1 Klaus STÄHLER, *Griechische Geschichtsbilder klassischer Zeit.* 1992 (ISBN 3-927120-12-X), X + 120 S. + 8 Taf., ∈ 20,86.

2 Klaus STÄHLER, *Form und Funktion. Kunstwerke als politisches Ausdrucksmittel.* 1993 (ISBN 3-927120-13-8), VIII + 131 S. mit 54 Abb., ∈ 21,99.

3 Klaus STÄHLER, *Zur Bedeutung des Formats.* 1996 (ISBN 3-927120-25-1), ix + 118 S. mit 60 Abb., ∈ 24,54.

4 *Zur graeco-skythischen Kunst. Archäologisches Kolloquium Münster 24.-26. November 1995.* Hrsg.: Klaus STÄHLER, 1997 (ISBN 3-927120-57-X), IX + 216 S. mit Abb., ∈ 35,79.

5 Jochen FORNASIER, *Jagddarstellungen des 6.-4. Jhs. v. Chr. Eine ikonographische und ikonologische Analsyse.* 2001 (ISBN 3-934628-02-8), XI + 372 S. + 106 Abb., ∈ 54,19.

6 Klaus STÄHLER, *Der Herrscher als Pflüger und Säer: Herrschaftsbilder aus der Pflanzenwelt.* 2001 (ISBN 3-934628-09-5), xii + 332 S. mit 168 Abb., ∈ 54,19.

7 Jörg GEBAUER, *Pompe und Thysia. Attische Tieropferdarstellungen auf schwarz- und rotfigurigen Vasen.* 2002 (ISBN 3-934628-30-3), xii + 807 S. mit 375 Abb., ∈ 80,--.

8 *Ikonographie und Ikonologie. Interdisziplinäres Kolloquium 2001.* Hrsg.: Wolfgang HÜBNER - Klaus STÄHLER, 2004 (ISBN 3-934628-44-3), xi + 187 S. mit Abb., ∈ 40,--.

Auslieferung - Distribution:
BDK Bücherdienst GmbH
Kölner Straße 248
D-51149 Köln

Distributor to North America:
Eisenbrauns, Inc.
Publishers and Booksellers, POB 275
Winona Lake, Ind. 46590, U.S.A.